国家社会科学基金青年项目
"两种意识形态较量视阈下全人类共同价值的国际认同研究"（22CKS042）

Research on Marx and Engels'
Productive Forces View

马克思恩格斯生产力观研究

科技与生态的双重意蕴

The Dual Implications
of Technology and Ecology

张 鹭 著

社会科学文献出版社
SOCIAL SCIENCES ACADEMIC PRESS (CHINA)

序

在马克思恩格斯博大精深的思想体系中,生产力理论占有十分重要的地位,而科技生产力和生态生产力又是马克思恩格斯生产力理论的重要组成部分。习近平在党的二十大报告中明确指出:"必须坚持科技是第一生产力"①、"必须牢固树立和践行绿水青山就是金山银山的理念"②,并强调要"加快实施创新驱动发展战略"③,"加快发展方式绿色转型"④。因此,对马克思恩格斯的科技生产力观和生态生产力观进行深度挖掘和系统研究,不仅具有重要的理论价值和学术价值,同时也具有强烈的现实指导意义。

马克思恩格斯虽然没有明确提出生态生产力这一概念,也没有系统对其进行论述,但在探讨和思考他们所处时代的生产力发展、人与自然的双重矛盾以及如何实现社会形态变革等问题时对此都有所涉及。这些思想散见于马克思恩格斯的许多论著中。因此,基于历史唯物主义的视角,从马克思恩格斯的文本出发,深入挖掘他们的科技生产力观和生态生产力观,并分析二者的内在关联,对于推动马克思主义生产力理论的当代发展是十

① 习近平:《高举中国特色社会主义伟大旗帜 为全面建设社会主义现代化国家而团结奋斗——在中国共产党第二十次全国代表大会上的报告》,人民出版社,2022,第33页。
② 习近平:《高举中国特色社会主义伟大旗帜 为全面建设社会主义现代化国家而团结奋斗——在中国共产党第二十次全国代表大会上的报告》,人民出版社,2022,第50页。
③ 习近平:《高举中国特色社会主义伟大旗帜 为全面建设社会主义现代化国家而团结奋斗——在中国共产党第二十次全国代表大会上的报告》,人民出版社,2022,第35页。
④ 习近平:《高举中国特色社会主义伟大旗帜 为全面建设社会主义现代化国家而团结奋斗——在中国共产党第二十次全国代表大会上的报告》,人民出版社,2022,第50页。

分重要而且必要的。

随着时代的发展和历史的前行，马克思恩格斯生产力理论中的科技生产力与生态生产力日益成为马克思主义理论研究中的一个重要方面。在新时代新征程上，中国共产党的中心任务是"团结带领全国各族人民全面建成社会主义现代化强国、实现第二个百年奋斗目标，以中国式现代化全面推进中华民族伟大复兴"①。这一中心任务客观上要求我们加速推进中国式现代化，加快培育和形成新质生产力，在促进人与自然和谐共生中实现高质量发展。这为马克思恩格斯生产力理论的进一步发展提供了良好的契机。因此，对马克思恩格斯生产力理论中的科技生产力观和生态生产力观进行系统性和前瞻性的研究，充分展现这一理论的当代价值，不仅可以丰富和发展马克思恩格斯的生产力理论，而且可以深化和完善中国特色社会主义理论体系，并由此推动我国哲学社会科学的理论创新。

同时，唯物史观的创立为分析与研究马克思恩格斯的科技生产力观和生态生产力观，提供了历史唯物主义的解释原则——社会历史性原则。他们从人的实践活动出发，以"社会生活在本质上是实践的"② 为基础，科学阐明了生产力内蕴的"革命效应"，肯定了科技生产力的自然根基。这些论点为我们加快培育新质生产力、推动绿色发展提供了理论依据与方法论指导。

张鸞的学术专著《马克思恩格斯生产力观研究：科技与生态的双重意蕴》，全面、深入、系统地论述了马克思恩格斯的科技生产力观与生态生产力观，并在下述三个问题上作出了可贵的尝试与努力。

首先，概括并详细梳理了马克思恩格斯生产力观的两条内在逻辑线索。一是通过对科学技术与生产的基本要素、资本主义批判与共产主义之间内在关系的论述，阐明了他们生产力观的显性逻辑线索（科技生产力观）；二是通过对生态生产力与生产劳动、资本主义批判与共产主义之间内在关系的论述，阐明了他们生产力观的隐性逻辑线索（生态生产力观）。以此为基础，

---

① 习近平：《高举中国特色社会主义伟大旗帜 为全面建设社会主义现代化国家而团结奋斗——在中国共产党第二十次全国代表大会上的报告》，人民出版社，2022，第21页。
② 《马克思恩格斯文集》第1卷，人民出版社，2009，第505页。

作者分析了两种生产力观的内在关联，从而使马克思恩格斯的生产力观呈现出清晰的理论轮廓。

其次，全面总结了马克思恩格斯生产力观的主要内容。在马克思恩格斯的视域中，科技生产力既存在正效应，也存在负效应，即科学是以知识形态为基本特征的一般社会生产力、"科学是一种在历史上起推动作用的、革命的力量"①、"技术的胜利，似乎是以道德的败坏为代价换来的"②。就生态生产力而言，生态生产力既强调外部自然界之于社会生产力发展的前提性、根基性，也强调外部自然界之于社会财富生产的根源性。因此，结合马克思恩格斯关于两种生产力的相关论述，作者认为马克思恩格斯生产力理论的终极关怀是实现人与自然双重解放。

最后，探讨马克思恩格斯科技生产力观和生态生产力观的当代发展。马克思恩格斯两种生产力观的当代发展，主要呈现以下两种路径：一种是在西方资本主义社会背景下形成西方马克思主义生产力理论；另一种是在东方社会主义社会背景下形成中国化马克思主义生产力理论。马克思恩格斯的生产力理论，既是中国化马克思主义生产力理论的源头活水，也是西方马克思主义生产力理论的主要来源之一。

本书的作者张鷟是我指导的博士后。相识以来，他勤奋好学，善于思考、肯于钻研。这本专著就是他在博士学位论文的基础上，经过两年多的修改完善、深化扩充而完成的。他对马克思恩格斯生产力理论的研究是十分深入、全面和系统的，无论是在读期间还是参加工作之后，都致力于这方面的研究，并发表了多个研究成果。现在，张鷟博士的第一本学术专著就要公开出版了，作为合作导师，我感到十分欣慰，也为他的成长与进步由衷感到高兴。更为重要的是，他为学院已有的博士后开了个好头，树立了榜样。

当然，学术研究是无止境的，对于马克思恩格斯生产力理论的研究，还远没有完成，在理论上和实践上都还有许多问题需要深入研究，不可能一蹴

① 《马克思恩格斯文集》第 3 卷，人民出版社，2009，第 602 页。
② 《马克思恩格斯文集》第 2 卷，人民出版社，2009，第 580 页。

而就。希望张鹭博士再接再厉，把对这一问题的研究深入进行下去，争取取得更大的进步。同时，也希望这部专著的出版，能引发人们对马克思恩格斯生产力理论的普遍关注和深入研究。

颜晓峰

2024 年 7 月

目　录

前　言

从马克思的历史唯物主义理论来看，生产力是人类改造自然以使其满足人类需要的物质力量。生产力是推动社会进步的最活跃、最革命的要素，是衡量社会发展的根本性标准。在马克思和恩格斯那里，围绕生产力存在多种表述，如社会生产力、物质生产力、精神生产力、科技生产力、自然生产力等，这些关于生产力的提法内在地扩充了马克思和恩格斯的生产力观，构建起多维度的生产力体系。马克思和恩格斯在对资本主义社会考察的过程中，着重阐述了科学技术对生产力发展的推动作用以及科学技术本身的生产力效应，提出了诸如"生产力中也包括科学"①、作为一般社会知识的科学已经在相当大的程度上"变成了直接的生产力"等论断，并以此作为剖析资本主义社会命运的一条主线。所以，长期以来，学术界关于马克思和恩格斯生产力观的研究，占主导地位的见解是：马克思恩格斯的生产力观是科技生产力观。但通过文本梳理便会发现，马克思恩格斯的生产力观也蕴含着丰富而深刻的生态意蕴，本书将其称作生态生产力观，如马克思认为"一切生产力都归结为自然界"②。基于科学技术与生产力诸要素有机融合所形成的生产力促动效应，及其在整个历史唯物主义理论体系中的重要地位，加之自然界对于生产力发展的天然物质根基作用，本书将科技生产力和生态生产力视为马克思和恩格斯生产力观的双重意蕴和两条逻辑线索，这是本书的核心观点。基

---

① 《马克思恩格斯文集》第 8 卷，人民出版社，2009，第 188 页。
② 《马克思恩格斯文集》第 8 卷，人民出版社，2009，第 170 页。

于此，本书在下述三个问题上进行了探索。

第一，本书在充分梳理马克思恩格斯关于生产力系列论述的基础上，明确将科技生产力与生态生产力视为二人生产力观的显性逻辑线索和隐性逻辑线索，并对二人生态生产力观的科学内涵进行了概括，即认为他们的生态生产力观具有三重内涵。其一，生态生产力泛指一切自然物蕴含的自然力，主要指自然资源本身的自然力。一方面表现为未经人类加工就天然存在的，且未被纳入人类生产活动的单纯自然力，如诸种自然资源或自然物的力；另一方面表现为被直接或间接纳入人类生产活动的各种人化的自然力，例如各种能源、资源和自然条件等。其二，生态生产力强调外部自然界（自然生产力）之于社会生产力形成与发展的天然根基性作用，影响和制约着社会生产力发展水平的高低，对社会生产力发展具有永恒的生态限制。其三，生态生产力表现为人与自然和谐共生基础上的生产力的永续发展，即在生产力发展中强调自然优先，注重生产力的生态化发展。这不仅包含着有创新意义的理解，而且丰富了学术界对马克思恩格斯的生产力观的认识，更是实现了对马克思恩格斯生产力观的正名。因为在西方学者看来，马克思恩格斯生产力理论存在着生态学空场，是赤裸裸的"科技决定论"和"唯经济主义"，而本书以翔实的文献依据论证了马克思和恩格斯的生产力观具有丰富的生态意蕴，从而实现了对马克思恩格斯生产力理论的生态性维护。

第二，本书在对马克思恩格斯科技生产力观和生态生产力观的内涵予以界定的基础上，梳理了马克思恩格斯两种生产力观的历史演进过程。这不仅进一步明晰了马克思恩格斯两种生产力观的发展脉络，而且伴随两种生产力观的动态发展过程，深刻彰显了生产力理论在整个历史唯物主义理论体系中的重要地位，更是有力驳斥了西方学者关于马克思恩格斯的生产力理论缺乏生态性的片面性认识，从而使本书对马克思恩格斯生产力观的分析达到了一个新的高度。

第三，本书在对马克思恩格斯经典文本进行详细梳理的基础上，深入挖掘了马克思恩格斯两种生产力观的主要内容，并阐明了两种生产力观之间的内在关联，即认为科技生产力观与生态生产力观互相影响、互相塑造、互为补充。一方面，生态生产力对科技生产力具有承载功能或制约作用，是其存续的自然前提与物质基础；另一方面，科技生产力的发展又可以提升生态生产力的发展质量。两种生产力观，不仅使马克思恩格斯的生产力观呈现出完整清晰的理论轮廓与丰富的理论内涵，而且共同趋向于人与自然双重解放这一崇高价值目标，从而高度彰显了马克思和恩格斯生产力观的终极价值关怀。

新中国成立后，我们党在推进马克思主义中国化时代化的过程中，进一步丰富和发展了马克思恩格斯的生产力理论，极大解放和发展了社会生产力，解决了我国不同发展阶段的主要矛盾。中国特色社会主义进入新时代以来，从国内来看，我国社会主要矛盾已经转变为"人民日益增长的美好生活需要和不平衡不充分的发展之间的矛盾"①，扎实推进全体人民共同富裕，"全面建成社会主义现代化强国、实现第二个百年奋斗目标"，便成为我国当前的主要工作；从全球来看，世界百年未有之大变局加速演进，大国地缘政治竞争加剧，美西方对我国的战略遏制和打压不断升级，社会主义和资本主义两种意识形态的较量日益激烈。可以说，无论是国内社会主要矛盾的解决，还是我国面临的外部风险挑战，客观上都要求我国进一步解放和发展社会生产力。基于此，以习近平同志为核心的党中央不断深化对人类文明发展规律和生产力发展规律的认识，将一切积极因素与生产力发展结合起来，围绕生产力发展做出了一系列重要论述，为我们在当前进一步推动生产力发展提供了新思路。习近平总书记提出"绿水青山就是金山银山"，"保护环境就是保护生产力，改善环境就是发展生产力"，这些科学论断进一步丰富和发展了马克思恩格斯的生态生产力观。2023 年 9 月 7 日，习近平在新时代推动东北全面振兴座谈会上强调，我们要"积极培育新能源、新材料、先进制造、电子信息等战略性新兴产业，积极培育未来产业，加快形成新质生产力，增强发展新动能"②。这不仅是对马克思恩格斯科技生产力观和生态生产力观在当代的创造性发展，也为我国在当前进一步培育增长新动能、构筑生

---

① 习近平：《决胜全面建成小康社会 夺取新时代中国特色社会主义伟大胜利——在中国共产党第十九次全国代表大会上的报告》，人民出版社，2017，第 11 页。

② 习近平：《牢牢把握东北的重要使命奋力谱写东北全面振兴新篇章》，《人民日报》2023 年 9 月 10 日。

产力竞争新优势指明了方向。

新质生产力作为以科技创新为主导的高质量发展的生产力，是我国当前和未来一个时期生产力的发展方向，但新质生产力并不是凭空产生的，归根结底其仍然建立在历史唯物主义生产力理论基础之上，仍然以马克思恩格斯的科技生产力观和生态生产力观为根本遵循。所以，深入挖掘马克思恩格斯生产力观的双重意蕴，对于我国发展新质生产力，实现高质量发展，进而全面建设社会主义现代化强国具有重大的理论意义和现实意义。

第一章 绪论

生产力理论，是马克思和恩格斯整个科学理论体系最为基本的方面，"是历史唯物主义的最根本的理论基石"①。马克思和恩格斯正是在认识世界并在改造世界的过程中，以生产力理论构建了科学的历史观，并以此为工具正确认识了隐藏在历史表象下、从未被发现的客观规律，从而为我们正确理解历史发展动力奠定了科学的基础。在当代，虽然我们仍处于马克思和恩格斯所指明的时代，但生产力发展水平与马克思和恩格斯生活的时代已经不可同日而语，科学技术发展日新月异、人与自然的矛盾愈益尖锐，这就为我们在当代研究马克思和恩格斯的生产力理论提出了新的课题。所以，立足于社会发展现实的重大变化，我们必须对这一理论做出符合当代历史发展现实的理论阐释并展现这一理论的当代意蕴，从而为历史唯物主义在 21 世纪的发展做出一定贡献。

一 选题缘起及研究意义

习近平在党的十九大报告中指出："我国社会主要矛盾已经转化为人民日益增长的美好生活需要和不平衡不充分的发展之间的矛盾"②，同时也把"美

---

① 郭杰忠：《实践和发展：马克思主义生产力理论研究》，江西人民出版社，2008，第 1 页。
② 习近平：《决胜全面建成小康社会 夺取新时代中国特色社会主义伟大胜利——在中国共产党第十九次全国代表大会上的报告》，人民出版社，2017，第 11 页。

丽"纳入社会主义现代化强国的发展目标。在党的二十大报告中，习近平再次强调，"必须坚持科技是第一生产力、人才是第一资源、创新是第一动力"①，"推进美丽中国建设"②。这不仅说明解放和发展生产力仍然是我国社会主义现代化建设的主要任务之一，而且建设美丽的社会主义现代化强国即生态环境优美的现代化强国，也构成了人民日益增长的美好生活需要的题中应有之义。这样一来，社会主要矛盾的解决与美丽的社会主义现代化国家目标的达成，归根结底都要依托生产力发展，而马克思和恩格斯的生产力理论无疑为我们进一步解放和发展生产力、推动生产力的生态化发展提供了科学的理论指导。

（一）选题缘起

选择以"马克思恩格斯生产力观的双重意蕴"作为研究对象，主要基于以下两方面考虑。

一方面，生产力是马克思主义理论体系广为人知的概念之一，贯穿于马克思主义理论体系的全过程。马克思和恩格斯正是以生产力理论为基点，构建了历史唯物主义这门"历史现象学"的理论框架，破解了历史之谜。当马克思在《关于费尔巴哈的提纲》中提出"改变世界"③的哲学任务时，如果没有生产力理论的强有力支撑，马克思的实践哲学就会失去行动核心，也就成了空洞的口号，就不能称其为与旧哲学有着质的区别的新哲学。所以，生产力理论在整个历史唯物主义理论中占有重要地位。马克思和恩格斯生活的时代条件以及社会发展要求，促使他们十分重视社会生产力的发展，对生产力进行了广泛深入的研究，然而西方学者却对此做了庸俗、机械的理解，认为他们的生产力理论存在着生态学空场，是造成生态恶化的主要原因，还对

---

① 习近平：《高举中国特色社会主义伟大旗帜 为全面建设社会主义现代化国家而团结奋斗——在中国共产党第二十次全国代表大会上的报告》，人民出版社，2022，第33页。

② 习近平：《高举中国特色社会主义伟大旗帜 为全面建设社会主义现代化国家而团结奋斗——在中国共产党第二十次全国代表大会上的报告》，人民出版社，2022，第50页。

③ 《马克思恩格斯文集》第1卷，人民出版社，2009，第506页。

之冠以"经济决定论""历史决定论""技术决定论"等帽子。问题是马克思和恩格斯的生产力理论真的是技术决定论吗？无论是从马克思和恩格斯生产力理论的整体发展过程来看，还是从文本来看，西方学者持有的马克思主义生产力观都是对马克思和恩格斯生产力理论的严重误读和歪曲。事实上，马克思和恩格斯不仅有着丰富的社会生产力（科技生产力）理论，同样有着深刻且丰富的自然生产力（生态生产力）理论。因此，我们迫切需要深入研究马克思和恩格斯的生产力理论，尤其从整体性视域上研究他们的生产力理论，从而对来自西方学者的种种诘难给予理论上的回应并为马克思和恩格斯的生产力理论提供一种辩护。

另一方面，当前中国正处于全面建设社会主义现代化强国、实现中华民族伟大复兴的关键时期。在中国共产党的带领下，经过全体人民的共同努力，中国取得了一系列重大成就和历史性胜利，实现了从"站起来"、"富起来"到"强起来"的飞跃，这既是我国解放生产力、发展生产力的结果，也是中国共产党始终代表先进生产力发展方向的成果。因此，发展生产力对我国经济社会发展和全面建设社会主义现代化国家至关重要。在中国特色社会主义新时代，我们更要解放和发展生产力，充分利用促进生产力发展的各种形式，不断突破生产力发展的现实束缚，以更好地解决限制我国建设现代化国家的一系列问题。理论不仅要趋向于现实，现实也应当趋向于思想，所以，我们应当回到马克思和恩格斯，深入研究马克思和恩格斯的生产力观，正确对待他们的生产力理论，以更好地指导中国特色社会主义现代化建设，而不是将具有重要地位的生产力理论仅仅作为马克思和恩格斯科技观的一个侧面来看待，不是只注重研究生产力的某一方面而忽视另一方面，科技生产力与生态生产力也并非互相矛盾的对立状态。在全球化时代，生产力形式发生了深刻的变化，对生产力发展提出了新的要求，所以，我们既要不断汲取马克思和恩格斯的生产力思想，又要在实践中不断丰富发展马克思和恩格斯的生产力思想，从而对其在 21 世纪的发展做出贡献。这是需要我们在新时代条件下进行深入思考的重大现实和理论问题。

（二）研究意义

在中国正踏上全面建设社会主义现代化国家新征程、加快推进生态文明建设的时代背景下，研究马克思和恩格斯的生产力观具有深远的理论意义和实践意义。

1. 理论意义

一方面，自18世纪法国经济学家魁奈（Francois Quesnay）首次提出生产力概念以来，马克思和恩格斯对生产力概念展开深入分析，不仅丰富和发展了生产力概念，也构建了科学的生产力理论。基于生产力理论在整个历史唯物主义理论体系中的重要性，国内外学界关于马克思和恩格斯生产力理论的研究从未间断，但是关于生产力概念的内涵、生产力理论的内容一直存在争议，尚未形成普遍共识。同时，面对日益严峻的全球性生态危机，众多西方学者追根溯源，认为马克思和恩格斯的生产力理论倡导对自然的毁灭性开发，根本不存在顾及自然的生态维度，是造成当前全球生态危机的主要原因。所以，在新的时代条件下，重新梳理、深入挖掘马克思和恩格斯的生产力理论，对于澄清学术界关于生产力概念的争议，最大限度地回到马克思和恩格斯生产力理论的原初生成语境，弄清楚生产力理论所涵盖的丰富内涵，证明马克思和恩格斯生产力理论具有丰富的生态属性，具有重大的理论意义。

另一方面，重大的理论问题源于重大的现实问题，重大的现实问题呼唤重大的理论问题。在全球化时代条件下，人们的生活方式、生产方式发生了翻天覆地的变化，生产力的发展形式也在不断变化。相比于马克思和恩格斯生活的年代，21世纪出现了很多新问题、新挑战，科学技术的发展更是日新月异，传统的生产力理论已经无法有效应对当前的问题。因此，全球化时代条件下人们的生活方式和生产方式的变革、对美好生活的向往以及科学技术的迅猛发展，客观上要求我们必须对马克思和恩格斯的生产力理论进行发展并做出新的理论诠释，以更好地适应时代的发展需求，从而对马克思和恩格斯的生产力理论在当代发展做出贡献。

2. 实践意义

一方面，坚持科技创新驱动，深化科学技术是第一生产力的思想。自2008年次贷危机以降，全球经济持续低迷、增长乏力。因此，促进经济高速增长，不断满足人民日益增长的美好生活需要是世界各国发展的重要目标。伴随科技的勃兴而出现的种种科技异化现象，导致一些思想家、理论家对发展科技、应用科技产生了抵触甚至抵制的态度，以致产生了要不要发展科学技术的问题。当前，新一轮科技革命与产业革命加速展开，加之全球对经济复苏、增长的迫切需要以及科学技术及其物化形态对经济增长的促动效应，我们不得不回到马克思和恩格斯的科技生产力理论当中去，为加速推进科技创新，加快形成新质生产力，进而解决当前的发展瓶颈提供理论指导和价值指引，从而进一步发挥科学技术是第一生产力的推动作用。这也从根本上解决了一些人的困惑，问题不是要不要发展科学技术，而是在发展科学技术的基础上如何驾驭科学技术，使之更好地造福人类。

另一方面，重塑人与自然的关系，促进人与自然和谐共生，实现更高水平的可持续发展。长期以来，科学技术在实现自然高度人化的同时，也导致人与自然的疏离，造成了日益严峻的全球性生态危机。在资本逻辑现代性的规训下，人类以"自然去魅"的方式揭开了自然神秘性的面纱，形成了激进的人类中心主义。在人类中心主义价值观的指导下，人类向自然宣战，不仅取得了节节胜利，也造成了气候变暖、资源短缺、水土流失、土地荒漠化等全球性生态危机。虽然在马克思和恩格斯生活的年代，大规模地开发自然有着生存发展的必然性，但是在人类发展基本需求已得到满足的当代，我们需要从根本上反思、重塑人与自然的关系，深入挖掘马克思和恩格斯的生态生产力理论，明确自然生态对人类发展的根基性作用。在马克思和恩格斯生态生产力理论的指导下，加快推进生态文明建设，构建人与自然生命共同体，实现人与自然的和谐共生，对于全面建设社会主义现代化强国、实现中华民族伟大复兴、增进世界人民福祉以及实现更高水平的可持续发展，具有重要的现实意义。

二 国内外研究述评

生产力理论作为历史唯物主义的基石，是历史唯物主义的重要组成部分和基本逻辑线索，国内外学者从不同视角对之分析并取得了一定的研究成果，下面将分述之。

（一）国内研究述评

新中国成立后，百废待兴，迫切需要快速发展生产力以提高人民生活水平，在这样的背景下，国内学术界从经济学、哲学角度围绕马克思和恩格斯的生产力的概念、生产力的构成要素、生产力与生产关系、生产力与科学技术的关系等展开研究，取得了一定的研究成果。同时，随着生态文明理念的提出，结合时代的发展趋势，国内学术界的少数学者开始关注和挖掘马克思和恩格斯生产力理论的生态意蕴或他们在生态生产力方面的思想，并对此进行了具有建设性的讨论。具体来说，主要表现在以下几个方面。

1. 关于生产力概念的讨论

长期以来，国内在马克思和恩格斯生产力概念的研究方面虽然存在争议，但是从整体上来看，基本沿袭了苏联教科书体系的认识。王慎之在《生产力理论史》中通过对马克思和恩格斯生产力概念的考察，认为"生产力＝劳动能力→综合生产力（劳动能力向综合生产力转化的过程中又包括社会生产力和自然生产力）"[①]，即在他看来，生产力是社会生产力与自然生产力相结合的产物。张志诚在《生产力经济学基础问答》一书中认为弄清楚生产力概念是十分重要的，如果不清楚生产力的确切含义，就不能正确理解生产力经济学。他认为生产力是指"劳动者征服、改造自然，生产社会物质财富的现实力量"[②]。2009 年版马克思主义理论研究和建设工程重点教材《马克

[①] 王慎之：《生产力理论史》，吉林人民出版社，1988，第 124 页。

[②] 张志诚主编《生产力经济学基础问答》，中国经济出版社，1987，第 2 页。

思主义哲学》一书将生产力界定为"人们改造自然，使之适应人的需要的物质力量"①。刘福垣在《新发展观宣言——破除政治经济学 ABC 的迷雾》一书中将生产力等同于生产方式和生产关系，认为生产力就是"人类改造自然的能力"②。陶德麟和石云霞在《马克思主义基本原理概论》一书中认为，生产力是"社会的生产和再生产过程中一切生产要素的总和"③。郭杰忠在《实践和发展：马克思主义生产力理论研究》一书中认为，生产力既是指劳动者的力量，也是指人们在社会联系中形成的社会力量，是"人们用来改造自然界和社会的人力、物力的总和"④。周德海在《马克思生产力概念研究的回顾与反思》一文中详细讨论了马克思和恩格斯的生产力概念，对人们对生产力的传统理解进行了批判，认为生产力是"表征生产主体所具有的潜在生产力和现实生产力的统一"⑤。杨乔喻在《探寻马克思生产力概念生成的原初语境》一文中认为，长期以来一提到生产力就会想到劳动者、劳动对象、劳动资料三个要素，这是对马克思恩格斯生产力概念的误读，必须回到生产力概念生成的原初语境，即德国哲学家赫斯（Moses Hess）和德国经济学家李斯特（Friedrich List）意义上的"共同活动"与"综合经济水平"，所以她认为"生产力是一种功能性的水平概念；是人与人在生产中形成的全新客观力量；是历史内在推动力的革命性力量"⑥。

总的来说，国内学者虽然从不同学科对马克思和恩格斯的生产力概念进行了解读，但基本上是沿用了苏联教科书体系对生产力概念的理解，即将生产力视为一种影响和改造自然的力量，并未涉及生产力概念的生态意蕴。可以说，这一认识是与当时的特定历史发展背景直接相关的。随着时代的发展

① 《马克思主义哲学》，高等教育出版社、人民出版社，2009，第 169 页。
② 刘福垣：《新发展观宣言——破除政治经济学 ABC 的迷雾》，新华出版社，2004，第 4 页。
③ 陶德麟、石云霞主编《马克思主义基本原理概论》，武汉大学出版社、湖北人民出版社，2006，第 62 页。
④ 郭杰忠：《实践和发展：马克思主义生产力理论研究》，江西人民出版社，2008，第 56 页。
⑤ 周德海：《马克思生产力概念研究的回顾与反思》，《南通大学学报》（社会科学版）2013年第 2 期。
⑥ 杨乔喻：《探寻马克思生产力概念生成的原初语境》，《哲学研究》2013 年第 5 期。

和研究的深入，马克思和恩格斯的生产力概念被赋予新的内涵。但是，学术界关于生产力的内涵仍存在争议，这也恰恰印证了法国哲学家的判断："没有一个概念像生产力或者更确切地说生产力水平（或发展程度）这一概念那样具有表面地简单性，而在实际上却包含着许多难题"[①]。

2. 关于生产力所含要素的讨论

关于生产力所含的要素，国内长期存在着"两要素"说和"三要素"说的争论。随着时代的变化，很多学者超越了"两要素"说和"三要素"说的争论，提出了多要素的综合说。王慎之在《生产力理论史》一书中认为，劳动过程包含的基本要素就是生产力包含的基本要素。如果动态地考察生产力，生产力包含的要素便更为复杂，除了基本要素外，也包括资源和科技等要素。所以，在他看来，生产力的构成是复杂的。徐水华在《〈资本论〉生产力理论及其在当代中国的实践研究》一书中认为，劳动过程的要素不一定等于生产力的要素，二者所包含的要素是不完全相同的，生产力是一个复杂系统，因而所含要素要比劳动过程所含要素复杂得多。覃志红认为，生产力包括主体要素、自然要素以及工具和技术要素。郭杰忠在《实践和发展：马克思主义生产力理论研究》一书中认为，不能简单地把生产力归结为两要素或三要素，生产力不是一成不变的，只有对生产力构成要素做动态的考察才能科学地理解生产力，如在传统经济发展中，"劳动力和原材料是生产力主要因素，而现阶段科学知识、技术是提高生产力的决定要素"[②]。田超伟和卫兴华在《论马克思的生产力理论与中国特色社会主义政治经济学的构建》一文中认为，生产力除了劳动者、劳动对象、劳动资料这三个基本要素外，也"包括科学技术和自然力等要素"[③]。孔维萍在《论生产力范畴现代内涵的界定及其意义》一文中认为，对生产力具体构成要素的理解直接关系

---

① 〔法〕路易·阿尔都塞、〔法〕艾蒂安·巴里巴尔：《读〈资本论〉》，李其庆、冯文光译，中央编译出版社，2017，第 276 页。
② 郭杰忠：《实践和发展：马克思主义生产力理论研究》，江西人民出版社，2008，第 78 页。
③ 田超伟、卫兴华：《论马克思的生产力理论与中国特色社会主义政治经济学的构建》，《教学与研究》2017 年第 10 期。

到对生产力内涵的界定，如果过度强调生产力的基本构成要素，便会弱化知识要素在生产力中的地位。所以，在她看来，生产力除了基本构成要素外，还包括科学技术、"应用管理技术能力及协调社会与自然关系的能力。"①

总的来说，"两要素"说、"三要素"说抑或综合要素说，都没有脱离生产力实体性的三个基本要素。所以，不论生产条件发生了什么变化，劳动者、劳动资料和劳动对象都是生产力的基本构成要素，只是在不同的时代条件和生产条件下，生产力各个构成要素发挥作用的大小存在差异。在当代，科学技术要素对生产力的推动作用虽然愈益突出，但并不是独立发挥作用的，而是通过与生产力的基本构成要素相结合而实现的。

3. 关于科学技术与生产力关系的讨论

自第三次科技革命爆发以来，高速发展的科学技术极大地推动了全球生产力的发展，加之我国正处于解放和发展生产力的关键期，在这样的背景下，学术界围绕科学技术与生产力之间的关系展开了丰富的讨论，取得了一定的成果。钟阳胜在《科学生产力效应理论导论》一书中认为，劳动者自身的劳动能力作为生产力的重要组成部分，是随着科技的进步和在生产中的应用而提高的，科技在生产中的应用不仅提高了人类对自然规律的认识能力，也提高了人类改造自然的能力，更是"促进物质生产力不断更新"②。杨明刚在《科学技术是第一生产力的理论与实践》一书中认为，"科学技术自身的性质决定了它是生产中决定因素"③，是历史发展的杠杆和推动力。涂金坤和王志国在《生产力理论的研究与当今世界》一书中认为，科学技术作为生产力发展的第一要素，在生产力发展中具有先进性、主导性、开拓性和超前性，科学技术可以无限放大生产力构成要素的作用。王慎之认为，科学技术是不是生产力，要做具体分析。当科学技术作为意识形态时，科学技术不是生产力，只有应用于物质生产过程时才是现实的生产力。为此，他沿用了马

---

① 孔维萍：《论生产力范畴现代内涵的界定及其意义》，《新疆师范大学学报》（哲学社会科学版）2002 年第 4 期。
② 钟阳胜：《科学生产力效应理论导论》，科学普及出版社广州分社，1990，第 31 页。
③ 杨明刚：《科学技术是第一生产力的理论与实践》，华东化工学院出版社，1992，第 45 页。

克思和恩格斯的观点，认为科学技术是一种对生产具有推动作用的力量。魏屹东在《当代科技革命与马克思主义》一书中认为，与传统生产力不同，当代生产力已经科学技术化，在未来社会"生产力系统将完全科技化"①，即劳动者、劳动资料、劳动对象以及管理将完全科技化。刘大椿在《马克思科技审度的三个焦点》一文中详细分析了科学技术在生产力发展中的作用，认为科学技术在生产中不同程度的应用，对生产力具有不同的影响，即在科学技术初步应用于工业生产实践时，科学技术是对生产力发展具有推动作用的力量；在科学技术大规模应用于工业生产实践时，科学技术表现为直接的现实的生产力；当科学技术全面应用于工业生产实践时，科学技术对生产力具有绝对的支配力，成为推动生产力发展的第一要素②。此外，学者梁树发也持有相同的观点，即认为科学技术是推动生产力发展的第一要素。

总的来说，国内学术界就科学技术是生产力这一认识已经形成共识，表明了学术界对科学技术生产力性质的肯定。同时，我们也应明确：尽管科学技术在生产力发展中的作用十分突出，但我们不能夸大科学技术在生产力发展中的作用，避免落入"科技决定论"的窠臼，应综合考察科学技术与其他要素在生产力发展中的作用，因为生产力是一个各要素协同的复杂系统。

4. 关于马克思和恩格斯科技思想与生态思想发展阶段的讨论

无论是马克思和恩格斯的科技生产力观还是自然生产力观，都贯穿于他们的科技思想与生态思想之中。所以，应对马克思和恩格斯科技思想与生态思想的发展阶段进行梳理。曾静在其博士论文中，对马克思和恩格斯科学技术思想的发展阶段进行了概括：孕育期是从《1844 年经济学哲学手稿》到《德意志意识形态》；初步形成是从《雇佣劳动与资本》到《机器。自然力和科学的应用》；成熟期是从《资本论》到《自然辩证法》。③ 董强在《马克思主义生态观研究》一书中认为，马克思对人与自然关系认识的萌芽主要体

---

① 魏屹东：《当代科技革命与马克思主义》，山西科学技术出版社，2003，第 116 页。

② 参见刘大椿《马克思科技审度的三个焦点》，《天津社会科学》2018 年第 1 期。

③ 参见曾静《马克思恩格斯的科学技术思想及其当代价值》，博士学位论文，南开大学，2014，第 36—54 页。

现在其博士论文中；形成期主要体现在《1844 年经济学哲学手稿》《关于费尔巴哈的提纲》《德意志意识形态》等著作中；成熟期主要体现在《资本论》《自然辩证法》《反杜林论》等著作中。①

总的来说，曾静、董强关于马克思和恩格斯科技思想与生态思想发展阶段的划分，具有一定的合理性，使马克思和恩格斯的科技观与生态观呈现出较为清晰的发展脉络，这对我们讨论马克思和恩格斯科技生产力观与生态生产力观的历史演进具有一定的借鉴意义。

5. 关于马克思和恩格斯的生产力理论是否具有生态维度的讨论

由于马克思和恩格斯尤其注重生产力的发展，所以其理论被一些西方学者视为"经济决定论""技术决定论"，部分西方学者认为二人的生产力理论存在着生态空场。对此，学界展开了激烈的争论，总体情况如下。徐艳梅在《生态学马克思主义研究》一书中赞成乔纳森·休斯对马克思生产力概念的定性，即认为马克思的生产力"并非是直线和单维的过程，也不仅指经济生产增长一个方面"②，其对生态问题的解决属于生产力的一部分，因而她认为马克思和恩格斯的生产力理论存在生态维度。王雨辰在《生态学马克思主义与后发国家生态文明理论研究》一书中指出：由于西方绿色思潮没能正确理解历史唯物主义重视生产力发展的原因，片面地将马克思和恩格斯的生产力理论视为技术决定论、经济决定论，以及与生态对立的"唯生产力论"，这是缺乏根据的。这是因为马克思和恩格斯的生产力理论不仅批判了资本主义生产方式对生态的破坏和毁灭，而且"是建立在能保证技术运用、服从生态规律基础之上的"③。方世南在《马克思生产力理论蕴涵的环境思想》一文中，对西方学者所持有的马克思生产力理论是反生态的这一观点进行了驳斥，他认为，马克思的生产力理论蕴含着丰富的生态意蕴，"是将生产力与自然环境结合起来的理论"④。解保军在《马克思生态思想研究》一书中认

---

① 参见董强《马克思主义生态观研究》，人民出版社，2015，第 38—57 页。

② 徐艳梅：《生态学马克思主义研究》，社会科学文献出版社，2007，第 286 页。

③ 王雨辰：《生态学马克思主义与后发国家生态文明理论研究》，人民出版社，2017，第 69 页。

④ 方世南：《马克思生产力理论蕴涵的环境思想》，《马克思主义研究》2010 年第 3 期。

为，面对生态马克思主义对马克思和恩格斯生产力理论缺乏生态维度的指责，我们要从马克思"生产的自然条件"相关理论出发来理解历史唯物主义理论所具有的自然维度。首先，他通过对马克思和恩格斯文本的详细考察，认为马克思和恩格斯用了大量篇幅阐述"生产的自然条件"对生产力的影响，因而认为生产力涵盖生态维度是有充足理由的。其次，他认为我国传统教科书对生产力的理解是片面的，因为该理解忽视了生产力的自然维度。再次，他认为将马克思的生产力理论视为技术决定论同样是不科学的，因为马克思的技术观不仅不与生态相矛盾，而且具有生态维度。最后，他认为自然生产力"直接影响着人的存在方式和社会再生产的物质前提；同时也影响着劳动对象的数量、质量以及劳动工具构成"①。任暟在《环境生产力论：马克思"自然生产力"思想的当代拓展》一文中认为，学界对生产力的传统理解是对马克思和恩格斯生产力理论的误读，实际上"马克思有着丰富而深刻的自然生产力思想"②。孔维萍在《论生产力范畴现代内涵的界定及其意义》一文中指出："仅仅强调生产力的物质性力量是不完善的，生产力本身还具有生态内涵"③。当然，也有学者认为马克思和恩格斯的生产力理论根本不存在生态维度，如周德海在《马克思生产力概念研究的回顾与反思》一文中认为："在马克思'自然生产力'的概念中，没有当代学者们所说的那种自然生态观念和可持续发展观"④。

总的来说，面对西方绿色思潮对马克思和恩格斯生产力理论的冲击，国内学界的研究成果基本认为马克思和恩格斯的生产力理论具有丰富的生态维度，实现了对马克思和恩格斯历史唯物主义的辩护。虽然存在反对的声音，但本书更倾向于前一种观点，即认为马克思和恩格斯的生产力观蕴含着丰富

---

① 解保军：《马克思生态思想研究》，中央编译出版社，2019，第58页。
② 任暟：《环境生产力论：马克思"自然生产力"思想的当代拓展》，《马克思主义与现实》2013年第2期。
③ 孔维萍：《论生产力范畴现代内涵的界定及其意义》，《新疆师范大学学报》（哲学社会科学版）2002年第4期。
④ 周德海：《马克思生产力概念研究的回顾与反思》，《南通大学学报》（社会科学版）2013年第2期。

而深刻的生态意蕴，是与自然生态紧密相连的生态生产力观。

6. 关于马克思和恩格斯生态生产力内涵的界定

同马克思和恩格斯的生产力理论是否具有生态维度的讨论一样，生态生产力的内涵在学术界也存在争议。目前，通过中国知网（CNKI）以马克思的生态生产力为关键词检索到的有效文章数量极少，其中对马克思和恩格斯生态生产力内涵进行明确界定的比较有代表性的研究如下：王鲁娜在《当代生态生产力的科学内涵探析》一文中认为，生态生产力表征着人与自然的和谐共生，"是生产力发展的'当代性'与'生态化'的有机结合"[①]；于天宇在《新时代生态生产力发展的理论逻辑与实践路径》一文中认为，生态生产力是与历史唯物主义的理论逻辑相适应的生产力发展的新样态，"即生态优先、多方和谐、要素均衡的生产力"[②]；包庆德在《论马克思的生态生产力思想及其当代价值》一文中认为，"马克思的生态生产力思想表现为社会生产力对自然生产力的依存性"[③]，是自然生产力与社会生产力相结合的产物，其核心要义是强调在自然承载力范围内与自然进行物质变换；夏承伯在《马克思生产力论的生态意蕴及其当代价值研究》一文中指出生产力的生态内涵主要有三个方面，即"应以生态整体主义的思维方式对待宇宙万物；树立生态环境保护与生产力发展兼得共赢理念；遵循自然客观规律与发挥人的主观能动性相统一"[④]。

总的来说，以上对马克思和恩格斯生态生产力内涵的概括具有一定的合理性，皆符合马克思和恩格斯生态生产力观的理论逻辑，对我们理解生态生产力具有一定的借鉴意义。基于此，本书认为，马克思和恩格斯的生态生产力观蕴含于他们的自然生产力思想之中，具有多重内涵，而以上研究只构成了他们生态生产力观的某些方面，并未凸显其全部内涵。事实上，马克思和

---

① 王鲁娜：《当代生态生产力的科学内涵探析》，《天津社会科学》2009 年第 1 期。
② 于天宇：《新时代生态生产力发展的理论逻辑与实践路径》，《学习与探索》2019 年第 9 期。
③ 包庆德：《论马克思的生态生产力思想及其当代价值》，《哈尔滨工业大学学报》（社会科学版）2020 年第 3 期。
④ 夏承伯：《马克思生产力论的生态意蕴及其当代价值研究》，博士学位论文，内蒙古大学，2020，第 40 页。

恩格斯的生态生产力观既指涉一切自然物本身的"自然力",又强调外部自然界(自然生产力)之于社会生产力发展的前提性、根基性,并注重生产力的生态化、绿色化发展,从而在人与自然和解的基础上实现社会生产力的可持续发展。

综上所述,长期以来,国内学术界围绕马克思和恩格斯生产力的概念、构成要素以及生产力与科学技术的关系等问题展开了激烈的讨论,取得了丰硕的研究成果。这些研究成果高度肯定了科学技术的生产力性质,成为马克思和恩格斯生产力观最为突出的观点,无疑为我们在新的时代条件下重新思考他们的生产力观奠定了深厚的理论基础。然而国内学术界对马克思和恩格斯生产力观的研究也存在严重的不足。具体如下。

首先,就生产力的内涵而言,国内学术界长期受苏联教科书体系的影响,即将生产力视为一种征服和改造自然的物质力量。该内涵过分突出了作为主体的人对自然的能动性,只强调人对自然的索取,而完全没有看到生产力得以生成的自然根基,也就缺乏将生产力的内涵与自然环境统一起来的研究。有少量的学术论文尽管对马克思和恩格斯生产力理论的生态内涵进行了讨论,但只强调其内涵的某些或某一方面,缺乏系统的阐述。

其次,学术界对马克思和恩格斯生产力观整体性的认识严重不足。由于马克思和恩格斯在文本中明确肯定了科学技术的生产力性质,所以学术界就此认为他们的生产力观仅仅表现在科技生产力方面,从而招致了西方学者的广泛批评与指责。在这样的认识下,他们生产力观的隐性一面,即生态生产力观或生产力的生态意蕴也就被遮蔽了,因而学术界也就无法对历史唯物主义做出正确的理解与阐释。

最后,由于马克思和恩格斯的生态生产力观长期没有受到足够重视,国内学术界关于马克思和恩格斯生态生产力观的研究、讨论严重不足,还没有一本对该问题进行系统研究的学术专著,学位论文也很少,可以检索到的研究成果十分有限。这就导致大部分人对他们生产力观的认识还停留于单一的科技生产力观方面,没能正确理解生态生产力观在他们生产力观中的基础性、核心性地位。因此,这方面的研究工作亟待加强。这正是本书所要做的主要工作，即深入挖掘马克思和恩格斯的生态生产力观，讨论他们生态生产力观的内涵，概括总结他们生态生产力观的主要内容，恢复生态生产力观在他们的生产力观中应有的地位，从而实现对他们的生产力观乃至历史唯物主义的科学认知。

（二）国外研究述评

马克思和恩格斯生产力理论的创立和发展，是同他们的直接考察对象即资本主义生产方式的发展分不开的。西方学者关于马克思和恩格斯生产力理论的研究由于存在着地域、文化传统、学术流派以及学者自身个性的差异，呈现出多重理论视角。但总的来说，西方学者的讨论主要集中于对马克思和恩格斯生产力概念的考察，分析生产力理论的内容构成、生产力的性质、生产力理论的合法性等方面。为了呈现国外学界整体研究面貌，采取理论流派划分的梳理方式。

1. 苏联正统马克思主义

一方面，在关于生产力概念的理解上，正统的马克思主义者普遍存在着根深蒂固的技术生产力观倾向。这种固化的观点与苏联领导人斯大林有着密切的关系。1938 年，斯大林在《论辩证唯物主义和历史唯物主义》一书中提出了具有广泛影响的生产力概念，认为生产力就是劳动者运用生产工具进行生产。斯大林对生产力的僵化理解，深刻影响了其他思想家的观点。例如，苏联马克思主义者布哈林在《过渡时期经济学》一书中认为"生产力范畴就是技术范畴"①；又如，另一位苏联马克思主义研究者尼·拉宾认为生产力就是利用工具进行生产。美国著名学者塞缪尔·E. 斯塔姆（Samuel Enoch Stumpf）和詹姆斯·费舍尔（James Fieser）也深受斯大林的影响，在二人合著的《西方哲学史：从苏格拉底到萨特及其后》一书中将"生产力视为生产工具、劳动者个人技能"② 等要素。这种对生产力僵化、片面

---

① 〔苏〕尼·布哈林：《过渡时期经济学》，余大章、郑异凡译，东方出版社，1988，第 74 页。
② S. E. Stumpf and J. Fieser, *Socrates to Sartre and Beyond: A History of Philosophy*（seventh edition）, the Mc Graw-Hill Companies, 2003, p. 372.

的理解也招致了广泛的批评。例如，比较有代表性的德国学者亨利希·库诺（Heinrich Cunow）认为，将生产力理解为技术不仅是十分片面的，更是"根本错误的"①。由此可见，生产力概念具有一定的复杂性、争议性。

另一方面，在关于生产力本质的研究上，苏联正统的马克思主义者认为，马克思生产力理论本质上是一种"技术决定论"。如苏联具有影响力的马克思主义理论家布哈林认为，技术发展决定了生产力和生产关系的发展，因而也就产生了技术—生产关系—政治、法律、宗教等意识形态的上层建筑这个技术决定论理路。这种单一的"技术决定论"被苏联另一位学者 A. A. 库津（А. А. Кузин）进一步强化，他在《马克思与技术问题》一文中认为，马克思正是以技术发展史和科学技术发展为参照，揭示了人类各个经济时代相继更替的实质。另外，第二国际的一些主要人物，诸如考茨基、弗兰茨·梅林、拉法格、伯恩施坦等人也认为马克思和恩格斯的生产力理论就是"经济决定论"、"生产力一元论"或"历史决定论"，并以生产力决定论为标准来衡量一个国家或民族无产阶级革命的成熟程度。②

总的来说，苏联正统马克思主义所持的生产力观，无论是对生产力概念的理解还是对生产力本质的界定，都具有很强的时代印记，有着那个时代发展物质生产、满足人们生存需求的合理性和正当性。同时，它对马克思和恩格斯生产力观的理解又是十分片面的，既夸大了科学技术在生产力发展中的作用，又完全没有涉及他们生产力观的生态意蕴，以至于马克思和恩格斯的生产力观长期没有被正确理解。

2. 经典西方马克思主义

首先，在对生产力概念的考察上，德国哲学家尤尔根·哈贝马斯做了较为细致的分析。他在《重建历史唯物主义》一书中认为，生产力大致包含三种要素或是由三部分构成，即"劳动者自身的劳动能力、可以应用于物质生产或提高劳动效率的科技知识、对劳动者进行合理有效分配进而促进分工与协

---

① 〔德〕亨利希·库诺：《马克思的历史、社会和国家学说——马克思的社会学的基本要点》，袁志英译，上海人民出版社，2006，第 500 页。
② 参见方世南《马克思生产力理论蕴涵的环境思想》，《马克思主义研究》2010 年第 3 期。

作的组织知识"①。

其次，在对科学技术的批判上，法兰克福学派的代表人物如马克斯·霍克海默、西奥多·阿道尔诺、赫伯特·马尔库塞以及尤尔根·哈贝马斯等尤其关注过分强调生产力的技术化倾向而带来的一系列问题。德国学者马克斯·霍克海默和西奥多·阿道尔诺在其合著的《启蒙辩证法：哲学断片》一书中认为，由于启蒙理性在工业社会的无止境扩张，启蒙理性充当了奴役人、奴役自然的破坏性角色，"启蒙倒退成了神话"②。美国哲学家赫伯特·马尔库塞将对技术的社会批判与资本主义的现代性批判结合在一起，他认为在发达工业社会下，科学技术成为一种控制人的意识形态，发展生产力成为发达工业社会减少社会矛盾的有效工具；同时，他认为，在发达工业社会条件下，以科学技术为核心的意识形态，不仅加剧了异化和物化，也强化了政治、文化领域的极权主义倾向。所以，马尔库塞得出结论：在发达工业社会条件下，科学技术成为意识形态，是更有效地奴役人与自然的工具，造成社会、思想以及人的单向度化，马克思和恩格斯理论中既定社会内部的社会革命酵素变成了维护社会团结的酵素，由此，马克思和恩格斯的解放理论也就不成立。另外，马尔库塞通过对技术的批判，也阐明了生态危机的根源。③ 他认为，资本主义的逐利本性使科学技术充当了破坏自然的工具，将自然界完全商品化，造成生态环境严重破坏，这也就指明了生态危机的制度根源。哈贝马斯认为，在晚期资本主义社会下，科学与技术呈现出高度一体化的发展趋势，高度发达的科学技术成为取代传统社会意识形态的新意识形态，并取代了马克思意义上的活劳动，成为剩余价值的独立来源。在《交往与社会进化》一书中，哈贝马斯认为，相对于生产来说，"交往理性"具有优先性，

---

① 〔德〕尤尔根·哈贝马斯：《重建历史唯物主义》，郭官义译，社会科学文献出版社，2000，第148页。

② 〔德〕马克斯·霍克海默、〔德〕西奥多·阿道尔诺：《启蒙辩证法：哲学断片》，渠敬东等译，上海人民出版社，2006，第5页。

③ 参见〔美〕赫伯特·马尔库塞《现代文明与人的困境——马尔库塞文集》，李小兵等译，三联书店上海分店，1989。

同时它也为新生产力的生成提供了可能。同时，基于传统生产力理论过度强调科学技术要素的重要性，哈贝马斯进而认为，生产力发展表征着人类对自然的控制程度和水平。因而在哈贝马斯看来，传统生产力理论过度注重科学技术的发展就是对自然的威胁。①

最后，对生产力理论的人本主义理解。对生产力的人本主义理解是指早期的几位西方马克思主义者的理论重点并非指向生产力，而是从生产力转向了对人的处境、状态的研究。虽然很少提及生产力一词，但他们实际上是以对人的关注与考察来批判资本主义生产力的，其代表人物主要有匈牙利哲学家格奥尔格·卢卡奇、德国哲学家卡尔·科尔施和意大利共产党领袖安东尼奥·葛兰西。卢卡奇从主客同一的整体性辩证法出发，反对第二国际对马克思历史唯物主义所作的"只见物不见人"的经济决定论理解，认为这必然导向历史宿命论与对人和社会实践的轻视。卢卡奇进而提出了"物化"概念，认为在资本主义生产条件下"人与人之间的关系具有物之性格"②。在"物化"状态下，劳动者变成一种物品或商品，变成一架自行运转的抽象机器，丧失了人之为人的本质。卢卡奇虽然以"物化"概念实现了对资本主义生产力的批判，但他认为物化是生产过程的必然结果，人在物化中受生产力的奴役，这与马克思从生产力与生产关系来审视物化是截然不同的。相比于对历史唯物主义的传统理解，卡尔·科尔施从特定的历史情境与主客体辩证法的双重向度出发，对马克思和恩格斯的生产力理论做出了新的理解。在他看来，生产力通常被视为一种超历史的力量，但在马克思和恩格斯的生产力理论中没有神秘性的东西，在他们那里，生产力不过是劳动者在一定生产条件下运用一定工具作用于一定劳动对象的物质生产过程。基于此，他认为"生产力是资本主义社会关系拜物教结构中的对象，它反映的是阶级对立"③。所

---

① 参见〔德〕尤尔根·哈贝马斯《重建历史唯物主义》，郭官义译，社会科学文献出版社，2000。

② 〔匈〕卢卡奇：《历史与阶级意识》，杜章智、任立、燕宏远译，商务印书馆，2018，第149页。

③ 转引自张一兵主编《当代国外马克思主义哲学思潮》（上卷），江苏人民出版社，2012，第97—98页。

以，他得出结论：社会革命不是单纯的生产力发展的必然结果，也不是革命主体的主观意志行为，而是主客体在特定情境下结合的产物。安东尼奥·葛兰西反对第二国际对马克思历史唯物主义所作的经济决定论理解，认为这样的实证性的、肤浅的理解根本没有体现马克思主义的精神，只能陷入新的教条主义，使马克思主义陷入旧唯物主义的窠臼。所以，他认为真正的马克思主义并不认为在历史上占统治地位的是经济主义，而是对人格外关注与强调，不能将马克思主义肤浅地理解为经济决定论。马克思也从来没有将经济动因归结为历史发展的动力，而是始终强调要从生产力与生产关系的矛盾运动来揭示整个社会生活的内在变化过程，所有这些工作都离不开能动的人的作用。

　　总的来说，经典西方马克思主义的几位代表人物对马克思和恩格斯生产力理论的讨论，视角较为独特，既是对苏联正统马克思主义者关于生产力肤浅理解的超越，也对我们在当代重新审视马克思和恩格斯的生产力观具有借鉴意义。但是，不能否认，他们关于马克思和恩格斯生产力观的独到见解也存在着诸多问题，比如哈贝马斯以作为意识形态的科学技术对马克思剩余价值理论进行分析，夸大了科学技术在生产力发展中的作用，是完全违背历史唯物主义的基本规律的。同时，马尔库塞对发达工业社会意识形态的分析，不仅得出未来社会十分黯淡的消极结论，也存在对马克思主义的一些诘难。这些都是需要我们认真加以分析和辨别的。

　　3. 解构式的马克思主义

　　解构式的马克思主义的主要代表人物是法国社会思想家让·鲍德里亚，他对马克思文本中的基础性概念进行了解构式的解读。鲍德里亚认为马克思在政治经济学批判中，关注更多的是经济领域，"把生产力的解放混同于人的解放"[①]，同时他认为生产力是一种量的增长，是生产率的提高。鲍德里亚从物的功能系统出发，批判了资本主义社会的工业生产和技术体系，进而转向了符号政治经济学批判。在《消费社会》一书中，鲍德里亚认为，伴随着社会生产力的高度发展，人类将进入"消费社会"。在消费社会下，"工业

---

① 〔法〕让·鲍德里亚：《生产之镜》，仰海峰译，中央编译出版社，2005，第2页。

体系已经对大众进行了社会化并使他们成为生产力，成为消费力。"① 正是基于他的符号政治经济学批判与马克思政治经济学批判的异质性，鲍德里亚指责马克思把生产当作人类存在的模式，在消费社会下，劳动日渐丧失了生产力的性质，仅仅作为商品而存在。

总的来说，鲍德里亚整体的理论逻辑与马克思和恩格斯历史唯物主义的理论逻辑是完全不同的，这就决定了两者不可能得出相同或近似的结论。鲍德里亚认为在消费社会下，马克思和恩格斯的生产力理论就失去了合法性，因此遭到了他的猛烈批判。可以说，这是对马克思和恩格斯生产力理论的一种误读。

4. 结构的马克思主义和分析的马克思主义

结构的马克思主义由结构主义衍生而来，主要代表人物是法国哲学家路易·皮埃尔·阿尔都塞。就马克思和恩格斯的生产力理论来看，阿尔都塞认为，他们所指的生产力主要包括生产者、生产对象和生产工具三个基本要素；他们所指的生产关系既包括劳动者与生产条件的关系，也包括劳动者与生产资料所有制的关系。所以，阿尔都塞认为，只有全面考察生产力的基本构成要素，才能对各个历史发展阶段的生产方式②作出正确的理解。同时，阿尔都塞极力反对将马克思主义视为经济决定论。他认为，尽管马克思十分注重生产力的发展，但不能据此就将马克思主义视为经济决定论，因为马克思和恩格斯从未将生产力视为决定历史发展的唯一力量，相反，这恰恰是经济决定论的做法。所以，阿尔都塞并不反对历史唯物主义生产力决定生产关系的基本观点，同时，他强调要具体分析生产力与生产关系在各个历史发展阶段中的作用。

---

① 〔法〕让·鲍德里亚：《消费社会》，刘成富、全志钢译，南京大学出版社，2018，第64页。
② 关于阿尔都塞的生产方式概念，日本学者今村仁司（いまむらひとし）在其《阿尔都塞：认识论的断裂》一书中有着准确的概括："不能因'方式'一词而将生产方式看成是技术的、工具性的生产方法。它是局部的（特定领域的）社会结构，是综合结构……生产方式是生产力与生产关系的结合或结构化。也是诸环节的有机结合。"参见〔日〕今村仁司《阿尔都塞：认识论的断裂》，牛建科译，河北教育出版社，2001，第212—213页。

分析的马克思主义兴起于 20 世纪中后期，其主要代表人物是英国政治哲学家 G. A. 柯亨和美国学者威廉姆·肖。柯亨对马克思和恩格斯生产力理论的分析主要体现在他的成名作《卡尔·马克思的历史理论：一个辩护》中。首先，在对生产力概念的考察上，柯亨以马克思在 1859 年《〈政治经济学批判〉序言》中对经济结构的阐述为切入点，认为"生产力也可以叫做生产能力"①。然后，柯亨以图示的形式列出了长期以来人们对生产力要素的理解，如图 1-1 所示②：

$$\text{生产力}\begin{cases}\text{生产资料}\begin{cases}\text{A. 生产工具}\\\text{B. 原料}\end{cases}\\\text{C. 劳动力（生产者的生产能力：体力、技术、知识、创造性，等等）}\end{cases}$$

图 1-1　生产力要素构成

紧接着，柯亨具体分析了生产设备在什么条件下可以被称为生产力，在什么情况下不是生产力。基于以上讨论，柯亨进一步考察了关于马克思生产力术语的涵义和用法。他认为，马克思文本中的"Produktivkräfte"一词被广泛翻译成生产力（productive forces），但这个翻译是不恰当的，在他看来，准确而恰当的翻译应是"生产能力"（productive powers），而马克思使用的却是"forces productives"。基于此，他认为学术界对"Produkti-vkräfte"一词的不确切翻译源于马克思。然后他认为，"生产力"虽然没有"生产能力"准确，但是，"生产能力"一词用在马克思的文本中并不合适，严格来说，生产工具和原料都不能算作生产力，但是二者又具有生产的能力。同时，柯亨指责马克思在文本中关于"Producktionsmittel"（生产资料）一词的使用前后不一，造成了理解上的混乱。但是，可以确定，劳动力在马克思那里是生产力。

其次，基于以上的分析，柯亨进一步提出了"生产力的首要性命题"和"生产力的发展命题"。柯亨指责马克思在《〈政治经济学批判〉序言》中犯

---

① 〔英〕G. A. 柯亨：《卡尔·马克思的历史理论：一个辩护》，岳长龄译，重庆出版社，1989，第 31 页。

② 〔英〕G. A. 柯亨：《卡尔·马克思的历史理论：一个辩护》，岳长龄译，重庆出版社，1989，第 34 页。

了实证主义的错误，即把要证明的东西当作假设来看待。他强调："首要性命题"是指生产力的发展水平决定了生产关系的性质，"发展命题"是指生产力的发展贯穿于各个历史阶段之中。

最后，在生产力与资本主义发展的关系上，塞尔维亚政治哲学家不莱梅尼茨（John Plamenatz）认为马克思在《资本论》第一卷第八篇专门讨论资本主义产生的相关论述与其首要性命题相矛盾，柯亨通过对马克思文本的具体考察，认为不莱梅尼茨对马克思的指责是站不住脚的，并且认为"在阶级结构当中，只有资本主义，促进生产力的不断发展"①。

威廉姆·肖从生产力和生产关系的辩证关系入手，对这两个概念的含义进行了详细的考察。威廉姆·肖认为，由于已有的研究成果对这两个概念的理解过于混乱，所以只有充分考虑马克思使用这两个概念的意图和它们在马克思全部理论体系中的地位，才能科学地揭示它们的含义。他认为，以往的研究将生产力视为生产过程所有要素的总和是不对的，生产力只是生产过程中最基本的简单要素，生产力主要由劳动者、劳动对象和生产工具三部分构成，其中他着重探讨并肯定了科学技术知识的劳动力属性。在威廉姆·肖看来，生产关系就是生产在其中进行的关系，主要包括"所有权"关系和"劳动"关系。在生产力与生产关系的辩证关系上，他认为存在三种关系模式：第一种关系模式是生产力既可以由上层建筑来决定，也可以由其他折中因素来决定；第二种关系模式是生产力可以脱离生产关系独自发展；第三种关系模式是生产力与生产关系互相决定。通过分析，威廉姆·肖认为第二种关系模式和第三种关系模式与马克思的理论是背道而驰的，因而他得出结论："生产力才可以是生产关系的决定因素"②。在此基础上，他进一步提出了"技术决定论"。威廉姆·肖认为，马克思将生产力视为历史发展的决定性因素，因而历史唯物主义就是"技术决定论"，只不过是没有得到正确理解。为此，他大量引用马克思的相关文本来证明自身关于马克思对历史发展

---

① 〔英〕G. A. 柯亨：《卡尔·马克思的历史理论：一个辩护》，岳长龄译，重庆出版社，1989，第212页。

② 〔美〕威廉姆·肖：《马克思的历史理论》，阮仁慧等译，重庆出版社，1989，第65页。

做了"技术决定论"阐释的观点，从而阐明了生产力在历史唯物主义中的首要地位。

总的来说，柯亨运用分析哲学的方法对马克思的生产力理论做了详细的分析，并力求为历史唯物主义关于"历史从根本上来说是人类生产能力的增长，社会形态的兴起和衰落要以它们促进还是阻碍这种增长为转移"① 这一观点进行辩护。但是，他对历史唯物主义所做的辩护也招致了广泛的批评，而这也恰恰凸显了他对马克思历史唯物主义做出的突出贡献。威廉姆·肖从生产力与生产关系的相互作用出发，力求填补学术界关于马克思历史理论研究的空白。他倡导从马克思使用这两个概念的真正意图和具体语境来理解生产力和生产关系，对我们具有借鉴意义。威廉姆·肖本想公正地考察马克思的历史理论，从而使学术界恢复对马克思历史理论的正确理解，但他将历史唯物主义等同于"技术决定论"，不仅重新落入曲解马克思主义的窠臼，也夸大了科学技术的作用，因而也就无法对历史唯物主义做出正确的理解。

5. 生态学的马克思主义

"生态学的马克思主义"的代表人物主要有本·阿格尔（Ben Agger）、威廉·莱斯（William Leiss）、詹姆斯·奥康纳（James O'Connor）、乔尔·克沃尔（Joel Kovel）、戴维·佩珀（David Pepper）、安德瑞·高兹（André Gorz）、瑞尼尔·格伦德曼（Reiner Grundmann）、约翰·贝拉米·福斯特（John Bella-my Foster）以及乔纳森·休斯（Jonathan Hughes）等。他们的研究主要集中在以下几个方面。

首先，关于马克思是否有生态学的讨论。美国新马克思主义经济学家詹姆斯·奥康纳在《自然的理由》一书中认为，传统马克思主义存在着严重缺陷，马克思的论述不仅给自然系统留有很少的理论空间，而且马克思的生产力理论也严重忽视了生产力的自然特征，因而必须建构马克思主义生态学，

---

① 〔英〕G. A. 柯亨：《卡尔·马克思的历史理论：一个辩护》，岳长龄译，重庆出版社，1989，第3页。

即通过将生态自然与马克思的生产力理论相结合构建生态马克思主义。此外，加拿大学者本·阿格尔、威廉·莱斯也认为在马克思那里没有生态学。与以上学者的观点相反，美国学者福斯特在对马克思历史唯物主义思想重新梳理的基础上，认为马克思历史唯物主义并不存在生态空场，赋予历史唯物主义以生态向度。在此基础上，他对马克思生态学思想的发展阶段进行了详细的梳理，实现了对马克思历史唯物主义的辩护。同时，英国环境伦理学家乔纳森·休斯在《生态与历史唯物主义》一书中也对马克思和恩格斯的生产力理论进行了维护，他详细探讨了马克思的需要理论与发展生产力之间的关系。休斯认为，马克思在《1844年经济学哲学手稿》中主要阐述了人的需要以及其和动物需要的差别，通过对马克思需要理论的考察，他认为马克思强调资本主义生产力的发展是满足人类自我需要的必要条件，这体现了人类能力发展的重视。在生产力与生态问题的关系上，休斯认为生产力的发展并不等同于技术发展，尽管生产力由劳动力和生产资料构成，但劳动力和生产资料又由很多要素构成，并非只包含科学技术；同时，他认为技术发展也并非一定造成生态问题，技术虽然是生产力的一部分，发展科学技术尽管存在负面效应，但也提高了应对生态问题的能力。

其次，关于科学技术与生态危机关系的讨论。威廉·莱斯在《自然的控制》一书中，对资本主义生产方式下将自然当作商品加以控制、利用的做法给予了批判。他详细地考察了人的"需要"和"想要"的区别，认为"需要"代表着人的真实需求；"想要"代表着人的虚假欲求。基于此，他认为资本主义条件下人的需要是一种异化需要，自然被当作商品加以控制，科学技术充当了控制自然的工具角色，这不仅造成了资本主义和社会主义社会的生态恶化，也带来了一系列社会问题，但他并不认为科技是生态危机与严重的环境问题的诱因。美国生态社会主义的著名代表人物乔尔·克沃尔认为，在资本主义条件下，科学技术是资本主义的一部分，是资本家获取剩余价值和控制自然必不可少的工具，但同时也是解决生态危机的一部分。在此基础上，他进一步认为，尽管科技进步有助于生态危机的解决，但必须改变资本主义非生态性的生产方式，否则，生态灾难将是不可避免的。法国哲学家安德瑞·高兹认为，经济发展的技术基础并非是价值中立的，"它们决定和反映了生产者和他们的产品的关系……人和环境的关系。"① 也就是说，他认为技术是否导致生态危机关键要看使用技术、掌握技术的社会制度。

再次，关于马克思主义是否为"经济决定论"和"技术决定论"的讨论。英国学者戴维·佩珀认为，马克思持有一种社会变革的历史唯物主义方法，这决定了马克思主义并非是一种经济决定论。尽管马克思认为生产力是社会发展的决定力量，但这并不意味着经济动因支配着一切。德国学者瑞尼尔·格伦德曼在《马克思主义与生态学》一书中认为，马克思虽然十分注重科学技术的发展，但这并不意味着马克思是一个技术决定论者。因为马克思并不是强调技术对某一事物的决定性作用，而是强调科学技术所蕴含的推动社会制度变革的强大动力，这与马克思整个理论体系的价值目标是一致的。因此，马克思绝不是"技术决定论"者。②

最后，关于生态危机的根源和解决方案的讨论。乔尔·克沃尔认为，资本主义是生态危机的根源。所以在他看来，在资本主义私有制基础上所采取的任何措施都无益于生态危机的解决，都只会破坏自然生态系统，只有以生态社会主义取代资本主义私有制，才能从根本上解决生态危机。戴维·佩珀极力反对生态中心主义关于生态危机根源于生产力发展的观点。他认为生态危机的根本原因是现行的资本主义的经济制度，是资本主义经济制度导致了人的贪婪与疯狂。所以，必须推翻资本主义制度，实现马克思主义的生态社会主义。瑞尼尔·格伦德曼在《马克思主义与生态学》一书中对绿色环保主义者将生态危机归因于生产力增长的观点进行了批判。他认为经济增长、生产力发展并非一定带来环境污染，生态问题的根源恰恰在于资本主义生产方式下资源的不合理分配。此外，福斯特也持有与他们相同的观点，即认为生态危机的根源在于资本主义，所以他主张构建生态社会主义，进而对资本主义不合理的生产关系实行彻底的变革。这表明，生态学的马克思主义在生态

---

① Andre Gorz, *Ecology as Politics*, Boston：South End Press, 1980, p. 18.

② 参见 Reiner Grundmann, *Marxism and Ecology*, London：Oxford University Press, 1991。

危机的根源是资本主义制度这一方面已经形成共识。

总的来说，生态学的马克思主义作为应对生态问题而出现的一种新思潮，既吸收了马克思和恩格斯的相关思想，又对马克思和恩格斯的相关思想进行了重构；既深刻批判了资本主义生产方式的非生态性，揭露了生态危机的制度根源并提出了各自的解决方案，又阐明了科学技术与生态危机之间的负相关性，在一定程度上实现了对马克思历史唯物主义的辩护。可以说，生态学的马克思主义对马克思和恩格斯相关思想的深入思考，对我们重新理解马克思、恩格斯的历史唯物主义和构建社会主义生态文明具有借鉴意义，但是部分学者对马克思和恩格斯的生产力观也存在严重的误读，这需要我们认真加以辨别。

6. 日本的马克思主义

日本的马克思主义的代表人物主要有岩佐茂（Shigeru Iwasa）、广松涉（Hiromatsu Wataru）和望月清司（Mochizuki Seiji）等，在对马克思和恩格斯生产力理论的研究上，他们主要侧重于对马克思和恩格斯生产力概念的考察与文本解读，具体研究如下。

日本马克思主义哲学家岩佐茂主要从生产力的要素构成来理解生产力，认为生产力就是谁生产、生产什么以及怎样生产的问题。通过对马克思和恩格斯文本的深入考察，他认为在《德意志意识形态》中马克思和恩格斯把生产力看作人的本质力量的发挥，而在《资本论》中马克思把人视为生产过程中的一个要素。基于此，他认为生产力的发展，不仅剥夺了劳动者的主权，更是"破坏了生产者的权力的物质基础"①。

日本新左翼运动旗手广松涉以马克思和恩格斯的文本为切入点，对马克思主义进行了深刻的剖析。广松涉分别考察了马克思和恩格斯在文本中对生产力的用法。他指出，马克思在所有文本中用的是形容词形式的 Produktivkraft 和其复数形式 Produktivkräfte，而恩格斯使用的则是名词形式及其复

① 〔日〕岩佐茂：《环境的思想——环境保护与马克思主义的结合处》，韩立新等译，中央编译出版社，1997，第141页。

数形式的 Produktionskraft 和 Produktionskräfte。基于以上考察，他得出的结论是："马克思和恩格斯在文本中混用了二者"①。

望月清司是日本马克思主义市民社会研究的代表人物，他在《马克思历史理论的研究》一书中讨论《德意志意识形态》写作的"分担问题"时，对马克思和恩格斯的生产力概念进行了考察。通过考察，他认为马克思与恩格斯在生产力概念的使用上差异较大，即恩格斯在正文中使用的是"生产力"（Produktionskraft），而马克思在栏外注记中使用的是"生产诸力"（Produktionskräfte）。所以，"很难想象正文和栏外注记的作者会是同一个人"②。

总的来说，日本的马克思主义无论是在文献学研究还是文本考察上，在世界上都处于领先地位，具有异于西方的独到见解，对我们研究马克思和恩格斯的生产力观具有借鉴意义。

7. 建设性的后现代主义和后马克思主义

建设性的后现代主义是当代西方一个独具理论特色的文化思潮，其理论重点是通过对科学技术的重新理解来思考与人类现实生活息息相关的问题，尤其是当今人类面临的重大挑战，主要代表人物是美国克莱蒙特神学院哲学教授大卫·雷·格里芬（D. R. Griffin）。与现代主义精神截然相反，建设性的后现代主义对人与自然做一种关系性的理解；反对人与自然之间的对立和异化关系，坚持一种人与自然和谐的整体有机论；反对线性的时间观，倡导生态运动。基于此，他认为"后现代思想就是彻底的生态学"③。在对待科学技术的态度上，大卫·雷·格里芬认为，在追求现代性进步的"宗教"下，科学被视为和一种"去魅"的世界观联盟，科学充当了工具理性且毫无道德价值，加剧了自然的破坏，但是他并不反对科学技术的应用，也并非将生态问题的根源视为科学的应用，科学只是充当了工具，因而他主张必须超

---

① 〔日〕广松涉编注《文献学语境中的〈德意志意识形态〉》，彭曦译，南京大学出版社，2005，第 374 页。

② 〔日〕望月清司：《马克思历史理论的研究》，韩立新译，北京师范大学出版社，2009，第158 页。

③ 〔美〕大卫·雷·格里芬编《后现代精神》，王成兵译，中央编译出版社，2011，第 8 页。

越现代性，提倡一种以整体利益为着眼点的后现代科学，即重点发展生态型科学技术。在生态危机的解决路径上，以大卫·雷·格里芬为代表的建设性的后现代主义反对单向性的人类中心主义和生态中心主义，而是推崇一种整体论的方法，培育人们的后现代精神，强调通过稳态经济、生物技术、全球民主等方式实现人与自然的和谐。

后马克思主义的代表人物主要是美国政治理论家汉娜·阿伦特（Hannah Arendt），她在《极权主义的起源》一书中，以生产力为切入点批判了马克思和恩格斯的历史唯物主义理论。阿伦特认为，马克思和恩格斯在《共产党宣言》中把历史发展的动力归结为阶级斗争，这只是生产力发展的外化表现，而生产力首先是劳动者自身的劳动能力。同时，在《人的境况》一书中，阿伦特认为，生产力的巨大发展不仅不会实现人的自由解放，而且会导致人深陷生产性和非生产性的奴役之中。

总的来说，建设性的后现代主义独具特色的思考，为我们重新思考人与自然的关系、正确看待科学技术的发展提供了新的理论视角和理论支撑。阿伦特对马克思和恩格斯历史唯物主义的认识，尤其是对马克思和恩格斯关于人的全面发展的理论的指责是有失偏颇的，虽然在生产力的发展过程中会出现一定的问题，但是从长远来看，马克思和恩格斯以生产力的巨大解放促进人的全面发展的思想无疑是科学的、正确的。

综上所述，由于关注点、理论流派、学者自身立场等种种原因，国外学界对马克思和恩格斯生产力理论的研究内容差异较大，也存在诸多争论，主要围绕生产力的概念、生产力一词使用的合理性、生产力理论的内容等形成了一定的研究成果。当然，这些成果中专门研究马克思和恩格斯生产力理论的不多，更多的是将其生产力理论置于某一理论视阈下加以评论和讨论的，但是它们独特的研究视角、研究方法、理论观点等对我们研究马克思和恩格斯的生产力观具有一定的借鉴意义。总而言之，国外学界关于生产力概念的研究比较丰富，也肯定了科技生产力观在马克思生产力观中的显性地位。同时，大部分学者也以此为核心对马克思的生产力理论展开了批判，即认为马克思和恩格斯的生产力理论是只重视科技而无自然的"科技决定论""经济决定论"，却完全没有看到他们生产力理论蕴含的生态意蕴；也有学者基于马克思和恩格斯生产力理论的逻辑得出了未来社会人将深陷奴役之中的消极结论。这些批评、指责从根本上来说是缺乏依据的。英国学者休斯和美国学者福斯特看到了马克思和恩格斯生产力理论蕴含的生态意蕴，并对此展开了具有建设性的讨论，这是难能可贵的。这表明，国外学界对马克思和恩格斯生产力观中的生态意蕴总体认识不足，对他们的生产力观也存在严重的误读。对此，本书认为这方面的研究工作亟待加强，从而恢复马克思和恩格斯生产力观的完整性，实现对历史唯物主义的生态性维护，并为我国构建人与自然生命共同体、实现人与自然和谐共生提供科学的理论指导。

三　研究思路及方法

本书立足于马克思和恩格斯生产力观的整体性视阈，明确肯定马克思和恩格斯的生产力观既是科技生产力观，同时也是充满生态意蕴的生态生产力观。为此，本书主要运用文献研究法、历史与逻辑相统一的方法、分析综合的方法、理论与实践相结合的方法对马克思和恩格斯的生产力观进行了较为全面、系统的研究。

（一）研究思路

本书的基本研究思路是对马克思和恩格斯阐述其生产力观的相关文本进行具体而细致的研读，进而形成他们生产力观的整体性视阈。之后，第一部分具体分析马克思和恩格斯生产力观的双重内在逻辑线索及生成的社会背景，第二部分通过对马克思和恩格斯文本的考察来详细分析其科技生产力观和生态生产力观的历史演进及逻辑进路，第三部分具体阐述马克思和恩格斯科技生产力观和生态生产力观的主要内容，第四部分分别阐述其科技生产力观和生态生产力观的当代发展，第五部分则结合时代发展现实具体分析其科技生产力观和生态生产力观的重要价值，以期对当代中国和全球生产力发展提供一定的价值指引。

（二）研究方法

本书主要研究方法如下。

第一，文献研究法。以马克思和恩格斯的生产力观为研究对象，必须依据马克思和恩格斯的相关文本，这既包括马克思、恩格斯独著的文本，也包括他们合著的文本。他们在文本中关于生产力一词使用方式、语境的差异以及相关论述，既关乎我们对生产力概念的正确理解，也关乎我们对其生产力观的科学概括和总结。特别是马克思和恩格斯没有明确提出过生态生产力概念，对其生态生产力观的挖掘必须到文本中寻找相关理论依据。

第二，历史与逻辑相统一方法。采用历史与逻辑相统一方法是由于无论是马克思和恩格斯的科技生产力观还是生态生产力观，均存在一个线性的逻辑发展和历史演进过程。所以，必须对马克思恩格斯的科技生产力观和生态生产力观的逻辑发展、历史演进进行详细考察，做到理论逻辑与研究对象的历史与逻辑相一致。

第三，分析综合的方法。以马克思和恩格斯的生产力观作为研究对象，一方面，必须对他们的相关文本进行详细分析梳理；另一方面，还需要对国内外已有的研究成果进行分析，进而在总体分析的基础上筛选出有价值的材料，再用综合的方法将各个分散的材料做整体分析，以求对马克思和恩格斯的生产力观做出较为科学的分析与阐释。

第四，理论与实践相结合的方法。不仅理论要趋向于现实，现实也应当趋向于理论。研究马克思和恩格斯的生产力观有助于在新的时代条件下更好地指导生产力发展实践，实践的发展也有助于我们在新的时代条件下重新审视马克思和恩格斯的生产力观，并对其做出时代化的阐释和新的理论贡献。

第二章　马克思恩格斯生产力观的
内在逻辑与历史生成

马克思和恩格斯通过对资本主义私有制条件下生产各个环节的全面考察，形成了十分丰富且系统的生产力理论，有关生产力的提法有二十余种之多。在马克思和恩格斯那里，生产力既是一个贯穿历史唯物主义体系的哲学概念，又是一个非常重要的政治经济学概念。因此，从整体上对马克思和恩格斯生产力观的内在逻辑与历史生成进行全面系统的考察便十分必要。本章主要分析马克思和恩格斯生产力观的内在逻辑线索，厘清他们生产力观的理论路径，并以马克思和恩格斯所处的社会历史背景与个人条件为参照系，系统地分析他们生产力观的历史生成，以期更加深入地理解他们的生产力观。

一　马克思恩格斯生产力观的内在逻辑线索

一直以来，学术界关于马克思和恩格斯生产力观内在逻辑线索的研究分析严重不足，以往的研究侧重于对他们生产力观的科技意蕴，即科技生产力观的讨论。尽管自生态生产力概念提出以来，学界对此进行了一定讨论，但将二者置于马克思和恩格斯生产力观的整体性视阈内进行的讨论仍显不足。基于此，本书认为贯穿马克思和恩格斯生产力观的内在逻辑线索主要有两条：一条是显性逻辑线索，即科技生产力观；另一条是隐性逻辑线索，即生态生产力观。两条逻辑线索贯穿马克思和恩格斯生产力观的始终，互相揭示、互相凸显，从而使马克思和恩格斯的生产力观呈现出清晰的理论轮廓与丰富的理论内涵。

（一）显性逻辑线索：科技生产力观

生产力是贯穿历史唯物主义理论体系的一条基本逻辑线索，是历史唯物主义最根本的理论基石。马克思和恩格斯一生都在为全人类的解放而奋斗，可以说，全人类的解放和自由全面发展皆以生产力的极大发展为必要条件。马克思和恩格斯通过对资本主义生产方式发展史的科学剖析，深刻认识到科学技术在推动人类社会文明形态变革、资本主义生产方式革新、社会物质财富积累以及人的自由解放方面的巨大作用，形成了系统的科技生产力观，这也成为马克思和恩格斯生产力观最为突出的观点，因而本书将之称为他们生产力观的显性逻辑线索。该条线索主要体现在科学技术与生产的基本要素、资本主义批判、共产主义之间的内在关系上。

首先，从科学技术与生产的基本要素的关系上来看，科学技术全面渗透于生产的基本要素之中。其一，就劳动者要素而言，科学技术应用于资本主义生产在一定程度上提高了劳动者的受教育程度和技艺水平。在科学技术尚未应用于资本主义生产以前，从事生产劳动的工人主要是一无所有的流浪者、奴隶或失去生计的大量农民，他们唯一能获取生活资料的方式便是出卖自身的劳动力，有限的文化水平决定了他们只能从事极其繁重又过于紧张乏味的简单劳动。随着科学技术在生产中的应用，资本家为了攫取高额的利润和降低因工人反抗造成的大量损失，便不得不抽出一定资本在工人中设立教育基金，用于对工人进行劳动技能培训以适应生产发展的需要，从而使其更熟练地进行以交换价值为基础的使用价值的生产。通过这种方式，大量劳动者经历了短期的劳动培训，部分劳动者通过资本家的专门培训在一定程度上提高了自身的劳动技能和科学文化素养，有可能摆脱长期从事的简单劳动而有能力从事相对复杂的工种，进而相对提高自身的社会地位和工资水平。正如马克思在《政治经济学批判（1857—1858 年手稿）》中所言："对于头脑里具有积累起来的社会知识的成年人来说，这个过程就是［知识的］运用，实验科学，有物质创造力的和对象化中的科学。"① 也就是说，科学技术在生产实践中的应用武装了工人的头脑，同时工人的生产劳动实践也促进了科学技术在生产中的应用与发展。

其二，就劳动对象要素而言，科学技术在资本主义生产中的应用使劳动对象日益丰富，作用于高级的劳动对象不仅成为可能，而且在生产中具有重要作用。在传统的资本主义生产条件下，由于生产规模小以及生产工具简单粗陋，劳动者在生产中不得不面向天然的、单一的、相对简单的劳动对象，劳动生产、贸易市场、消费需求长期受到生产资料的限制而得不到扩大和满足。例如，在18世纪，工人经常因无法获得生产所需的材料而陷入长期的停工，从而使自己的生存频频受到威胁。随着科学技术在生产中的应用增多，原有劳动对象的诸多限制便越发减少。对此，恩格斯在《英国工人阶级状况》中阐述英国麻纺织业发展现状时曾作过说明。他指出：由于麻纺织原料的"天然特性给纺纱机的应用造成了很大的困难"②，英国麻纺织业的发展十分缓慢，直到生产中更为先进的机器的发明和技术改进，英国的麻纺织业才得以迅速发展起来。新机器的发明与技术的改进，不仅有效地解决了劳动对象短缺对生产的限制，而且也带动了其他工业部门的发展，如带动了煤、铁、锡、铜、铅、玻璃、陶瓷等一大批材料的生产与发展。工业生产实践经验的积累，又促进了物理学、化学等自然科学的发展，为自然科学的发展奠定了深厚的基础。同时，物理学、化学等自然科学的进步又大大促进了材料加工业的进步，不仅提高了新材料加工创造的能力，也提高了废料回收利用的能力，"从而无须预先支出资本，就能创造新的资本材料"③。由此可见，科学技术的资本主义应用对劳动对象的拓展具有革命性意义。

其三，就劳动工具要素而言，科学技术在生产中的应用不仅极大地推动了劳动工具形态的变革，使劳动生产率成倍提高，而且形塑了资本主义机器大工业并推动了整个市民社会的变革，日益成为推动生产力发展的第一要

---

① 《马克思恩格斯文集》第8卷，人民出版社，2009，第204页。
② 《马克思恩格斯文集》第1卷，人民出版社，2009，第396页。
③ 《马克思恩格斯文集》第5卷，人民出版社，2009，第699页。

素。科学技术在生产中所发挥的法术般的作用，主要是通过科学技术的对象化劳动——机器——得以实现的。最初应用于生产劳动的机器是以人力和单纯的自然力如水、风、蒸汽、电等为基本动力的简单机器。随着生产需求的增加、利润的驱使以及自然科学的进步，机器不断改进，原有以人力、自然力为基本动力的简单机器逐渐被更高级的机器所替代，这在英国棉纺业部门中的表现最为突出。英国棉纺业的第一台机器是兰开夏郡布莱克本附近工厂一名工人发明的珍妮纺纱机，该机器虽然以人力为动力来源，却大大提高了生产效率，一名工人比过去三名工人的生产效率还要高。该机器的使用不仅扩大了织工的规模，而且实现了纺工与织工的分离，为日后分工的进一步扩大奠定了基础。随着生产需求的扩大和降低工人工资的逐利性需要，资本家开始将机器集中在一起并将部分动力换成水力，以通过不间断生产获得最大利润，这为更大规模的工厂的建立奠定了基础。随后，人们在原有机器的基础上，又发明了以机械动力为主的翼锭纺纱机、走锭精纺机，使生产效率再次提升。随着机器的历次改进与革新，不仅生产力获得了巨大的提升，而且工厂制度成为资本主义生产发展的必然趋势和必然结果。由于生产规模的扩大和利润的驱使，机器的改进与革新永不停止。18世纪末，乡村牧师卡特赖特（Edmund Cartwright）博士发明了机械织机，然后他又对该机器进行了改良，使生产效率与生产质量获得了质的提升。随着消费需求日益多样化，在保证生产质量的基础上资本家越发注重产品的美感，这又推动了网织机、花边机、络丝机的发明与革新。

一系列机器发明与改进的结果是生产力的空前提高和世界市场的形成。关于科学技术（机器）在生产中的应用对生产力产生了怎样的影响、取得了多么大的成就，恩格斯在《英国工人阶级状况》中以英国纺织工业部门为例进行了具体阐述。一方面，机器的应用极大地提高了生产力，使劳动生产率倍增。在棉纺织业部门，恩格斯指出："在1771—1775年输入英国的原棉平均每年不到500万磅……而1844年输入至少60000万磅。1834年，英国输出55600万码棉布。"[①] 在毛纺织业部门，恩格斯指出："1738年，约克郡西

---

① 《马克思恩格斯文集》第1卷，人民出版社，2009，第394页。

区生产了毛织品 75000 匹，1817 年生产了 49 万匹……1834 年输出的毛织品就比 1825 年多 45 万匹。"[1] 这些数据直观地表明：科学技术的应用大大提高了英国纺织业部门的生产力，极大地促进了英国社会物质财富的积累。因此，马克思得出结论："劳动生产力是随着科学和技术的不断进步而不断发展的"[2]。另一方面，科学技术（机器）在生产中的应用极大地推动了地域面貌的变革，仿佛法术般地造就了一大批工业城市。随着机器大规模应用于生产，大量劳动人口的聚集将许多诸如兰开夏郡这样偏僻的沼泽地变成了一个个具有数万人口的充满生机与活力的商业大都市。工业城市的相继建立，打破了原有生产分工模糊的地域界限，各城市间建立了相对稳定且频繁的贸易往来关系，并形成了各行业较为稳定的产业链与供应链，为从本地销售市场拓展至世界市场奠定了坚实的基础，从而为社会财富的积累开辟了更为广阔的空间。

其次，从科学技术与资本主义批判的关系来看，科学技术构成了马克思和恩格斯政治经济学批判的重要视阈。一方面，科学技术的资本主义应用深刻地改变了社会原有的阶级构成与宗法关系，造就了大批一无所有的无产者。在科学技术（机器）应用于生产之前，从事生产的工人大多是散居在农村的农民，在宗法制度下过着田园诗般的生活，除了自身的私利之外，其余的毫不关心。他们皆将土地等天然要素看作自己的自然财产，无论这种自然财产是实际归属于各个人还是名义上归属于各个人，他们都具有土地的使用权，并占有生产的果实；尽管这种土地耕作实际上没有什么收益，但他们还不是一无所有。在这样的生活下，他们极其自由，除了必要的工作外（工作强度由自己决定），他们可以自由地参加自己喜欢的活动，比如，参加邻里街坊的游戏、去酒馆娱乐消遣时光、去教堂听牧师讲解圣经等。他们的子女始终陪伴在父母身边，体格健壮、性格健全，在和伙伴互相信赖的气氛中长大，诚然他们也会帮助父母做一些活动，但工作时长由自己决定并且无害于

---

① 《马克思恩格斯文集》第 1 卷，人民出版社，2009，第 395—396 页。
② 《马克思恩格斯文集》第 5 卷，人民出版社，2009，第 698 页。

身体健康。在宗法制度下他们的生活虽然刻板单调，但相对来说也还算舒适惬意和自由。然而，以机器生产为主的资本主义生产方式以"冷酷无情的'现金交易'"①无情地斩断了他们温情的田园诗般的宗法关系，同时也打破了他们原有的自给自足的小农生活，剥夺了他们仅有的生计来源，大量农民被迫变成了一无所有的、任人宰割、毫无尊严、过着毫不自由的非人生活的无产者，变成了一种不得不出卖自身活劳动能力的特殊商品。可以说，科学技术的资本主义应用"把最后的一些还对人类共同利益漠不关心的阶级卷入了历史的旋涡"②。

另一方面，科学技术的资本主义应用也伴生了诸多异化问题，构成了马克思和恩格斯政治经济学批判的理论叙事，深刻表现在马克思关于异化劳动的话语展开中。科学技术的资本主义应用充当了异化劳动的"催化剂"，使工人的生存境遇更加悲惨。其一，科学技术的资本主义应用加剧了劳动者与劳动产品的异化，即使人愈益具有物之性格。马克思认为在资本主义私有制下，资本家剥夺了劳动者视为自身财产的劳动的客观条件，而且这些客观条件越来越作为不属于劳动者的、与劳动者相对立的他人的财产存在，以至于工人生产的劳动产品越多，他就越贫穷，在这种异化的关系中便呈现出一种人与物的颠倒关系，即"物的人格化和人格的物化"③。由于机械性的劳动资料取代了大量工人的手工操作，资本家为了降低生产成本裁掉了大批闲置工人，造成了大量工人失业，他们形成了规模巨大的产业后备军；大批工人面临着生存威胁，这种形势引发了工人集体反抗机器的斗争。机器的使用使资本主义生产在更大的规模上占有外部自然不仅成为可能，而且日益成为工人"不能承受之重"。这样的结果，一边是属于工人可以为工人占有的最必要的外部自然加速丧失，另一边是工人在更大的程度上、更高的强度上受到异己的劳动产品和作为对象化劳动的机器的奴役，以致人格物化的程度不断加深，最终沦为僵死的"物"——成为资本增殖的劳动机器般的存在。

---

① 《马克思恩格斯文集》第 2 卷，人民出版社，2009，第 34 页。
② 《马克思恩格斯文集》第 1 卷，人民出版社，2009，第 390 页。
③ 《马克思恩格斯文集》第 8 卷，人民出版社，2009，第 393 页。

其二，科学技术的资本主义应用提高了劳动者在劳动过程中的异化程度，使劳动者逐渐简单化。马克思在《1844 年经济学哲学手稿》中认为，劳动产品的异化源于劳动者在生产过程中的异化，认为生产过程是一种"能动的外化，活动的外化，外化的活动"①。劳动作为人的生命活动的展开本应是人的本质力量的自由发挥，劳动者本应该在劳动过程中感到幸福、满足、舒畅，劳动本应是劳动者在劳动过程中自由地利用自身的智力、体力以满足自身需要的一种手段，劳动本应是劳动者自我肯定、自我实现的本质力量的确证，但是在资本主义生产过程中，劳动对劳动者而言是一种外在的压迫，是一种不堪忍受的力量，工人在其中肉体受到折磨，精神受到摧残，劳动者只是由于对生存资料的强制性需求才被迫进行劳动。正如马克思所说："只要肉体的强制或其他强制一停止，人们就会像逃避瘟疫那样逃避劳动。"② 劳动者肉体和精神的双重耗费给自己带来的只是自身本质的再度丧失，给别人带来的却是无尽的幸福欢乐，以至于只有行使吃、喝、睡等生理机能时，劳动者才觉得自己是在自由活动，才是作为人的存在物而活动。在科学技术的"催化"作用下，工人的片面发展达到极致。起初，机器的资本主义应用促进了生产工序的精细化，工人每时每刻从事着单调乏味的某一道工序，工人的肢体、智力始终得不到丰富发展，以致工人日益简单化。随着机器大生产体系的建立，机器的自动化程度不断提升，功能日益丰富完备，一台核心机器可以操纵过去几百名甚至更多工人使用的单独机器，这样的自动机器体系对工人造成了致命的打击。在机器大生产体系下，大量机器代替了传统的简单协作和分工，大批工人被淘汰，只需要极少的监督机器正常运转的工人即可。这种监管机器的工人大多是未成年的儿童或妇女，他们连以往从事某一道生产工序的机会也丧失了，他们只是作为连续工作的机器体系的一个环节、一个零部件而存在。恰如马克思所言："在使用机器的情况下，单个人的连续不断的活动是同统一整体的活动联系在一起并受这一活动制约的，单

---

① 《马克思恩格斯文集》第 1 卷，人民出版社，2009，第 159 页。
② 《马克思恩格斯文集》第 1 卷，人民出版社，2009，第 159 页。

个人只是整体的一个环节，这个整体如在机械工厂中那样，是以死的自然力即某种铁的机构的有节奏而均匀的速度和不知疲倦的动作而工作着。"① 在如死的机器一般的工作状态下，工人不仅劳动强度更大，而且工作变得更加单调乏味，工人的肢体与智力包括精神状况在机器的奴役下不断退化、萎缩，以致工人愈益简单化，逐渐成为名副其实的单向度的"机器人"。可以说，科技异化使工人所经受的异化更加残酷，处境更加艰难。

其三，科学技术的资本主义应用加速剥夺了劳动者的类对象性，使劳动者成为动物一般的存在。马克思认为人是类存在物，而且是具有普遍性与自由性的存在物。所以，从人的生命存续来看，外部自然界是人的生产生活资料的直接来源，外部自然界以衣、食、住、燃料等形式满足人的肉体存续的需要，同时外部自然界的诸要素又构成了人的艺术对象，是人通过意识的加工得以享用与消化的精神食粮来源。正是在这个意义上，外部自然界作为人类生命存续的客体构成了"人的无机的身体"②，而人的类对象性正是通过劳动这种实践形式展开的，人通过劳动这种有意识的生命活动创造对象世界、改造无机界，这些活动构成了人的类生活。"这是产生生命的生活"③。但是，在资本主义私有制下，异化劳动剥夺了劳动者的生产资料、生活资料，也就从根本上剥夺了劳动者的类生活，从而导致人的类本质、类生活变成了与劳动者相对立的异己的本质，劳动仅仅是满足劳动者肉体生存需要的手段。这样的结果是："把人对动物所具有的优点变成缺点"④，人的类生活与动物的种生活的唯一差别便消失了，劳动者的生产生活同生命活动直接统一，仅仅表现为生存的手段，从而把人贬低为动物一般的存在。随着科学技术大规模应用于资本主义生产，人们对外部自然的认识能力、征服能力日益增强，这种能力越是增强，劳动者就越是同自身的类本质相异化，就越是加速丧失自身的外部性以及自身的类生活，即丧失自身的现实的类对象性，也

① 《马克思恩格斯文集》第 8 卷，人民出版社，2009，第 320 页。
② 《马克思恩格斯文集》第 1 卷，人民出版社，2009，第 161 页。
③ 《马克思恩格斯文集》第 1 卷，人民出版社，2009，第 162 页。
④ 《马克思恩格斯文集》第 1 卷，人民出版社，2009，第 163 页。

就越是与动物别无二致。

其四，科学技术的资本主义应用加剧了人与人之间的异化，使一切人反对一切人的斗争更为激烈。马克思从劳动产品的异化、劳动过程的异化以及人的类本质的异化得出了人必然同人相异化的结论。这是因为，人同人自身的关系必然通过人同他人的关系来显现，劳动者亲手生产出来的产品不属于劳动者，劳动作为一种异己的、压迫性的力量统治着工人，那么它们到底属于哪一个存在物呢？在科学技术的强大作用下，人类对外部自然的认识不断加深，已经破除了自然神论，将人从神圣形象的自我异化中解脱出来。所以，马克思认为统治与奴役劳动者的既不是神也绝非外在自然界，而只能是人自身。既然劳动产品、劳动过程只能给劳动者带来痛苦和不幸，那么劳动产品、劳动过程就必然给与劳动者相异的、敌对的、强有力的他人带来享受、幸福和欢乐，因为劳动者越是努力生产，就越是生产出与自身相异的力量，也就越是生产出他人对他的生产、他的产品的占有关系。最后，马克思得出结论：工人通过异化的、外化的劳动生产出来的这个异己的劳动主宰便是资本家或人格化的资本。因此，科学技术越是推动生产力发展，劳动生产率越是提高，也就越是产生以下两方面的后果：一方面，加速生产出与工人相异的敌对的不属于工人的产品，日益加深工人的痛苦与贫困，导致工人与资本家之间矛盾更加尖锐；另一方面，日益为资本家带来十分可观的利润，从而促使资本家开始有意识地鼓励自然科学研究，这不仅加重工人与资本家之间关系的异化，也加重了工人同科学研究者之间关系的异化，同时也造成了科学研究者与他们的雇主即资本家之间关系的异化，而且由于利益冲突，科学研究者之间关系的异化也加重了。正如马克思所言：由于自然科学为资本家和科学研究者带来了财富，"所以，搞科学的人为了探索科学的实际应用而互相竞争"[①]。质言之，科技异化导致工人与资本家之间关系的异化、工人与科学研究者之间关系的异化、科学研究者与资本家之间关系的异化相互交织，从而使一切人反对一切人的斗争更为残酷和激烈，使工人的处境更加艰难。

———————

① 《马克思恩格斯文集》第 8 卷，人民出版社，2009，第 359 页。

其五，科学技术的资本主义应用所塑造的机器大生产保证了生产的连续性，极大地延长了工人的剩余劳动时间，以致工人因过度劳累而早衰。在机器尚未在应用它的生产部门取得统治地位前，社会的劳动生产力主要依赖大量聚集的劳动者应用简单的、不完善的生产资料开展的分工协作，诚然在这种不发达的生产条件下，工人也存在一定量的剩余劳动时间，劳动强度也较大，但是远远不及机器大生产体系下资本家对工人剩余劳动的榨取程度以及工人惊人的劳动强度。机器在生产部门确立统治地位后，即在资本主义机器大生产体系下，一方面，机器大生产体系逐渐消灭了过去工场手工业的分工协作，高度自动化的机器体系取代了大量工人的手工操作，大量工人被淘汰成为生产过剩者，同时机器大生产体系又是建立在大量闲置劳动力的基础上的，所以机器大生产体系一边排斥工人，一边又吸纳工人，工人在机器的压迫下艰难生存；另一方面，工人剩余劳动时间被绝对延长。资本家采用机器，建立机器大生产体系的部分动因是机器可以大大提高劳动生产力，其根本动因则是通过机器生产绝对地延长剩余劳动时间，榨取更多的剩余价值。这样一来，机器的采用虽然大大提高了生产效率，代替了工人的部分操作，但采用机器降低的仅仅是社会必要劳动时间，而非工人的劳动时间——总工作日长度。劳动生产率的提高，使工人维持生活最低需要的劳动资料的价值降低，归工人所有的那一部分产品数量越来越少，工资降低到过去的平均水平以下，这样就为资本家节省了大量的可变资本，促使资本家采用更多的机器。这里，我们还需要明确的是，尽管机器生产大大缩短了社会必要劳动时间，延长了剩余劳动时间，但剩余劳动、剩余价值的来源并不在于"机器所代替的劳动能力"，而在于"机器使用的劳动能力"。[①] 在总工作日长度不变的情况下，由于维持劳动力再生产的商品变得便宜，不仅工人的工资逐渐降到生理上所容许的最低限度，而且工人在少量必要劳动时间内所创造的价值就可以与资本家支付的劳动报酬相抵，这样用于生产剩余价值的剩余劳动时间就大大延长了，而且随着机器的每一次改进，剩余劳动时间都相应的延

---

① 《马克思恩格斯文集》第8卷，人民出版社，2009，第287页。

长。所以，机器的采用、机器生产体系的成熟，并没有使工人的劳动减轻，反而使劳动强度进一步提高。

正是由于机器的大规模应用为资本家带来了高额的剩余价值，资本家对工人剩余劳动的贪欲不断膨胀，从而推动机器不断改进。在激烈的竞争下，机器每隔一段时间就面临着被淘汰的风险，所以，资本家不断变换方式加速从工人的活劳动中榨取剩余价值以覆盖机器更新换代的固定资本投入，防止机器贬值以及使它重新处于可供支配的状态。这样工人的绝对劳动时间不断延长，尽管工人曾采取各种反抗活动，但其都被童工的使用所打败，以致工人的总工作日长度超过了人的生理极限，工人一天内的绝大多数工时成为无偿的剩余劳动时间。随着工人反抗活动的增强以及工作日法案的约束，资本家为了减少因工人反抗带来的损失，便通过缩短必要劳动时间的方式榨取剩余价值，也就是在单位劳动时间内不断提高工作强度，使工作日的每分每秒都充满更多的劳动。在这种高强度的工作状态下，在同一劳动时间内，一名工人可以比过去2—3名工人完成的工作量还多，这主要是通过提高机器的转速和增加工人的工作量来实现的。这样一来，在同一个工作小时内，工人必须以更大的劳动强度来跟上机器的运转速度和完成对多台机器的监管，以至于工人更辛苦了。剩余劳动时间的一再延长向我们表明了在机器大生产体系下资本家对工人剩余劳动的榨取达到了怎样惊人的程度、工人处于怎样悲惨的境地。正如马克思所言："资产阶级揭示了，在中世纪深受反动派称许的那种人力的野蛮使用……它第一个证明了，人的活动能够取得什么样的成就。"① 资本家对活劳动疯狂榨取的直接后果便是工人过早衰亡。可以说，在资本主义机器大生产体系下，科学技术（机器）充当了资本家无止境榨取、奴役工人的强大工具，在机器的强大支配下，工人的肉体和精神遭受着难以想象的摧残，进一步沦为一种被遗忘的非人的存在物。

最后，从科学技术与共产主义的关系来看，科学技术为实现以生产力的极大发展、人的自由解放为显著标志的共产主义社会创造了条件。共产主义

① 《马克思恩格斯文集》第2卷，人民出版社，2009，第34页。

社会是一种怎样的社会？马克思在《1844 年经济学哲学手稿》中对共产主义社会做了初步的描述，即"共产主义是对私有财产即人的自我异化的积极的扬弃，因而是通过人并且为了人而对人的本质的真正占有，因此，它是人向自身、也就是向社会的即合乎人性的人的复归，这种复归是完全的复归，是自觉实现并在以往发展的全部财富的范围内实现的复归"①。从该论述中我们可以看出，马克思关于共产主义社会的思考有着清晰的理论路径：在资本主义生产方式下，私有财产就是人的自我异化的表现，是一种与工人相对立的、奴役工人的异己的力量。科学技术的大规模应用加速了私有财产的积累，也加重了人的自我异化，而共产主义社会对私有财产的消灭，也就意味着消灭了人的自我异化，消灭了人的非人性；消灭人的自我异化的过程也就是对自身本质真正占有和人性完全复归的过程，使人真正作为人来生活。同时，马克思也指明了建立在人的自我异化基础上的诸种矛盾，只有在共产主义社会才能得到彻底的解决。虽然科学技术的应用加速了私有财产的积累，使人深陷于异化与物化的奴役之中，但马克思并不反对科学技术的发展与应用，而是通过科技的异化表象看到了其在促进人类社会形态变革中所蕴含的推动人类解放的巨大力量。这主要体现在马克思关于人类社会三大形态的基本判断之中。马克思关于人类社会三大形态的划分标准虽然是人的存在形态的变革，但促使人的存在形态变革的根本动力却是以科学技术为主要推动力的社会生产力的发展。

其一，在以"人的依赖关系"② 为表征的最初社会形态下，社会生产力的发展水平十分低下，只是在狭小的范围内和孤立的地点上发展着，个人还是"一定的狭隘人群的附属物"③，不具有独立性。以分工协作、贸易市场为媒介的普遍联系和普遍交往尚未形成，单个人只是依附于群体、共同体而存在，生产活动只限于简单的农业生产，还根本不涉及自然科学的研究，或者说自然科学还处于萌芽阶段。农业生产活动所使用的简单工具虽然还远远

---

① 《马克思恩格斯文集》第 1 卷，人民出版社，2009，第 185 页。
② 《马克思恩格斯文集》第 8 卷，人民出版社，2009，第 52 页。
③ 《马克思恩格斯文集》第 8 卷，人民出版社，2009，第 5 页。

不是真正意义上的机器，但在一定程度上推动了自然科学的研究，从而为迈向以"物的依赖性"① 为表征的第二大社会形态奠定了物质基础。

其二，在"以物的依赖性为基础"② 的第二大社会形态下，工业生产实践的发展为自然科学的进步提供了丰富的材料，自然科学实现了由搜集材料向整理材料的跨越，物理学、化学、数学等一批学科得以确立并取得了长足的进步。随着自然科学取得进步并日益应用于工业生产实践，具象化为机器形态的科学技术极大地解放和发展了社会生产力，策动资产阶级在世界范围内"到处开发，到处建立联系"③，推动形成了广泛的分工协作并最终推动世界市场的形成。社会生产力的飞速发展，消解了人在非神圣形象中的自我异化，但在源源不断生产的、令人眼花缭乱的商品面前，在大量物的虚幻的景象中人再度丧失了自身，深陷于商品、货币、私有财产等非神圣形象的自我异化之中，即人仅仅是在物的依赖性基础上拥有相对独立性，人不具有真正的独立性，尚未真正脱离物的生活而进入人的生活。也就是说，在物的依赖性基础上人有限的相对独立性并没有消除各个人所经受的诸种异化、外化，在科学技术加倍提高社会生产力的基础上，物的奴役反而变得更加普遍、更为突出，人依旧戴着沉重的锁链。但马克思并未据此否认科学技术的生产力促动效应，而是进一步肯定了作为生产力的科学技术的重要性。"全面发展的个人……不是自然的产物，而是历史的产物。要使这种个性成为可能，能力的发展就要达到一定的程度和全面性，这正是以建立在交换价值基础上的生产为前提的，这种生产才在产生出个人同自己和同别人相异化的普遍性的同时，也产生出个人关系和个人能力的普遍性和全面性。"④ 这表明，马克思认为尽管在以"物的依赖性"为表征的社会形态下科学技术的使用加剧了人的异化、物化，但从人类社会形态演进的角度来看，科学技术发展进程中伴生的异化、物化现象却是各个人获得自由解放所必须付出的"代价"。

---

① 《马克思恩格斯文集》第 8 卷，人民出版社，2009，第 52 页。
② 《马克思恩格斯文集》第 8 卷，人民出版社，2009，第 52 页。
③ 《马克思恩格斯文集》第 2 卷，人民出版社，2009，第 35 页。
④ 《马克思恩格斯文集》第 8 卷，人民出版社，2009，第 56 页。

也就是说，科学技术的异化效应有其存在的历史必然性。只有在科学技术所造就的巨大生产力基础上，各个人的全面发展才可能实现，进而为迈向以人的"自由个性"①为表征的第三大社会形态创造条件，即为迈向共产主义社会创造条件。

其三，在以人的"自由个性"为表征的第三大社会形态下，即在共产主义社会，"每个人的自由发展是一切人的自由发展的条件"②。而作为生产力的科学技术恰恰是实现每个人自由全面发展不可或缺的要素。换句话说，离开了科学技术的生产力促动效应，便不能实现每个人的自由全面发展，也就无法迈入实现人类解放的共产主义社会，而这恰恰构成了我国加强自然科学研究的重要推动力。尽管我们在迈向共产主义社会的道路上还要遭受科技异化的侵扰，但随着科技生产力量的积累，其必然产生质的飞跃，最终推动社会形态的变革。

综上所述，生产力理论作为历史唯物主义的理论基石，无论是从科学技术与生产劳动的关系来看，还是从科学技术与资本主义批判的关系来看，抑或从科学技术与共产主义的关系来看，科学技术贯穿于马克思和恩格斯生产力观的始终，构成了他们生产力观的一条显性逻辑线索。只有科学理解科学技术在他们生产力观中的地位，才能对他们的生产力观乃至历史唯物主义做出科学的阐释与时代化发展。

（二）隐性逻辑线索：生态生产力观

长期以来，马克思和恩格斯的生产力观主要是科技生产力观已经成为学术界的主流认识，这无论是在传统的马克思主义哲学教科书中还是在大量学术论文中均可得到印证。可以说，学术界关于马克思和恩格斯的生产力观主要是"科学技术生产力"已基本达成共识。也正是由于马克思和恩格斯对科学技术生产力促动效应的肯认，西方学者就此发难，认为马克思和恩格斯是

---

① 《马克思恩格斯文集》第 8 卷，人民出版社，2009，第 52 页。
② 《马克思恩格斯文集》第 2 卷，人民出版社，2009，第 53 页。

强科技决定论者，只见生产力而不见自然的生产力理论存在着生态学的理论空场，是造成全球性生态危机的一个重要原因。这里我们不禁要问：马克思和恩格斯丰富的生产力观仅仅是科技生产力观吗？西方学者的批评与诘难成立吗？如前所述，马克思和恩格斯的确肯定科学技术对社会生产力发展的促动效应，但这绝非意味着马克思和恩格斯的生产力观缺乏生态向度或生态意蕴。相反，通过文本梳理，便会发现，马克思和恩格斯的生产力观也蕴含着丰富而深刻的生态意蕴，本书称之为"生态生产力"①，而且它贯穿于他们生产力观的始终，构成了其生产力观的一条隐性线索。生态生产力观作为一条隐性逻辑线索，主要表现在生态生产力与生产劳动、资本主义批判以及共产主义的内在关系上。

首先，从生态生产力与生产劳动的关系来看，生态生产力主要体现为马克思的自然生产力思想。自然生产力构成了人类社会存续与社会生产的天然物质基质。在马克思和恩格斯的文本里，虽然他们并没有明确提出生态生产力的概念，但是马克思和恩格斯自始至终都将生产力理论建立于外部自然界的基础之上，他们的生产力观蕴含着丰富的生态意蕴。长期以来，学术界受苏联教科书体系的影响，大量的学术著作、学术论文对生产力的认识大同小异，即将生产力视为"改造和影响自然以使其适合社会需要的物质力量"②。

---

① 由于生态问题并非马克思和恩格斯理论的主要关注点，因而他们并没有集中阐述生态问题，也并没有明确提出过生态生产力概念，只是在探索人类解放的现实道路中，将生态问题置于生产力理论乃至其他理论之中，这就为后来的研究留下广阔的阐释空间。从学术界已有的研究成果来看，目前学术界对马克思和恩格斯生产力理论内蕴的生态化向度的提法有很多，如绿色生产力、自然生产力、生态意义上的生产力、生态型生产力、生态生产力、生产力的生态意蕴、生产力的生态向度、环境生产力等。有学者认为由于马克思和恩格斯并未明确提出生态生产力这一概念，故采用了生产力的生态意蕴这一表述，参见夏承伯《马克思生产力论的生态意蕴及其当代价值研究》，博士学位论文，内蒙古大学，2020；也有学者明确将马克思和恩格斯生产力的生态意蕴称为"生态生产力"，参见包庆德《论马克思的生态生产力思想及其当代价值》，《哈尔滨工业大学学报》（社会科学版）2020年第3期。对此，本书认为，无论是生产力的生态意蕴这一表述，还是生态生产力这一表达，皆符合马克思和恩格斯生产力生态化的理论逻辑。因此，本书中采用生态生产力这一概念来指称马克思和恩格斯生产力理论的生态意蕴。

② 本书编写组：《马克思主义基本原理概论》，高等教育出版社，2018，第116页。

该认识直接影响了学术界部分学者对马克思和恩格斯的生产力观的解读，即认为他们的生产力观根本不存在生态意蕴或生态向度。这是因为，这个定义突出了生产力概念中人的能动性与主体性，而且强调的只是人对外在自然界的控制、征服与改造，却将社会生产力得以产生与持续发展的自然根基完全阉割掉了。"它离开社会赖以生存的自然环境因素，孤立地侈谈'人的能力'，只突出了生产的社会性，似乎'生产力'仅仅是指'社会生产力'"①，因而也就严重忽视了马克思和恩格斯的自然生产力思想。

马克思和恩格斯认为，外部自然界是人类生命存续和物质生产发展得以进行的首要前提与天然根基，并指出"一切生产力都归结为自然界"②。就劳动者要素本身的自然生产力而言，这种自然力是劳动者与自然界进行物质变换最基本的力量，其归根结底来源于自然的供给。因为外部自然对象无论以何种形式存在，均是人的直接的生活资料来源，维持人的肉体生存。正是在这个意义上，马克思指出"人靠自然界生活"③。就劳动对象和劳动资料要素而言，天然的自然资源或"经过形式变化而适合人的需要的自然物质"④ 皆来自外部自然界，离开外部自然界，我们便什么也不能创造。在《政治经济学批判（1861—1863 年手稿）》中，马克思专门阐述了自然力应用于社会生产的问题，"大生产——应用机器的大规模协作——第一次使自然力，即风、水、蒸汽、电大规模地从属于直接的生产过程，使自然力变成社会劳动的因素。"⑤ 通过对自然生产力在物质财富生产活动中地位与作用的考察，马克思认为，自然生产力是社会生产力的前提和基础，离开了自然生产力，社会生产力便无法存续，社会生产力不仅处处需要自然力的帮助，而且必须在自然生产力的承载范围之内发展；否则，便会造成生态灾难。在此基础上，马克思进一步认为，在社会生产力发展水平既定的条件下，绝对剩

① 方世南：《马克思生产力理论蕴涵的环境思想》，《马克思主义研究》2010 年第 3 期。
② 《马克思恩格斯文集》第 8 卷，人民出版社，2009，第 170 页。
③ 《马克思恩格斯文集》第 1 卷，人民出版社，2009，第 161 页。
④ 《马克思恩格斯文集》第 5 卷，人民出版社，2009，第 211 页。
⑤ 《马克思恩格斯文集》第 8 卷，人民出版社，2009，第 356 页。

余价值的单纯存在是以自然生产力为前提的。也就是说，自然生产力充当了一定量的必要劳动，从而成为剩余价值存在的基础。在《资本论》中，马克思认为，同其他生产部门相比，自然生产力对农业生产的影响更为突出，因为农业劳动生产率的高低及其所体现的使用价值的大小主要取决于土地的生产率。因此，马克思和恩格斯指出自然生产力同劳动一样，也是使用价值（社会物质财富）的源泉。

其次，从生态生产力与资本主义批判的关系来看，马克思和恩格斯深刻揭露了资本主义生产方式所造成的生态异化现象。正是通过对这一现象的揭露，马克思和恩格斯不仅肯定了外部自然的优先性，而且进一步深化了生态生产力观。其一，资本主义过分追求经济利润最大化而导致生产力片面发展，造成了人与自然的紧张对立。马克思认为，在资本主义生产方式以前的诸发展阶段，尽管生产力发展水平低下，但总体来说人表现为生产的目的，人与自然保持着一种天然的同情共感。然而，在资本主义生产方式下，资本主义过分追求经济利润最大化，生产成为人的目的，生产力的发展、物质财富的积聚建立在对人极度剥削的基础上，人只是作为生产的前提条件和手段而存在。资本主义发展方式过分追求生产力发展的最大化，不仅使劳动者深陷于异化劳动的痛苦之中，而且提高了生产资料（外部自然界）从工人那里被剥夺的程度，从而造成了人与自然的异化和疏离，主要表现在两个方面。一方面是资本家与自然的异化。在资本逻辑的策动下，资本家凭借着强大的生产力在全球范围内到处开发，素被尊崇的自然沦为资本增殖的工具，自然被视为完全缺乏内在价值的、可以任意拆分与组合的僵死之物，仅仅作为一个天然资源库而被资本家任意使用、开采和破坏。这些做法不仅对自然界造成了毁灭性的损伤，也破坏了生产力增长的天然物质根基。诚如恩格斯在谈及英国煤炭业发展受限时所指出的那样：由于"森林砍伐殆尽，木炭越来越贵，产量越来越少"[①]。在《资本论》中，马克思深刻阐述了机器大工业在农业中的使用所造成的人与土地物质变换断裂的现象。马克思认为，机器大

---

① 《马克思恩格斯文集》第 1 卷，人民出版社，2009，第 398 页。

工业虽然在农业生产中发挥了革命性的作用，但是这种革命性的作用是以对土地的破坏特别是土壤肥力的衰退为代价的。正如马克思所言："它一方面聚集着社会的历史动力，另一方面又破坏着人和土地之间的物质变换……从而破坏土地持久肥力的永恒的自然条件。"① 同时，马克思进一步指出："一个国家……越是以大工业作为自己发展的基础，这个破坏过程就越迅速。因此，资本主义生产发展了社会生产过程的技术和结合，只是由于它同时破坏了一切财富的源泉——土地和工人。"② 在《自然辩证法》中，恩格斯进一步将自然生态提升到关乎文明兴衰的高度。他通过列举美索不达米亚、希腊、小亚细亚以及其他各地的居民为短期利益破坏自然生态而丧失生产根基的事例指出："我们不要过分陶醉于我们人类对自然界的胜利。对于每一次这样的胜利，自然界都对我们进行报复。"③ 在这里，恩格斯既通过鲜活的历史教训批判了资本主义过度追求经济利益而肆意干预自然的短视行径，也划定了人类干预自然的限度，指明了人类生产发展的永恒生态限制，从而警醒人类必须在正确认识和利用自然规律的基础上与自然进行合理有度的物质变换，更要注重生产力发展方式的绿色化、生态化。因为对自然的无节制开发必然会引发生态灾难，招致自然无情的报复。正可谓保护自然就是保护生产力和发展生产力。另一方面是劳动者与自然的异化。自然界是工人生活资料的直接来源，离开外部自然界，工人的生命存续、生产活动都将无从谈起。正是由于资本家无止境地攫取物质利益和片面发展生产力加剧了工人与外部自然（自身的无机身体）的异化，工人越是拼命生产，越是努力占有生产生活资料，也就越是加速丧失自身的生活资料和劳动对象，因而工人为了生存不得不与外部自然处于持续对立的状态。

其二，资本主义过分追求利润最大化还造成了生产力与生产关系的矛盾，加剧了人与自然的对立。在资本逻辑增殖理性的策动下，资本主义为了最大限度地获取物质利益，不断扩大以使用价值为基础的交换价值的生产，因而就需

---

① 《马克思恩格斯文集》第 5 卷，人民出版社，2009，第 579 页。
② 《马克思恩格斯文集》第 5 卷，人民出版社，2009，第 580 页。
③ 《马克思恩格斯文集》第 9 卷，人民出版社，2009，第 559—560 页。

要不断扩大对外部自然的索取。资本主义生产方式是通过大量自然资源与能源的投入、消耗为代价的，这必然造成大量自然资源与能源的过度浪费以及生产废料的大量堆积，从而必然引发社会生产发展与自然物质变换的中断，这是资本主义生产的"绝对规律"。所以，在该生产方式下，资本主义差不多每十年就要遭受一次生产过剩的危机，一方面大量的自然资源被浪费，另一方面资本主义通过时空的压缩加速对自然的掠夺。这对自然生态造成了不可逆转的毁伤，因而资本主义生产方式注定是不可持续的。正如马克思所言："生活资料太多，工业和商业太发达。社会所拥有的生产力已经不能再促进资产阶级文明和资产阶级所有制关系的发展。"[①] 因而"这个曾经仿佛用法术创造了如此庞大的生产资料和交换手段的现代资产阶级社会，现在像一个魔法师一样不能再支配自己用法术呼唤出来的魔鬼了"[②]。这样一来，资本主义生产关系便同它的外壳不相容，资本主义生产方式必然灭亡。正是由于资本主义生产方式非生态性这一痼疾，必然超越自然所能承载的极限，无论其在生产中如何节约，都无法逆转这一不断衰退的态势，从而必将被一种绿色的生态化的发展方式所取代。可以说，在马克思和恩格斯关于资本主义批判的思想中，他们虽未明确提出生态生产力概念，但通过分析他们对资本主义的生态批判，可以看出他们的生产力观蕴含着丰富而深刻的生态思想，即生态生产力方面的思想。

最后，从生态生产力与共产主义的关系来看，发展生态生产力是迈向共产主义社会进而实现人与自然双重解放的必然路径。在《1844 年经济学哲学手稿》中，马克思阐述了对共产主义的理解："共产主义是对私有财产即人的自我异化的积极的扬弃，因而是通过人并且为了人而对人的本质的真正占有……这种共产主义，作为完成了的自然主义，等于人道主义，而作为完成了的人道主义，等于自然主义，它是人和自然界之间、人和人之间的矛盾的真正解决，是存在和本质、对象化和自我确证、自由和必然、个体和类之间的斗争的真正解决。"[③] 在这里，马克思的理论路径非常明晰，他把共产主

---

① 《马克思恩格斯文集》第 2 卷，人民出版社，2009，第 37 页。
② 《马克思恩格斯文集》第 2 卷，人民出版社，2009，第 37 页。
③ 《马克思恩格斯文集》第 1 卷，人民出版社，2009，第 185 页。

义理解为对私有财产的积极扬弃，这也就是对奴役人的一切关系的积极扬弃。更为重要的是，马克思认为以上诸种矛盾皆根源于私有财产。共产主义对私有财产的积极扬弃便意味着人与人之间、人与自然之间矛盾的真正解决。这不仅指明了人与自然矛盾的制度根源，也表明了马克思意义上的共产主义是人与自然的双重解放，而不仅仅是人的解放。

在资本主义生产方式产生以前，人类社会生产力发展水平低下，人的对象化活动还远未触及自然界承载力的界限，因而处于自然依附状态下的人与自然总体上保持一种和谐状态。随着资本主义生产方式的确立，在资本逻辑的驱动下，资本主义生产方式在大量占有与消耗自然资源基础上所造就的巨大生产力，虽然为迈向共产主义社会，进而实现人的自由解放创造了条件，但其非生态性的生产方式终究无法消除生产力发展的永恒生态限制，因而人与自然只是处于一种"虚幻的共同体"中。在"虚幻的共同体"下，人与人之间的矛盾和人与自然的矛盾相互交织，所以资本主义非生态性的生产方式所创造的巨大生产力并不能真正实现人与自然的解放，至多是实现人的某种意义上的相对自由，因为资本主义生产方式根本不存在生态关怀。因此，马克思和恩格斯一方面认为资本主义生产方式所创造的巨大生产力为迈向共产主义社会创造条件，另一方面提出了我们称之为内含着解决人与自然矛盾的独特理论视角和理论进路的生态生产力思想。他们认为，随着生产力的极大发展和社会物质财富的极大增加，我们将超越物的依赖性下人与自然对立的"虚幻的共同体"，进而迈向社会生产力从属于"人的自由个性"的真正的共同体。"真正的共同体"，即共产主义社会，将是人与自然和谐共生的共同体。到那时人类将摆脱资本逻辑的发展桎梏，外在自然不再是生产力发展的永恒界限，"社会化的人，联合起来的生产者，将合理地调节他们和自然之间的物质变换……靠消耗最小的力量，在最无愧于和最适合于他们的人类本性的条件下来进行这种物质变换"①。也就是说，在共产主义社会，"人对自然的关系直接就是人对人的关系，正像人对人的关系直接就是人对自然的

---

① 《马克思恩格斯文集》第 7 卷，人民出版社，2009，第 928—929 页。

关系"[1]，人类将摆脱资本逻辑下的异化需要，并以自身的真实需要调节社会生产活动，从而实现人的自然性和自然的社会性的统一。因此，在大力发展社会生产力的基础上，我们更要注重生产力发展方式的绿色化、生态化，这样才符合马克思和恩格斯意义上的共产主义的终极关怀，才能真正实现人与自然的和解，进而实现人与自然的双重解放，而这正是马克思和恩格斯生态生产力观的重要体现。

综上所述，虽然马克思和恩格斯并未明确提出生态生产力概念，但从生态生产力的几个侧面——生产劳动、资本主义批判、共产主义——来看，在科技生产力观这一显性逻辑线索下，始终暗含着一条贯穿整个历史唯物主义理论体系的隐性逻辑线索——生态生产力观。所以，科技生产力观与生态生产力观共同构成了马克思和恩格斯生产力观的内在逻辑线索。这样一来，就从根本上驳斥了西方学者对马克思和恩格斯生产力观的批评指责，凸显了他们生产力观的科学性、革命性、真理性。

二　马克思恩格斯科技生产力观的历史生成

任何社会意识都是社会存在的反映，因而任何一门理论或对某一特定对象的理论思考作为头脑中意识的建构过程，都是对社会存在的表征，具有明显的时代烙印与特定的社会历史背景。依此，马克思和恩格斯的科技生产力观也并非凭空创造，更不是黑格尔式的纯粹头脑思辨的产物，而是加速调整的社会生产关系的产物。在马克思和恩格斯生活的年代，社会阶级结构、生产关系经历着大变革大调整，自然科学加速发展孕育着科技革命与产业革命，社会分工不断扩大并日益细化，世界市场加速形成，以机器为主的工业大生产逐渐消灭工场手工业成为占主导地位的生产方式等社会方方面面的变化，为马克思和恩格斯科技生产力观的生成提供了丰富的材料。

---

[1] 《马克思恩格斯文集》第 1 卷，人民出版社，2009，第 184 页。

（一）科技生产力观的内涵

在对资本主义生产方式的考察中，马克思和恩格斯对科技与生产力之间的关系虽然多有阐述，但通过梳理我们发现，他们并没有对科技生产力观的内涵作出明确阐述，只是随着科技在工业生产实践中的应用多次肯定了科技对生产力的推动作用。对此，本书将从马克思和恩格斯关于科技与生产力的相关论述入手，尝试对科技生产力观的内涵做出科学的概括。

马克思和恩格斯对科学技术的生产力促动效应的认识是随着自然科学与技术在资本主义工业生产实践中的应用而逐渐加深的。虽然同时代的其他思想家、理论家也看到了科学技术对生产力发展的推动作用，但是只有马克思和恩格斯对此进行了深入细致的考察分析。

首先，在科学技术应用于工业生产的初期，马克思和恩格斯认为科学技术是对生产力发展具有推动作用的力量。马克思为了对科学技术在生产力发展中的作用做出正确的说明，如饥似渴地学习关于科学技术的知识，认真阅读了大量的关于科技史、工艺史的相关著作，并对传统科学技术发展史进行了详细的考察。为此，在《政治经济学批判（1861—1863 年手稿）》中，他以传统科学技术发展的代表——磨与钟表为例进行了阐述。马克思指出："在磨中，已经具备或多或少独立的和发展了的、相互并存的机器基本要素"[①]；"钟表是建立在手工艺生产和标志资产阶级社会黎明时期的学术知识基础上的"。[②] 接着，马克思敏锐地看到了中国三大发明在欧洲传播的过程中表现出的令人惊叹的生产力推动作用。他写道："火药、指南针、印刷术——这是预告资产阶级社会到来的三大发明……总的来说变成科学复兴的手段，变成对精神发展创造必要前提的最强大的杠杆。"[③] 这表明，科学技术的资本主义应用，既强有力地推动了生产力发展，也推动了人类文明的进步。随着商业的发展，社会需要的程度已经远远超出传统生产手段的供给能力，机器劳动

---

① 《马克思恩格斯文集》第 8 卷，人民出版社，2009，第 338 页。
② 《马克思恩格斯文集》第 8 卷，人民出版社，2009，第 338 页。
③ 《马克思恩格斯文集》第 8 卷，人民出版社，2009，第 338 页。

这一革命因素登上了生产的舞台，以机器生产为主的资本主义生产方式将科学技术对社会生产力的推动作用展现得淋漓尽致。对此，恩格斯在《英国工人阶级状况》中，以科学技术在纺织业部门中的应用为例进行了大量的阐述，高度赞赏了科学技术对生产力的推动作用。在机器劳动为主的生产方式下，整个生产过程发生了大变革，劳动者不再是生产力发展的决定性要素，科学技术对生产力发展更具有决定意义。因此，无论是表现为工艺技术的科学技术，还是物化为机器形态的学科技术，其对生产力发展皆具有强大推动作用。正是在这个意义上，马克思认为，"生产力中也包括科学"①。

其次，随着科学技术在工业生产实践中的大量应用，马克思和恩格斯认为科学技术是直接的生产力。马克思和恩格斯多次肯定了科学技术的生产力性质，并对促进社会生产力发展的条件进行了详细的考察，将社会生产力的发展条件分为自然条件和社会条件两大类。马克思和恩格斯认为，促进生产力发展的条件除去劳动者个人的先天能力和后天掌握的技艺水平外，首先取决于"劳动的自然条件，如土地的肥沃程度、矿山的丰富程度等等；其次，劳动的社会力的日益改进"②，这种改进主要取决于生产和资本的规模扩大、社会分工的协作程度提高、生产方法与交通工具的改良、机器与自然力的应用以及各种发明，"科学就是靠这些发明来驱使自然力为劳动服务，劳动的社会性质或协作性质也由于这些发明而得以发展"③。由此我们可以看出，马克思和恩格斯认为劳动生产力的形成与初始发展水平，首先取决于"自然富源"的丰裕度，而劳动生产力的提高主要取决于科学的生产方法和科学技术在生产中的应用，并认为科学技术构成了直接的生产力。关于这一点，马克思在《政治经济学批判（1857—1858 年手稿）》中进行了具体的阐述。他认为，由科学理论知识物化而成的诸种机器，作为固定资本在生产中的大量应用，极大地推动了社会生产力的发展，大大缩短了商品生产的社会必要劳动时间，为资本家带来了巨额的剩余价值。所以，马克思指出："固定资本

---

① 《马克思恩格斯文集》第 8 卷，人民出版社，2009，第 188 页。
② 《马克思恩格斯文集》第 3 卷，人民出版社，2009，第 50 页。
③ 《马克思恩格斯文集》第 3 卷，人民出版社，2009，第 51 页。

的发展表明,一般社会知识,已经在多么大的程度上变成了直接的生产力"①。不仅如此,马克思恩格斯还将科学技术视为同生产力构成要素相并列的独立要素对生产力发挥作用,视其为增加资本利润的有力工具。"生产过程成了科学的应用,而科学反过来成了生产过程的因素即所谓职能……成为致富的手段。"②

需要明确的是,尽管科学技术表现为直接的生产力,但其并不总是直接的生产力。马克思和恩格斯根据科学技术的存在形态或其是否应用于工业生产实践,又将科学技术分为一般的、潜在的生产力与直接的、现实的生产力。也就是说,当科学技术表现为一般的理论知识或尚未应用于工业生产实践时,它便是潜在的一般生产力,并未对工业生产产生实质性的影响;而当科学技术进入工业生产实践并直接作用于生产力的诸要素或直接改变生产力诸要素的存在状态、结构时,科学技术便由一般观念形态的生产力转化为直接的现实的生产力。所以,科学技术是否为直接的生产力要根据科学技术的具体存在状态、发挥的实际作用来判断。

最后,随着科学技术在工业生产实践中的全面应用,即以机器大生产为核心的工厂制度的确立,马克思和恩格斯认为科学技术日益对生产力具有决定性作用,我们将这种决定性作用称为第一生产力。马克思和恩格斯通过对机器大生产体系下社会财富生产的考察,认为科学技术在社会物质财富的生产过程中具有决定性力量。正如马克思所言:"随着大工业的发展,现实财富的创造较少地取决于劳动时间和已耗费的劳动量,较多地取决于在劳动时间内所运用的作用物的力量,而这种作用物自身——它们的巨大效率——又和生产它们所花费的直接劳动时间不成比例,而是取决于科学的一般水平和技术进步,或者说取决于这种科学在生产上的应用。"③ 科学技术对生产力发展的决定性作用主要是通过与生产力的基本要素相结合进而转化为现实的生

① 《马克思恩格斯文集》第8卷,人民出版社,2009,第198页。
② 《马克思恩格斯文集》第8卷,人民出版社,2009,第356—357页。
③ 《马克思恩格斯文集》第8卷,人民出版社,2009,第195—196页。

产力得以实现的。其一，如前所述，科学技术的应用武装了工人的头脑，使劳动者的素质与劳动技能相对提高。在科学技术的强大支配作用下，生产中的体力劳动与脑力劳动相分离，而脑力劳动者的质量和数量对生产力发展日益具有决定性作用。所以，马克思认为，生产力的进步，总是"归结为脑力劳动特别是自然科学的发展"①。其二，科学技术对劳动资料要素的发展具有决定作用，集中表现为生产工具的制造与革新。在对资本主义生产方式的考察中，马克思和恩格斯发现生产工具的每一次革新、劳动资料的每一次革命，都会使社会生产力获得新的发展。所以，马克思指出："资本主义生产方式所特有的工业革命，正是起源于同加工的材料直接接触的那一部分工具的变革。"② 其三，科学技术日益对劳动对象要素具有决定作用，"带来了劳动对象的拓展和高级化"③。科学技术的应用大大提高了新材料加工制造的能力，也提高了废料回收利用的能力，"从而无须预先支出资本，就能创造新的资本材料"④。

综上所述，马克思和恩格斯科技生产力观的内涵，是通过科学技术在资本主义生产中不同程度的应用以及对生产力发展表现出不同程度的推动作用来体现的。在科学技术初步应用于工业生产实践时，科学技术是对生产力发展具有推动作用的力量；在科学技术大规模应用于工业生产实践时，科学技术表现为直接的现实的生产力；当科学技术全面应用于工业生产实践时，科学技术对生产力具有绝对的支配性，成为推动生产力发展的第一要素。

（二）科技生产力观生成的社会背景

在马克思和恩格斯生活的年代，社会生活的方方面面正经历着革命性的大变革、大调整。自然科学摆脱了中世纪封建教会独裁精神的压迫，由搜集材料的科学发展为整理材料的科学，各学科分支如雨后春笋般地建立和发展

---

① 《马克思恩格斯文集》第 7 卷，人民出版社，2009，第 96 页。
② 《马克思恩格斯文集》第 8 卷，人民出版社，2009，第 329 页。
③ 刘大椿：《马克思科技审度的三个焦点》，《天津社会科学》2018 年第 1 期。
④ 《马克思恩格斯文集》第 5 卷，人民出版社，2009，第 699 页。

起来，为日后应用于工业生产实践奠定了深厚的基础；同时，社会的阶级构成、权力结构也发生了革命性的变化。新兴的资产阶级战胜了封建贵族成为统治阶级，确立了资本主义的生产方式和社会关系。在利益的驱动下，自然科学被资产阶级有意识加以发展并利用，催生了工业革命并推动了生产方式的变革。这些构成了马克思和恩格斯科技生产力观生成的社会历史背景。

一方面，从自然科学本身来看，自然科学的飞速发展为马克思和恩格斯科技生产力观的生成提供了深厚的自然科学基础。真正意义上的现代自然科学发端于市民等级摧毁封建主义的那个时代，从那时起，自然科学便经历了一场伟大的革命。如果说，死于封建教会迫害的科学研究者——西班牙的米格尔·塞尔维特与意大利的乔尔丹诺·布鲁诺尚未成为自然科学摆脱宗教束缚而独立的标志，那么波兰天文学家哥白尼（Nikolaj Kopernik）日心说的提出便成为自然科学摆脱宗教压迫的独立宣言。正如恩格斯所言："这是一个需要巨人并且产生了巨人的时代"①，从此自然科学便大踏步前进，诞生了一批又一批自然科学巨匠，取得了一个又一个辉煌的理论成果。近代自然科学首先发展于无机界，其中占首要地位的是天文学。法国笛卡尔在解析几何、英国耐普尔在对数、德国莱布尼茨和英国牛顿在微积分等领域取得重大成就，为天文学的发展奠定了深厚的数学基础。在此基础上，德国天文学家开普勒发现了行星运动的三大规律，意大利天文学家伽利略发现了自由落体定律，英国物理学家牛顿在《自然哲学的数学原理》一书中详细论述了力学的三大定律和万有引力定律，实现了对自然规律的理论概括，这为物理学的发展奠定了深厚的基础。但在这一时期，由于缺乏化学和细胞学的知识，古生物学和地质学等学科尚未建立，加之深受机械自然观的影响，其他学科也还处于搜集材料和整理材料的阶段。1755年，德国哲学家康德在《自然通史和天体论》一书中阐述了宇宙万物生灭变化的辩证规律，使原有僵化的自然观受到了有力的冲击。此后，物理学获得了长足的发展，能量守恒定律被提出，证明了宇宙万物相互联系、相互转化。在法国化学家拉瓦锡和英国化学

---

① 《马克思恩格斯文集》第9卷，人民出版社，2009，第405页。

家道尔顿的努力下，化学也以惊人的速度发展起来，同时生物学也取得了巨大的进步，尤其是英国生物学家达尔文提出了生物进化论，揭示了有机界的发展规律。在这些研究成果的推动下，自然科学逐渐摆脱静止、僵化的形而上学思维方式，一种辩证的、整体的、联系的、发展的思维方式逐渐为科学研究所推崇，从而进一步推动了自然科学的发展。虽然此时的自然科学大多是处于知识理论形态，但一些具有革命意义的理论成果及其产生的影响已经引起马克思和恩格斯的高度关注，并对马克思和恩格斯的世界观、思维方式产生深刻的影响，更为他们科技生产力观的萌生与形成提供了现实的材料。

另一方面，从科学技术在工业生产实践中的应用来看，科学技术的生产力促动效应直接推动马克思和恩格斯科技生产力观的形成。从马克思和恩格斯所处时代工业生产最为发达的英国来看，一台简单的珍妮纺纱机，即便是以人力为基本动力，也对社会生产力的发展产生了革命性影响。珍妮纺纱机的应用不仅扩大了英国纺织业部门的内部分工和生产规模，也大大提高了纺织业部门的劳动生产率，从而使英国的纺织业长期处于领先地位，为英国带来了巨额的社会物质财富。随着生产需求的扩大，人们在珍妮纺纱机的基础上又发明了一系列机器，尤其是蒸汽机的发明与使用，不仅使劳动生产率进一步提高，也推动了众多相关产业部门的建立，更是大大改善了水陆交通条件，从而打破了以往生产、交换的地域限制，最终推动了世界市场的形成。随着科学技术的进步，机器不断革新并推动确立了资本主义机器大生产体系，社会生产力飞速发展，为资本家带来了巨额的剩余价值。这样一来，科学技术便被资本家有意识地加以发展和利用，科学技术与社会生产实现良性互动。马克思和恩格斯正是基于科学技术对生产力的巨大推动作用而发出感叹："资产阶级在它的不到一百年的阶级统治中所创造的生产力，比过去一切世代创造的全部生产力还要多，还要大。"① 可以说，资本主义所创造的这种巨大生产力无疑是科学技术应用于工业生产实践的结果，马克思和恩格斯的科技生产力观就是在这样的社会背景下形成的。

---

① 《马克思恩格斯文集》第 2 卷，人民出版社，2009，第 36 页。

（三）科技生产力观生成的个人条件

马克思和恩格斯科技生产力观的生成除了依托自然科学飞速发展和资本主义机器大生产的社会背景外，也与他们的个人经历特别是对科学技术的关注有着密切的关系。

马克思 1818 年 5 月 5 日出生于特利尔城，这个拥有 15000 名居民的小城是德国最为古老的城市，长期"浸润在言论自由和立宪自由氛围中"①，这座古老的小城深刻地影响了马克思的一生。马克思的父亲亨利希·马克思（Heinrich Marx）是一位学识渊博、绝对正直的法律顾问，由于幼年时期很少受到犹太文化教育的影响，他"深深地沉浸在十八世纪的法国关于政治、宗教、生活、艺术的自由思想里"②，崇尚法国理性主义者的观点，同时他也十分推崇科学。在父亲的影响下，马克思对科学技术产生了浓厚的兴趣。经过长达 12 年的家庭教育，马克思进入特利尔中学，这是一所耶稣教会学校，校长约翰·胡果·维滕巴赫（Johann Hugo Wyttenbach）是马克思的良师益友，他宣传的启蒙精神对马克思也产生了一定的影响。

恩格斯出生在一个具有坚定基督教信仰的工厂主家庭，家庭条件优越，这使恩格斯童年时期受到了良好的教育，他聪明过人并勤奋好学，中学期间，在物理、化学、历史、地理等学科成绩优异，尤为擅长数学和物理；同时，恩格斯也学习了大量的哲学知识，逐步增强了辩证思维能力，这为恩格斯后来对科学技术的关注与研究奠定了深厚的基础。

1842—1843 年，马克思担任《莱茵报》的编辑，由于莱茵省林木盗窃法案需要马克思对物质利益发表意见，这让他很为难，马克思便从法律专业转向经济学研究，开始钻研大量的经济学资料。当时资本主义正处于加速上升期，单一的经济学研究已经远远不能满足马克思对资本主义科学剖析的需要，这就迫使马克思去钻研更多其他学科的知识，其中就包括对自然科学以

---

① 〔英〕戴维·麦克莱伦：《马克思传》，王珍译，中国人民大学出版社，2016，第 3 页。
② 〔英〕戴维·麦克莱伦：《马克思传》，王珍译，中国人民大学出版社，2016，第 6 页。

及相关知识的学习。同年，恩格斯由于越来越不愿意过上层富人的奢靡生活，加之他想对工人阶级的生活有一个全面的了解，便离开父母同广大工人阶级生活在一起，亲身体验了英国工人阶级在机器宰治下的非人生活，也看到了科学技术对生产力发展的推动作用。自然科学的发展与机器的不断革新，催生了第一次工业革命，极大地解放和发展了社会生产力，深刻地改变了社会生产关系。马克思和恩格斯高度赞赏了科学技术的生产力促动效应，指出："技术在很大程度上依赖于科学状况，那么，科学则在更大得多的程度上依赖于技术的状况和需要。社会一旦有技术上的需要，这种需要就会比十所大学更能把科学推向前进"①。正是基于科学技术对生产力和人类社会形态变革的巨大推动作用，马克思和恩格斯看到了科学技术本身蕴含的革命性。在这样的背景下，马克思和恩格斯开始密切关注科学技术的发展特别是最新理论成果。马克思为此学习了大量的科学史与工艺学的相关知识，对传统科学技术发展的代表——磨与钟表——的发展史进行了详细的梳理，形成了厚重的《伦敦笔记》。恩格斯也始终重视对自然科学知识的学习，他在广泛收集天文学、物理学、化学、地理学、古生物学等学科相关材料的基础上，将辩证法与自然科学相结合，写作了《自然辩证法》。在这本著作中，恩格斯"从强调变化和联系的辩证法开始"②，对自然科学的发展史做了详尽的说明，并对自然科学的最新发展成果进行了高度的总结，也为自然科学未来的研究提供了科学的方法论。随着马克思和恩格斯对科学技术关注度的提高以及对科学技术的认识日趋成熟，他们再次肯定了科学技术对生产力的巨大推动作用，并认为自然科学的发展构成了生产力发展的根本动力，以此为基础形成了系统的科技生产力观。直至逝世前，马克思和恩格斯也从未放弃对科学技术的关注与研究。由此可见，科学技术在马克思和恩格斯一生的研究中都占有重要地位。

总之，马克思和恩格斯科技生产力观的生成既有特定的社会历史背景，

---

① 《马克思恩格斯文集》第 10 卷，人民出版社，2009，第 668 页。

② 〔英〕戴维·麦克莱伦：《恩格斯传》，臧峰宇译，中国人民大学出版社，2017，第 80 页。

也与他们的个人经历、研究兴趣密切相关，更是他们两人一生对科学技术潜心钻研的智慧结晶。

三　马克思恩格斯生态生产力观的历史生成

马克思和恩格斯的生态生产力观并非他们主观臆想的产物，同科技生产力观一样，有其生成的特定社会历史背景和主观因素。在马克思和恩格斯生活的年代，资本主义生产方式持续消灭传统生产方式并逐渐占据主导地位。随着科学技术的资本主义应用，资本主义生产方式在对自然力使用的规模和程度上远远超过了传统生产方式，更大大超出了自然界自身的承载限度，一系列的生态问题开始凸显，人与自然的关系也由最初的总体和谐走向紧张对立。马克思和恩格斯敏锐地看到了资本主义过度贪婪所造成的生态问题，也清楚地认识到生态问题对社会生产力发展的重要影响，对资本主义生产方式作了深刻的生态批判。

（一）生态生产力观的内涵

马克思和恩格斯虽未明确提出生态生产力概念，但他们的生产力观却蕴含着丰富而深刻的生态思想或生态生产力思想，这集中体现在马克思和恩格斯对自然生产力这一概念的相关论述之中。

在马克思和恩格斯那里，自然生产力概念涵括的内容十分宽泛，主要包括人本身的力、牲畜力和自然力。他们所讲的自然力既包括风、水、蒸汽、电力等单纯的自然力，也包括天然的自然条件。可以说，在他们看来，自然界一切自然资源、自然现象的力都归属于自然力范畴。在这一认识的基础上，随着马克思和恩格斯对资本主义生产方式考察的深入，他们了解到资本主义在创造巨大生产力的过程中经常需要依靠自然力，在生产力发展中总是存在"一种不借人力而天然存在的物质基质"①，这种天然的"物质基质"

---

① 《马克思恩格斯文集》第 5 卷，人民出版社，2009，第 58 页。

也就是指自然生产力。这表明，马克思和恩格斯认为自然生产力构成了社会生产力发展的天然基础。具体而言，从生产力本身来看，生产力的整个发展过程不仅始终与自然要素相结合，而且也始终受到自然规律的影响和制约，具有永恒的生态限制。从生产力的基本构成要素来看，劳动者作为生产力的重要组成部分，无论其主观能动性多么强大，都无法摆脱自然物种的生态规定性，而且满足人类生命存续所必需的生产生活资料，皆是与外部自然界进行物质变换的产物。因此，离开外部自然，人便丧失了自身"无机的身体"，只能是存在着的无。所以，马克思指出，人是自然界的产物、"人靠自然界生活"①、人的"肉、血和头脑都是属于自然界和存在于自然界之中的"②。就劳动资料要素而言，生产最初所使用的简单生产工具，如水轮、风车运转所利用的动力皆来自自然界，后来的机器大生产所使用的机器，其原材料和加工材料也都来自自然界，这便是工厂普遍建立在自然资源丰裕地域的原因所在。就劳动对象要素而言，一切劳动对象都来自自然界，即便是经人类后天加工而用于生产过程的劳动对象也是来自形式发生变化了的自然物质。归根结底，按照马克思和恩格斯对自然生产力概念的理解，生产力的基本构成要素实际上也就是自然生产力的表现，正是在这个意义上，他们将"一切生产力都归结为自然界"③。

在上述基础上，马克思和恩格斯又阐述了自然生产力应用于生产实践的问题，进一步肯定了自然生产力（自然界）之于社会财富生产的根源性。在《政治经济学批判（1861—1863年手稿）》中，马克思指出，机器大生产第一次使自然力大规模地应用于生产过程，"使自然力变成社会劳动的因素"④。在《资本论》中，马克思又进一步指出："作为要素加入生产但无须付代价的自然要素，不论在生产中起什么作用，都不是作为资本的组成部分加入生产"⑤，

---

① 《马克思恩格斯文集》第1卷，人民出版社，2009，第161页。
② 《马克思恩格斯文集》第9卷，人民出版社，2009，第560页。
③ 《马克思恩格斯文集》第8卷，人民出版社，2009，第170页。
④ 《马克思恩格斯文集》第8卷，人民出版社，2009，第356页。
⑤ 《马克思恩格斯文集》第7卷，人民出版社，2009，第843页。

而是无偿加入生产，表现为"资本的生产力"①。这表明，表现为自然要素的自然生产力作为生产力的一部分也可以实现价值增殖。所以，马克思和恩格斯指出自然生产力同社会生产力一样，也是社会物质财富的源泉，这就高度肯定了自然生产力的社会财富性质，从而凸显了自然生产力之于社会生产力发展的根基性。

马克思和恩格斯的生态生产力观除以上两方面的内容外，也强调自然生产力对社会生产力的影响。在马克思和恩格斯看来，自然资源的丰裕度即自然生产力的高低直接影响社会生产力的发展水平。如前所述，马克思认为自然条件也是自然生产力的一种，并认为无论社会生产力发展水平如何，"劳动生产率是同自然条件相联系的"②，这就指明了自然生产力对社会生产力的影响。在《资本论》中，马克思进一步将自然生产力（自然条件）在经济上分为"生活资料的自然富源"（如土壤的肥力，渔产丰富的水域等）和"劳动资料的自然富源"（奔腾的瀑布、可以航行的河流、森林、金属、煤炭等）两大类，并认为在社会生产力发展水平较低的阶段"生活资料的自然富源"影响较大，如在农业生产中，农业劳动部门的生产率及其创造价值量的大小主要取决于土壤的肥力；而在社会生产力发展水平较高的阶段，"劳动资料的自然富源"更具有决定性的意义。从这里我们可以看出，在马克思看来，无论生产力发展处于何种阶段，社会生产力的发展水平始终受到自然生产力的影响和制约，即社会生产力的发展水平始终随着自然生产力（自然条件的丰裕度）的变化而发生变化。这意味着，在这里马克思已经潜在表达了保护自然条件的想法。伴随着科技的进步，人类征服自然的能力大大提高，建立在过度开发自然和大量消耗自然资源基础上的社会生产力成倍增长，由此造成了一系列生态问题，导致自然条件的丰裕度不断降低，严重破坏了社会生产力发展的自然根基。对此，恩格斯在《自然辩证法》中曾告诫我们要处理好生产发展与生态保护之间的关系，更要对人类生产行为所造成

① 《马克思恩格斯文集》第7卷，人民出版社，2009，第843页。
② 《马克思恩格斯文集》第5卷，人民出版社，2009，第586页。

的长远后果进行预见，否则只能导致人类文明的消亡。因此可以说，马克思和恩格斯的理论已经蕴含着循环发展的思想，这构成了他们生态生产力观的重要内容。

综上所述，根据马克思和恩格斯对自然生产力的相关论述，本书认为他们的生态生产力观具有三重内涵。其一，生态生产力泛指一切自然物蕴含的自然力，主要指自然资源本身的自然力，一方面表现为未经人类加工就天然存在的，且未被纳入人类生产活动的单纯自然力；另一方面表现为被直接或间接纳入人类生产活动的各种人化的自然力。其二，生态生产力强调外部自然界（自然生产力）之于社会生产力形成与发展的天然根基性地位，其影响和制约着社会生产力发展水平的高低，对社会生产力发展具有永恒的生态限制。其三，生态生产力表现为人与自然和谐共生基础上的生产力的永续发展，即在生产力发展中强调自然优先，注重生产力的生态化发展。这三方面内容共同构成了马克思和恩格斯生态生产力观的内涵。

（二）生态生产力观生成的社会背景

马克思和恩格斯的生态生产力观并不是凭空生成的，而是有着特定的社会历史背景。具体说来，他们的生态生产力观是在机器的资本主义应用日益普遍并成为占主导地位的生产方式的过程中逐渐生成的。

资本主义生产方式以前的传统生产方式，虽然也涉及自然力的使用，但是使用的程度与规模十分有限，至多是对土地、河流、风等自然资源的有限利用，还很少涉及对自然资源的开发。随着资产阶级革命的胜利，新兴资产阶级登上历史的舞台，确立了以逐利为目的的资本主义生产方式。在资本主义生产方式确立的初期，生产力的发展主要依靠自然资源本身的自然力和劳动者本身的自然力，因而也就需要充足的自然资源和劳动力。这一时期，社会生产对自然力使用的强度还不够高，人与自然还保持着总体上的和谐。随着自然科学与机器在工业生产中的应用，社会分工不断扩大，各行各业的生产部门相继建立，进一步扩大了对自然开发的规模。由于机器的使用，大量自然资源被加工为各式各样的商品，本地的销售市场已经无法满足生产的需求。为扩大产品销路，以往落后的水陆交通条件得到改善，四通八达的水陆交通线将原有各个封闭的地域性存在发展为世界市场，促成了世界性的普遍交往。高涨的商业需求、节省生产成本的需要，使各行业的工厂在自然资源丰裕的地域如雨后春笋般地建立起来。由于机器和人口的大量积聚，一个个商业大都市在原有的沼泽地上拔地而起，不仅大大改变了原有的地域面貌、自然条件，也将大量自然力纳入直接的生产过程。正如马克思在《政治经济学批判（1861—1863年手稿）》中所指出的那样："大生产——应用机器的大规模协作——第一次使自然力，即风、水、蒸汽、电大规模地从属于直接的生产过程，使自然力变成社会劳动的因素。"① 这使马克思和恩格斯深刻认识到自然力的社会财富性质。随着科学发展为生产过程中的独立因素，马克思和恩格斯发现在资本主义生产方式下，自然因素的使用虽然未进入价值增殖过程，却越来越成为"无偿的自然力"从属于资本并对生产力具有推动作用。正是由于这种能使价值增殖而不费资本分文的自然力为资本家带来了大量的剩余价值，因而在资本逻辑经济理性的策动下，资本主义无止境地开发、利用、破坏自然，造成了河流污染、资源短缺、土地肥力下降等一系列后果，严重破坏了生产力发展的自然根基，这使马克思和恩格斯更加深刻地认识到自然界（自然生产力）对生产力发展的双重影响，从而寻求人与自然的和解。可以说，马克思和恩格斯的生态生产力观就是在这样的社会背景下形成的。

（三）生态生产力观生成的个人条件

马克思和恩格斯生态生产力观的生成除了依托资本主义机器大生产的社会背景外，也离不开他们对自然的永恒关注。尽管在马克思和恩格斯生活的年代，生态问题并不突出，他们的研究重点也不是生态问题，但这并不意味着他们缺乏对自然的关注。相反，自然是马克思和恩格斯哲学的永恒的主题，在他们的整个理论体系中占有重要地位。

---

① 《马克思恩格斯文集》第8卷，人民出版社，2009，第356页。

　　青年时期的马克思深受德谟克利特和伊壁鸠鲁唯物主义自然观的影响，对人与自然之间的辩证关系形成了初步的认知。这一时期的马克思既看到了人对自然的能动性，也认识到了自然界对人的制约性，这对马克思后来生态思想的发展产生了重要影响。在《1844 年经济学哲学手稿》中，马克思通过对异化劳动的批判初步阐发了生态异化的思想，同时也对人与自然之间的关系进行了极为明确的界定，提出了自然界"是人的无机的身体"①、没有自然界我们什么也不能创造、离开外在自然人便是存在着的无等重要论断，从根本上指明了外部自然界对人类生存发展而言的优先性和根基性。

　　在恩格斯那里，自然同样占有重要地位。在《伍珀河谷来信》中，恩格斯通过对伍珀河谷及两岸景色的描绘侧面阐述了人类生产活动对生态环境的破坏。在《漫游伦巴第》和《谢林和启示》中，恩格斯也多次阐述了人对自然的能动性和自然对人的限制等观点。在《英国工人阶级状况》中，恩格斯以英国工人阶级的悲惨境遇为参照，从侧面阐述了英国工业发展对自然环境造成的污染与破坏，也阐述了生态环境破坏对人生命健康的致命威胁。在《反杜林论》中，恩格斯通过对杜林的批判阐述了人与自然之间的辩证关系，他指出："人是自然界的产物，而人的意识也只是在人的精神中反映的自然界的产物"②，这就指明了自然界之于人的根源性。

　　在马克思主义理论体系中，马克思和恩格斯对资本主义的政治经济学批判也始终未离开外部自然界。在《资本论》及其手稿中，马克思不仅重点考察了自然界（自然生产力）在社会生产力发展中的地位和作用，指明了自然界（自然生产力）之于社会物质财富生产的根源性，也详细考察了资本主义工业大生产对生态环境的破坏，认识到自然界对社会生产力的颠覆性影响，这构成了他关于资本主义批判的另一条重要理论路径——生态批判。

　　在有关共产主义的论述中，马克思和恩格斯也并未放弃对自然的关怀。他们认为人与人的矛盾引发了人与自然的矛盾，而人与自然的矛盾又进一步

---

① 《马克思恩格斯文集》第 1 卷，人民出版社，2009，第 161 页。
② 转引自〔英〕戴维·麦克莱伦《恩格斯传》，臧峰宇译，中国人民大学出版社，2017，第 81 页。

激化人与人的矛盾，从而使人处于更为沉重的奴役之中。所以，马克思和恩格斯认为共产主义社会并不仅仅是人的自由解放，而且是人与自然的双重解放，这构成了他们全部理论体系的终极关怀。可以说，马克思和恩格斯对自然的永恒关注为他们生态生产力观的生成奠定了深厚的基础。

综上所述，科技生产力观与生态生产力观作为马克思和恩格斯生产力观的双重内在逻辑线索，构成了他们生产力观的双重意蕴，具有丰富的理论内涵与特定的形成背景，为我们在当代进一步推动生产力发展提供了科学的理论指导和价值导引。

第三章　马克思恩格斯生产力观的
历史演进

上一章我们着重探讨了马克思和恩格斯生产力观的双重内在逻辑线索，即科技生产力观与生态生产力观及其丰富内涵。本章将在承继马克思和恩格斯理论逻辑的基础上深入梳理两条逻辑线索的历史演进轨迹，以对他们生产力观的各个发展阶段进行科学的概括总结。科技生产力观和生态生产力观与马克思和恩格斯的其他思想一样，也经历了一个从孕育到成熟的动态发展过程，表征着马克思和恩格斯对人类社会发展规律与自然发展规律的科学认知，从而以此构建改变世界的"历史现象学"。

一　马克思恩格斯科技生产力观的历史演进

通过对马克思和恩格斯相关文本的考察，本书认为他们的科技生产力观大致经历了三个发展阶段。在第一阶段，马克思和恩格斯主要关注的是异化问题，对科技异化与科技的生产力推动作用做了初步阐述。在第二阶段，随着马克思和恩格斯对科技在资本主义生产中地位与作用认识的加深，他们对科技异化的批判更为深刻，同时也高度肯定了科技的生产力促动作用。在第三阶段，马克思和恩格斯通过对资本主义生产方式下科技的全面审度，实现了对科技整体效应的全面考察与对科技生产力性质的系统概括，形成了辩证而科学的科技生产力观。

（一）对科技在工业生产中的推动作用与科技异化的初步认知

马克思和恩格斯对科技在工业生产中的推动作用与科技异化的初步认知，主要体现在《1844年经济学哲学手稿》《国民经济学批判大纲》《英国工人阶级状况》以及《德意志意识形态》等文本中。

首先，在《1844年经济学哲学手稿》中，马克思重点阐述了异化劳动的四个理论规定，他对科技的初步认知正是蕴含在异化劳动理论的话语展开之中，并以劳动者的异化生存境遇为参照，初步阐述了科技的二重性。在《1844年经济学哲学手稿》中，马克思认为在资本主义私有制下，劳动者深陷于异化劳动之中，而作为科技具象化形态的机器更是充当了异化劳动的工具，不仅提升了这四重异化的残酷程度，也加速了人与自然的疏离，从而在更大的规模上剥夺了工人的生活资料，进而使工人的生存境遇更加悲惨。这样一来，工人伤害科学研究人员的行为、反对机器和捣毁机器的运动频繁出现，但是工人越是反对机器的使用，也就越是受到机器异化的压迫，重新沦为机器的奴隶。正如马克思所言："全部人的活动迄今为止都是劳动，也就是工业，就是同自身相异化的活动"①，也就是说，人的本质力量的展开是以异化的形式实现的。正是由于机器充当了异化劳动的有力工具，马克思初步认识到了科技的异化效应。

虽然科技（机器）在资本主义私有制条件下充当了奴役工人的有力工具，但是马克思并不反对科技的使用。这是因为，马克思清楚地认识到科技的使用并不是异化劳动产生的根源，资本主义私有制才是异化劳动产生的根源，也就是说，根源在于资本主义制度而不在于科技的使用。马克思敏锐地看到了科技（机器）的使用对工业生产实践的推动作用，"自然科学却通过工业日益在实践上进入人的生活，改造人的生活，并为人的解放作准备，尽管它不得不直接地使非人化充分发展"②。从这里我们可以看出，马克思不仅

---

① 《马克思恩格斯文集》第1卷，人民出版社，2009，第193页。
② 《马克思恩格斯文集》第1卷，人民出版社，2009，第193页。

看到了科技（机器）的使用对工业生产的推动作用，也看到了科技（机器）的使用所产生的异化效应，并认为这种异化效应的存在有其历史正当性与客观必然性，是人类社会发展与人的存在形态变革的必经阶段，并为实现人类解放奠定了物质基础。

马克思在《1844年经济学哲学手稿》中，以工人的悲惨生存境遇为参照，虽然更多的是"从道德评价优先"视角对科技的异化效应形成了初步认知，但同时也确立了"从历史评价优先"视角考察科技对生产力推动作用的认识原则，这不仅为马克思和恩格斯后来对科技生产力的理解确立了基本原则，也为我们正确理解和把握他们对科技的认知提供了基本的认识路径。

其次，恩格斯在1844年公开发表了《国民经济学批判大纲》。在该文中，恩格斯无情地揭露了国民经济学的伪善、贪财、自私自利，并在此基础上初步阐述了科技对生产力的推动作用及其异化效应。

在《国民经济学批判大纲》中，恩格斯对国民经济学的主要范畴——竞争——进行了无情的批判，认为竞争是私有制下国民经济学道德堕落的极点。竞争的基本规律是供给与需求相和谐，但是在私有制条件下，资产者、商人尽可能贱买贵卖以实现利益最大化，导致竞争的基本规律失衡。在生产的无政府状态下，供给与需求因处处不相适应而处于尖锐的对立状态，因而二者从未达到和谐状态。结果便是在供给与需求的永恒波动下，平均每5—7年便发生一次像大瘟疫一样的商业危机，而后就是周期性的商业繁荣与衰退。由于国民经济学家们无法解释周期性的商业危机发生的原因，英国经济学家马尔萨斯（Thomas Robert Malthus）便提出了极其荒谬的人口论。在马尔萨斯看来，"人口按几何级数 $1+2+4+8+16+32$ ……增加，而土地的生产力按算术级数 $1+2+3+4+5+6$ 增加"[①]，人口的增长速度大大超过了可支配的生活资料的生产速度，因而对生活资料造成了威胁。恩格斯强有力地驳斥了马尔萨斯人口论的荒谬性，认为一个工人生产的生活资料实际上大大超过一个人生活资料的消耗量，并且马尔萨斯也严重忽略了科学要素对生产劳动的影

[①] 《马克思恩格斯文集》第1卷，人民出版社，2009，第82页。

响。恩格斯在批判马尔萨斯的基础上阐述了科技的生产力促动效应。"科学的应用，可以使土地的生产能力无限地提高……科学又日益使自然力受人类支配。"① 因此，"对科学来说，又有什么是做不到的呢?"② 基于此，恩格斯认为在科学的应用下，密西西比河流域的土地生产力可以翻五倍甚至更多，因而供养人口是不存在问题的。从以上论述中我们可以看出，恩格斯高度赞赏了科学的应用对社会生产力的推动作用，并表现出科学乐观主义倾向。

随着恩格斯对竞争范畴批判的深入，他进一步认为竞争使资本、劳动、土地三者之间既整体对立又相互对立，这种对立表现在社会生活中就形成了人们的相互奴役状态。恩格斯认为在资本、土地反对劳动的过程中，科学在资本家的利用下充当了二者反对劳动的工具。"发明使机器劳动增加了一倍，从而把手工劳动减少了一半，使一半工人失业，因而也就降低另一半工人的工资，这项发明破坏了工人对工厂主的反抗，摧毁了劳动在坚持与资本作力量悬殊的斗争时的最后一点力量。"③ 由于发明永远不会停止前进的脚步，恩格斯进一步认为机器推动分工日益细化，工人只有从事某一分工内极其单调的工作才能生存，并且几乎没有转变职业的机会，这样带来的后果就是劳动者愈益简单化、片面化。恩格斯正是以此揭露了国民经济学家关于机器对工人有利的那种"十分出色的伪善"，从而形成了对科技异化效应的初步认知。

再次，恩格斯根据英国工人阶级在资本主义制度下惨遭剥削和压迫的现实，完成了《英国工人阶级状况》的写作。在该文中，恩格斯以亲自观察和搜集到的生动、具体材料向德国工人阶级展现了英国工人阶级的非人生存境况，并以英国工人阶级的悲惨生存境遇为参照，再一次阐述了科技的生产力促动效应与异化效应。

一方面，恩格斯通过对英国工业发展史的考察，认为科技在社会生产中的应用推动了"工业革命同时又推动了整个市民社会的变革"④，使英国社

---

① 《马克思恩格斯文集》第1卷，人民出版社，2009，第77页。
② 《马克思恩格斯文集》第1卷，人民出版社，2009，第82页。
③ 《马克思恩格斯文集》第1卷，人民出版社，2009，第85页。
④ 《马克思恩格斯文集》第1卷，人民出版社，2009，第388页。

会生产力发生了巨大的变化，极大地促进了社会生产力的发展。从棉纺织业部门来看，珍妮纺纱机的发明大大提高了织布的效率与市场供给能力，并在一定程度上扩大了原有的社会分工。市场需求的变化、较大规模的经营以及水力的使用，又推动了效率更高、动力更强的翼锭纺纱机的发明，之后又发明了以蒸汽机为动力的走锭精纺机、梳棉机、粗纺机、网织机、花边机、络丝机等一系列机器。这些机器的发明与改进，极大地提高了棉纺织业部门的生产力与劳动生产率，促使社会分工更加细化，推动资本与国民财富日益增加，同时也推动了新兴产业的建立和新机器的发明。从能源矿产部门来看，蒸汽机的发明与应用又大大带动了煤炭、钢铁行业的发展，而煤炭、钢铁行业的发展又为机器的发明制造提供了充足的原材料。从农业生产部门来看，科技的使用也大大推动了农业生产的发展。在科技的作用下，农业生产规模扩大、土壤改良成为可能，而且耕作方式、耕作方法日益科学化，为土地生产力的提高奠定了基础。正如恩格斯所言："科学的进步也帮助了他们……化学应用于农业得到了成功，而力学的发展又给大佃农带来许多好处。"[1] 从交通部门来看，科技的使用极大地改变了英国水陆交通的落后面貌，使英国水陆交通焕然一新并为世界市场的开辟奠定了基础。在科技的帮助下，英国修建了大量的公路、铁路，并向四面八方开凿了多条运河，各个大城市因互相交错的水陆交通线而完全联系起来，大大缩短了生产的时空距离。同时，蒸汽机的使用也大大提高了船舶的远洋航运能力，打破了农业国闭关自守的状态，从而开辟了以前只是"潜在的世界市场"[2]，实现了英国大量过剩的原产工业品与殖民地或其他国家农产品的交换。这使英国的工业得到了空前的发展，进而为英国创造了巨额的物质财富。正是由于科技的应用给英国社会方方面面带来革命性的影响，尤其是对社会生产力产生巨大推动作用，恩格斯进一步认识到了科技的生产力促动效应。

　　另一方面，科技的资本主义应用打破了广大工人阶级过去封建田园诗般

---

① 《马克思恩格斯文集》第 1 卷，人民出版社，2009，第 400 页。
② 《马克思恩格斯文集》第 1 卷，人民出版社，2009，第 367 页。

的惬意生活，使工人的生存境遇更加悲惨，成为一种"被遗忘的存在"。恩格斯认为，科技在工业生产中的大量应用，完全消灭了手工劳动，手工业者"被机器驱逐出一个个阵地"①。由于机器劳动取代了大量的手工劳动，工人完全丧失了过去相对稳定的生计来源，也因此失去了以往可自由支配的大量娱乐休闲时间，以至于沦为一无所有的不得不出卖自身肉体的活劳动者，这对工人的身体、智力、精神、道德造成了极大的摧残。特别是工人阶级的生命健康受到了极大的损害。工人因失去生计来源而被迫离开家乡来到城市，不得不住在环境极其恶劣的贫民窟，住所人口大量聚集且阴冷潮湿，空气流通不畅且到处弥漫着酸臭的有害气体，饮食劣质发霉、掺假且难以消化，衣物劣质低下。结果便是：工人普遍体弱多病、营养不良、寿命短暂。由于机器劳动在一定程度上延长了工人的劳动时间和提高了劳动强度，工人的身体越来越衰弱，他们的平均寿命包括他们子女的平均寿命都很短。恩格斯认为这对工人是"一种隐蔽的、阴险的谋杀"②。从工人的智力、精神、道德状况来看，工人阶级的精神与道德日渐堕落。机器宰治下的高强度工作以及不堪忍受的非人生活，使工人阶级的情绪常常产生剧烈波动，而唯有纵欲让他们感到一丝愉快，这就导致工人沉湎于纵欲和酗酒这两种享乐之中。这样的后果便是，工人的精神、肉体、道德日益堕落，百病丛生，对工人的身心造成了毁灭性的影响，从而大大加速了工人们的衰亡。从以上论述我们可以看出，恩格斯虽然没有明确使用科技异化的表述，但他正是以工人阶级非人的悲惨生活境遇为参照，阐述了科技的资本主义应用所带来的异化效应（包括生态异化），从而深化了对科学技术二重性的认知。

最后，在《德意志意识形态》中，马克思和恩格斯以对包括费尔巴哈在内的德意志意识形态家唯心史观的批判为参照，阐述了科技对生产力的推动作用及其资本主义应用所带来的异化效应。

一方面，在《德意志意识形态》的开篇，马克思和恩格斯便指出整个德

① 《马克思恩格斯文集》第1卷，人民出版社，2009，第393页。
② 《马克思恩格斯文集》第1卷，人民出版社，2009，第409页。

国的意识形态偏见都是从观念、思想、概念出发，德意志意识形态家们所进行的哲学批判活动全部发生在未涉及现实物质环境的纯粹思想领域，至多是对人、社会现实、市民社会做了一些微不足道的片面说明。为此，马克思和恩格斯无情地揭露了德国意识形态的颠倒性，认为："全部社会生活在本质上是实践的"①。基于此，马克思和恩格斯从全部人类历史的第一个前提出发，即从现实的有生命的个人的物质生产活动出发，阐述了科技对生产力的推动作用。通过对个人现实生产活动的考察，马克思和恩格斯认为各个人生命的表现方式、生产方式与他们的生产活动相一致，也就是与他们使用什么生产工具进行生产相一致，这便突出了生产工具要素在个人发展、社会生产力发展中的作用。作为自然科学物化形态的机器在生产中的应用，日益推动个人的生产方式、生活方式、生命表现方式发生变革。机器的应用使劳动者大量聚集，扩大了以往家庭生产的简单性别分工，打破了单个人、民族、地域的原始封闭状态，扩大了单个人、民族、地域的彼此交往，为普遍交往的形成提供了现实的条件，从而促进了各个民族、各个地域的社会生产力发展。正如马克思和恩格斯所言："一个民族的生产力发展的水平，最明显地表现于该民族分工的发展程度"②，而分工的每一次扩大都是生产工具革新或新工具发明的结果。

同时，马克思和恩格斯进一步强调自然科学的技术化或工业生产可以推动社会形态的变革。马克思和恩格斯以社会分工与技术应用为衡量标准，考察了包括部落所有制在内的几种所有制的发展进程，认为社会分工与生产工具的变革在所有制形式的演进过程中发挥了重要作用。诚如他们所言，人类历史并不是"始终如一的东西，而是工业和社会状况的产物，是历史的产物，是世世代代活动的结果，其中每一代都立足于前一代所奠定的基础上，继续发展前一代的工业和交往，并随着需要的改变而改变他们的社会制度"③。因而，人类历史发展阶段的更替始终同工业的发展和"交换的历史"

---

① 《马克思恩格斯文集》第1卷，人民出版社，2009，第501页。
② 《马克思恩格斯文集》第1卷，人民出版社，2009，第520页。
③ 《马克思恩格斯文集》第1卷，人民出版社，2009，第528页。

相联系。马克思和恩格斯进而认为，自然科学的技术化构成了资本主义通向共产主义社会、实现人的解放的现实路径。解放是一种现实的历史活动，而不是头脑思辨的产物，因而，只有在科技推动社会生产力极大发展、充分满足人们的吃穿住行需求后，人们才能摆脱外在的束缚，进而实现真正的自由解放。从以上论述中我们可以看出，在《德意志意识形态》中，马克思和恩格斯虽然没有明确使用科技的字眼，但是他们大量论述的分工、社会交往、工业生产皆是科技作用于社会生活方方面面的产物。

另一方面，生产工具的革新、生产方式的变革、社会分工的细化在推动普遍交往与提高社会生产力的过程中，也伴生了人的异化。分工的日益扩大使精神活动和物质活动、享受和劳动、生产和消费彼此发生矛盾，并加剧了社会分配的不平等，遂引发了单个人的特殊利益与普遍的共同利益的矛盾，这种矛盾使特殊利益与共同利益处于一种"虚幻的共同体"中，而"虚幻的共同体"又是建立在大规模分工基础上的，一个阶级支配其他一切阶级、支配他人劳动得以实现。所以马克思和恩格斯认为这种虚假的共同利益对工人来说是一种压迫性的异己力量，工人不仅无法摆脱这种异己的力量，而且必须始终在这种异己的力量下活动。在此基础上，马克思和恩格斯进一步认为自然形成的社会分工使工人丧失了全面发展的机会，即"只要分工还不是出于自愿，而是自然形成的"①，那么这种分工对工人来说就是一种压迫着他的、同他相对立的异己力量。所以，在这样的分工下，任何人都无法超出这个自然形成的、特殊的活动范围。由于失去了所有生计来源的工人不得不强迫自身继续屈从于这种异己的分工，他们便无法打破阶级地位与职业活动的固化，也就因无法驾驭成倍增长的生产力而丧失实现自由全面发展的机会。可以说，马克思和恩格斯正是以分工对工人的奴役阐述了科技的异化效应。

综上所述，这一时期马克思和恩格斯通过对机器发展史的追溯和机器在资本主义工业生产实践中应用的考察，对科技的生产力推动作用与异化效应形成了初步认知。虽然在该阶段马克思和恩格斯在理论研究方面很少直接聚

① 《马克思恩格斯文集》第 1 卷，人民出版社，2009，第 537 页。

焦于科技，而更多的是考察异化劳动、劳动者的现实生存境遇、分工等，但其中始终蕴含着对科技的观照。这不仅为他们科技生产力观的进一步演进确立了基本的理论路径，也为马克思和恩格斯进一步深化对科技的认识奠定了基础。

（二）对科技异化的深入分析与提出"生产力中也包括科学"

随着机器大工业日渐成为占主导地位的生产方式，马克思和恩格斯在对科学技术二重性初步认知的基础上，又大量学习了工艺史与科学史的相关著作，并结合科技在工业生产中产生的实际效应，对科技的异化效应和生产力促动效应的认识无论在深度上和广度上都较之前有了极大的进步，并明确提出"生产力中也包括科学"① 的重要论断，高度肯定了科技的生产力性质。这一认识的深化过程主要体现在《哲学的贫困》《雇佣劳动与资本》《共产党宣言》《政治经济学批判（1857—1858 年手稿）》之中。

首先，在 1847 年，马克思撰写并出版了《哲学的贫困》。在该著作中，马克思通过对法国政论家蒲鲁东（Pierre-Joseph Proudhon）极其荒谬的唯心史观和形而上学方法论的批判，进一步阐述了唯物史观，并通过对分工与机器的进一步考察，再一次肯定了科技对社会生产力发展的推动作用，进而明确了科技的生产力性质；同时，透过工人在分工与机器宰治下的悲惨境遇，也进一步阐述了科技的异化效应，并指出了科技异化的根源。

一方面，马克思通过批判蒲鲁东对分工与机器的荒谬认知，肯定了科学技术的物化形态即机器对生产力的推动作用。在分工与机器这一章，蒲鲁东认为分工是贫困的根源，而机器的使用作为多种操作的集合，使被分化的劳动者重新复原，因而构成了分工的否定。马克思通过对分工与机器关系的考察，无情地批判了蒲鲁东关于分工与机器关系认识的颠倒性、荒谬性。马克思认为机器不仅不是分工的否定，而且构成了分工扩大的必要条件。因为，机器只是各种生产工具的组合，而不是劳动者各种生产活动的组合；同时，

---

① 《马克思恩格斯文集》第 8 卷，人民出版社，2009，第 188 页。

分工随着机器的发展而扩大，机械性劳动资料的每一次发展都进一步扩大了社会分工。所以，在马克思看来，"机器只是一种生产力"①，机器的革新决定了劳动的组织形式与划分方式。在此基础上，马克思进一步认为机器的发明与革新推动了产业部门的分化与细化，从而扩大了世界市场。机器的发明不仅推动了工业生产与农业生产的分离，也打破了生产的地域界限，形成了国际产业链、供应链。诚如马克思所言："由于机器和蒸汽的应用，分工的规模已使脱离了本国基地的大工业完全依赖于世界市场、国际交换和国际分工。"② 由此可见，相比第一阶段马克思对科技生产力的理解，此时马克思对科技生产力的认识大大前进了一步，完成了从科技对生产力具有推动作用到明确肯定科技就是生产力这一认识上的转变。

另一方面，马克思沿用以往的理论路径，以工人的生存境遇为参照阐述了科技的异化效应。英国经济学家尤尔认为，机器的目的在于培养工人对资本的服从性，马克思进而认为资本家采用机器的根本目的是镇压工人的反抗破坏运动，并减少因工人反抗而造成的损失。马克思发现，自 1825 年以来，一切新机器的发明与技术改进大都是工人罢工的结果。在工人每一次罢工之后，社会上都会出现各式各样的新机器。在资本与自动机器体系的结合下，对机器进行一切改进的目的都是取消人的劳动。这样一来，工人全部的工作内容仅仅是监督机器的运转，只涉及注意力的使用，因而造成了人的简单化。正如马克思所认为的那样，机器的资本主义应用进一步扩大了社会分工，代替了工人的部分劳动，从而在一定程度上简化了工人的职能，"使人进一步被分割"③。但是与以往认为的分工造成人的简单化不同的是，在这里，马克思对分工采取了一种更加辩证的态度。他认为在自动的机器体系下，工人摆脱固定不变的工序不仅成为可能，而且可以在监管多台机器的过程中学会多种业务并开阔自身的眼界。可以说，此时马克思对科技异化效应的认识比过去更加深入和科学了。

---

① 《马克思恩格斯文集》第 1 卷，人民出版社，2009，第 622 页。
② 《马克思恩格斯文集》第 1 卷，人民出版社，2009，第 627 页。
③ 《马克思恩格斯文集》第 1 卷，人民出版社，2009，第 628 页。

其次，《雇佣劳动与资本》是马克思根据 1847 年 12 月的演讲而完成的一篇短文。在该文中，马克思通过对工资问题的分析，揭露了资本家对工人的剥削和剩余价值的来源，并以此深化了对科技的生产力性质与异化效应的认识。

一方面，资本家之间的竞争扩大和细化了社会分工，并极大地促进了机器的改进与应用。马克思在讨论资本增长对工资的影响问题时，重点分析了科技的生产力性质。马克思认为，随着资本的发展，资本家之间的竞争也愈发激烈，所以，资本家只有不断地降低生产成本，才能在激烈的竞争中占据优势。而资本家降低生产成本的办法只能是细化社会分工、改进生产方法以及在生产中采用更为先进的机器。因而，哪个资本家能率先实现生产工序的精细化、率先在生产中使用更为先进的技术与机器、率先提高工艺水平以及在更大的规模和更高的效率上实现对自然力的利用，该资本家便能比其竞争者更迅速地缩减生产费用，提高劳动生产率和产量，有可能更廉价地卖出商品而没有丝毫损失，从而占据更大的销售市场。当其他竞争者发现他取胜的奥秘时，他们便会采用同样的机器，并在更大的规模上使用机器和细化社会分工，这样便加剧了资本家之间关于分工与机器的竞争，并大大刺激了机器的革新与应用。这样一来，分工必然引起进一步分工，机器生产必然进一步促进机器的采用，劳动必然进一步扩大劳动的规模，不允许分工与机器有片刻的停息。所以，分工将会不断细化，机器在生产中的应用程度也会不断扩大。正是基于此，马克思更加肯定了科学技术的生产力性质。

另一方面，资本家之间关于分工与机器的激烈角逐，既加剧了工人身体的耗费和片面化，也使工人日益被淘汰而变得过剩。从分工来看，资本家之间的竞争使分工不断细化，这样一来，工人的活动范围越来越局限于某一细小工序，工作内容越来越简化，以致具有熟练技能和较高技艺的工人被四面八方的普通竞争者所排挤，竞争越是激烈，工资也就越是降低。工人如果想维持原来的工资水平和缓解生存压力，就必须付出更多的劳动或提高单位时间内的劳动生产率，工人越是拼命劳动，工资越是降低，他们就越是贫困，自身的处境越是恶化，以致劳动成为一种不堪忍受的令人生厌的力量。从机器来看，由于机器的不断革新与全面应用，机器体系愈益成熟，工资再度降低，大量的成年工人被童工所取代，成为生产过剩者。在生存的压力下，"伸出来乞求工作的手就像森林似的越来越稠密，而这些手本身则越来越消瘦。"① 如果工人不愿意领取极其微薄的工资，那结果便是整个家庭的毁灭；反之，他们只能"摇尾乞怜"，在这种异己的力量宰治下不断提高自身的劳动强度。总之，分工越是细化，应用机器的规模越是扩大，工人之间的竞争就越是残酷，他们的生存处境就越悲惨。

再次，在1848年，马克思和恩格斯完成了《共产党宣言》的写作。在这篇纲领性文献中，他们以资产阶级对社会生产力的作用为衡量标准，科学评价了资产阶级的历史作用。在这里，虽然马克思和恩格斯并未明确使用科技的字眼，但是他们却以机器、大工业、世界市场等概念表达了资产阶级对社会生产方式和交往方式变革的推动作用，从而以此对科技的生产力性质与异化效应进行了深度考察。

一方面，马克思和恩格斯以资产阶级对生产方式与交往方式的革命性变革为参照，高度肯定了科技的生产力性质。蒸汽机的使用催生了工业革命，且大大促进了商业、水陆交通的发展，新兴资产阶级伴随着这一发展过程逐步登上历史的舞台。马克思和恩格斯在谈及资产阶级革命性的历史作用时曾指出：资产阶级打破了一切封建羁绊；"资产阶级在它的不到一百年的阶级统治中所创造的生产力，比过去一切世代创造的全部生产力还要多，还要大"②。由于这种革命性的历史作用是通过科技得以实现的，所以马克思和恩格斯认为"资产阶级除非对生产工具，从而对生产关系，从而对全部社会关系不断地进行革命，否则就不能生存下去"③。正是在生产的不断变革、社会的不安定和变动中，一切生产工具得以迅速改进、交通工具得以不断革新，从而使一切国家的生产和消费由有限的地域性存在发展为全球的脱域性存在，把一切民族都卷到文明中来了。由此可见，马克思和恩格斯正是通过对资产阶级充满革命意义的历史作用的阐述，高度赞赏了科技对生产力发展的推动作用。

---

① 《马克思恩格斯文集》第1卷，人民出版社，2009，第741页。
② 《马克思恩格斯文集》第2卷，人民出版社，2009，第36页。
③ 《马克思恩格斯文集》第2卷，人民出版社，2009，第34页。

另一方面，马克思和恩格斯也深度考察了机器和分工推广所带来的异化效应。马克思和恩格斯认为，由于机器和分工的推广，工人的技艺失去了任何吸引力，他们作为机器的附属物就像士兵一样时时刻刻都受到机器的奴役。机器越是推广、分工越是细化，工人的劳动量就越是增加，工人得到的生活必需品也就越少，且越发受到分工与机器的奴役；同时，与以往马克思和恩格斯对科技异化效应的认识不同的是，在这里他们将这种异化效应扩展至社会生活的方方面面。科技的工具理性使资产阶级有绝对的力量将人与人之间的关系单一化、职业差别庸俗化、家庭关系物质化，为资产阶级公开的、无耻的、露骨的剥削提供了强有力的支持。可以说，这个时候马克思和恩格斯对科技异化效应的认识进一步加深，同时也更为深刻了。

最后，马克思撰写了一部研究经济学的手稿，即《政治经济学批判（1857—1858 年手稿）》。在这部手稿中，马克思通过对资本的深入分析进一步深化了对科技异化效应的认识。同时，马克思以社会生产力的发展为标准阐述了关于人类历史三大社会形态的基本判断，并高度赞赏了机器体系的发展及其应用的重大意义，肯定了科技在生产力发展中的重要地位，提出了"生产力中也包括科学"[①] 的重要论断。

一方面，马克思通过对固定资本的最佳存在形态——自动机器体系的深入考察，大大深化了对科技异化效应的认识，主要表现在以下三个方面。

其一，马克思认为机器体系的采用加速了劳动的客观条件与劳动的主观条件同工人的分离。同马克思在《1844 年经济学哲学手稿》中认为异化劳动剥夺了工人的生产资料与生活资料相比，在这里马克思进一步将生产资料与生活资料分为劳动的客观条件（材料和工具）和劳动的主观条件（生活必需品）两大类，并认为自动机器体系的全面采用，从根本上剥夺了工人劳动的客观条件与劳动的主观条件。在自动机器体系的催化效应下，被剥夺的劳动的主客观条件作为资本的要素，并且作为工人生命的前提、结果同丧失了劳动条件的、绝对贫穷的工人相对立。这样一来，已经资本化了的

---

① 《马克思恩格斯文集》第 8 卷，人民出版社，2009，第 188 页。

劳动的主客观条件愈加作为与工人相对立的那个人的材料和工具成为压迫工人的异己力量，工人只是作为生产材料和生产工具的附属品而存在。正是基于此，马克思指出："对象化竟如此表现为对象的丧失，以致工人被剥夺了最必要的对象——不仅是生活的必要对象，而且是劳动的必要对象。甚至连劳动本身也成为工人只有通过最大的努力和极不规则的间歇才能加以占有的对象"①。

其二，固定资本的最适当形式——自动机器体系的全面应用，既使工人日益变得抽象与过剩，沦为机器零件般的存在，又大大延长了剩余劳动时间，加剧了工人身体的耗费。资本的必然趋势是最大限度地提高劳动生产力和缩减社会必要劳动，而自动机器体系助推这一趋势。在自动机器体系下，科学通过机器构造驱动无生命的机器运转代替了工人大量的手工操作，单个工人的手工技艺所创造的生产力作为无限小的力量趋于消失。工人劳动仅仅限于单纯的抽象活动，工作的内容仅仅是监管自动机器体系的运转，作为自动机器体系有意识的单纯的活的机件分布在机器体系的各个点上，构成了机器持续运转的手段和资本价值增值的一个环节。自动机器体系作为与工人相异的强大机体，所造就的大规模生产，一面是大大缩短了社会必要劳动时间，使"劳动时间——单纯的劳动量"②作为创造使用价值的决定要素一定程度上失去了作用，"直接劳动本身不再是生产的基础"③。这样一来，大量工人因不再符合资本增殖的需要而日益成为过剩人口；另一面是自动机器体系的全面应用大大提高了劳动生产力，从而极大地提高了剩余劳动时间相对于必要劳动时间的比例，使工人的价值大大降低、资本家的利润大大增加了，从而"它采用技艺和科学的一切手段，来增加群众的剩余劳动时间"④，"'好像害了相思病'似地吞噬活劳动"⑤。因此，在最发达的自动机器体系

① 《马克思恩格斯文集》第1卷，人民出版社，2009，第157页。
② 《马克思恩格斯文集》第8卷，人民出版社，2009，第188页。
③ 《马克思恩格斯文集》第8卷，人民出版社，2009，第200页。
④ 《马克思恩格斯文集》第8卷，人民出版社，2009，第199页。
⑤ 《马克思恩格斯文集》第8卷，人民出版社，2009，第195页。

下，工人的劳动时间非但没有缩短，反而比使用最简单的生产工具进行生产时的劳动时间还要长，由此加剧了工人反对机器体系的斗争。

其三，自动机器体系虽然极大地提高了剩余劳动时间相对于必要劳动时间的比例，却为人的解放创造了条件。与以往马克思认为科技的应用绝对延长工人的剩余劳动时间不同的是，在这里马克思对剩余劳动时间的认识更为深入和科学。马克思认为，资本的趋势始终是最大限度地缩减生产的社会必要劳动，延长剩余劳动，从而实现剩余价值榨取的最大化。而自动机器体系的全面应用使资本的必然趋势出现了两个不可调和的矛盾，即工人活劳动的经常性过剩与经常性不足、剩余劳动时间的绝对延长与大量自由支配时间的创造。马克思认为这两个矛盾越是发展，资本也就越是与自身价值增殖的意志相背离，成了为劳动者创造闲暇时间的有力工具，从而为所有人的全面发展和社会生产力的充分发展创造条件。于是社会生产力发展便以工人对自身剩余劳动的支配为前提，从而大量可支配的自由劳动时间实现了向工人的复归，成为财富的尺度。与此相适应，由于自由时间成为归属于工人的存在物，工人将在艺术、科学等方面得到发展。

另一方面，马克思以固定资本作为衡量社会生产力的标准，高度肯定了自动机器体系的生产力性质。马克思从考察资本的存在形态入手，认为资本主要由劳动材料、劳动资料和活劳动构成，并详细考察了在资本的形式规定发展中各要素发挥具体作用的差异，认为劳动资料的最后形态是作为固定资本的自动机器体系。自动机器体系凭借强大的机器器官和智能器官，直接"以生产力本身的形式出现"[1]，使工人以直接技巧所造就的社会生产力作为无限小的力量而趋于消失。所以，当生产过程不是取决于工人的劳动技能，而是取决于"科学在工艺上的应用的时候"[2]，科学知识和技能、"社会智力的一般生产力"[3] 就越是作为固定资本的要素进入生产过程。因而马克思认为，直接劳动所造就的生产力和源于自然的一般生产力同科学劳动、同自然

---

① 《马克思恩格斯文集》第 8 卷，人民出版社，2009，第 186 页。
② 《马克思恩格斯文集》第 8 卷，人民出版社，2009，第 188 页。
③ 《马克思恩格斯文集》第 8 卷，人民出版社，2009，第 187 页。

科学在工艺上的应用相比，都是一种从属的要素。这表明马克思高度肯定自动机器体系全面应用所带来的生产力意义。随着对自动机器体系的进一步考察，马克思认为科技进步取代了"直接劳动时间的量"① 而成为财富生产的决定性因素，即在自动机器体系下，现实财富的生产很少取决于生产中所耗费的时间和劳动量，更多的是"取决于这种科学在生产上的应用。"② 在此基础上，马克思进一步认为，从固定资本的发展来看，科学已经在相当大的程度上变成了直接的生产力，从而现实地改造着社会生产、生活过程。从这里我们可以看出，马克思实现了从科技作为生产力要素向科技就是直接生产力这一认识上的飞跃。

此外，自动机器体系的应用大大缩减了必要劳动时间，增加了自由劳动时间。马克思将必要劳动时间的缩减视为劳动时间的节约，认为这种节约就是生产力的发展。从直接的生产过程来看，劳动时间的节约过程就是固定资本的生产过程。"这个直接生产过程同时就是训练，而对于头脑里具有积累起来的社会知识的成年人来说，这个过程就是［知识的］运用，实验科学，有物质创造力的和对象化中的科学。"③ 这样，这种训练过程作为工人全面发展的条件所造就的巨大生产力反过来作用于劳动生产力，为劳动生产力的再次提高奠定了基础。因此，科技成为对生产过程具有决定性作用的要素，成为直接的生产力。

综上所述，这一时期马克思和恩格斯在承继上一阶段的基本原则与理论路径的基础上，进一步考察了产业技术、工艺技术对现实生产过程的影响，无论是对科技的异化效应还是生产力促动效应的分析，相比前一时期都大大深化了，对科技的认识也更为科学；同时，也更为深刻地认识到科技异化的根源并非在于科学技术的使用，而在于资本主义私有制的贪婪本性，这就为他们后来对科技整体效应的全面考察与科技生产力观的系统概括奠定了深厚的基础。

---

① 《马克思恩格斯文集》第 8 卷，人民出版社，2009，第 195 页。
② 《马克思恩格斯文集》第 8 卷，人民出版社，2009，第 196 页。
③ 《马克思恩格斯文集》第 8 卷，人民出版社，2009，第 204 页。

（三）对科技整体效应的全面考察与科技生产力观的系统概括

以《机器。自然力和科学的应用（蒸汽、电、机械的和化学的因素）》与《资本论》为代表，马克思和恩格斯科技生产力观的演进进入第三个阶段，这是他们对科技的整体效应全面系统阐述的阶段，标志着他们对自然科学技术的全面认识和科技生产力观的成熟。在这一阶段，马克思和恩格斯从政治经济学的角度对资本增殖的技术机制进行了全面系统的考察，从而对自然科技的认知更加本质化、系统化、科学化，展现了他们科技生产力观的最高成就。

一方面，1863 年至 1865 年，马克思完成了《资本论》三部手稿的写作。在第二部手稿即《政治经济学批判（1861—1863 年手稿）》中，马克思全面系统地阐述了机器、自然力和科学的应用对资本主义社会生产与社会关系的重大影响，从而实现了对科技整体效应的全面考察与科技生产力观的系统概括，主要体现在以下几个方面。

其一，科技在资本主义生产中的大规模应用，极大地延长了工人的剩余劳动时间，为资本家创造了巨额的剩余价值。在《机器。自然力和科学的应用（蒸汽、电、机械的和化学的因素）》这一章的开篇，马克思便援引英国哲学家约翰·斯图亚特·穆勒的质疑：已有的机械性劳动资料是否减轻了工人的辛劳？对此，马克思一针见血地指出，使用机器绝非是为了减轻工人的辛劳。相反，一般来说，使用机器是为了缩短商品生产的社会必要劳动时间，降低工人再生产生活资料的价值，延长无酬的剩余劳动时间。资本家使用机器的基本原则就是以机器的简单劳动代替工人手工的复杂操作，从而最大限度地将工人的必要劳动时间缩短到最低限度和维持劳动力基本生存需要的水平。在这里，马克思专门考察了单个资本家率先使用新机器的情况。当单个资本家率先使用新机器提高劳动生产率、缩短某个商品生产的社会必要劳动时间后，这时虽然该商品的价值低于其社会价值，但资本家出售的价格仍然高于其生产所耗费的劳动时间。这样一来，便造成了资本家通过哄抬商品出售价格而获得剩余价值的假象。实际上，马克思认为这不过是在机器的作用下，该商品的生产获得了与同一生产部门平均劳动不同的特殊生产力，仍然是资本家榨取工人剩余价值的结果，仍然受"剩余价值=剩余劳动这个一般规律的支配"①，因而马克思得出结论，机器劳动产生的剩余价值，其根源并不在于"机器所代替的劳动能力，而是来源于机器使用的劳动能力"②，即强调剩余价值来源于机器对工人剩余劳动时间的绝对延长。

在此基础上，马克思进一步指出，由于机器生产相比于工人的手工操作更具稳定性、连续性，机器便成为资本家压制工人反抗的有力工具。因此，尤尔将机器视为恢复资本统治秩序、资本统治纪律的伟大创造。机器作为更为熟练的更为稳定的劳动力量取代了工人在生产中占支配地位的技能，资本家用童工和女工代替了成年男性工人，改变了工厂的性质，既使工人成为更为驯服的异化力量，又延长了工作日的自然时长。资本家为了在短期内收回在固定资本上的投入以及防止交换价值的损失，从而榨取更多的剩余价值，一面是不断地推动机器的改良与革新，提高机器的运转速度；另一面是不断压缩劳动的空隙，浓缩劳动时间，使工人在劳动时间内完成更多的劳动。只有这样，少量的工人才能创造出更多的剩余价值，工人维持自身再生产的生活必需品的价值大大降低，资本家就此实现资本剥削的最大化。基于此，马克思认为剩余价值的来源不在于机器代替的工人劳动，而在于机器所使用的劳动，即一方面来自资本家对每一个工人加大剥削力度；另一方面来自减少被剥削的工人数量。由于机器代替了大量人工劳动，因而机器的使用始终存在着提高对工人的剥削程度与减少被剥削工人人数的对抗性趋势，这一趋势的结果就是工人剩余劳动时间的绝对增加。所以，机器与科学的使用，并未减轻劳动者的辛劳，却绝对地延长了工人的剩余劳动时间，增强了工人劳动的连续性，使工人的神经和体力更加紧张，加剧了工人肉体与精神的双重耗费。

其二，马克思通过对机器及其动力发展史的追溯，高度肯定了科技对工业生产的革命性作用，认为科技就是直接的生产力。马克思认为，手工业中

---

① 《马克思恩格斯文集》第 8 卷，人民出版社，2009，第 278 页。
② 《马克思恩格斯文集》第 8 卷，人民出版社，2009，第 287 页。

最初的简单劳动工具构成了机器的物质前提。这些简单劳动工具的组合和它们使用者的聚集，日益推动同加工材料直接接触的那一部分工具的变革，催生了最初以人力为基本动力的简易机器，而后经过畜力、自然力、机械力的动力革命，便逐渐形成了取代人力的大工业机器体系。机器以连续的稳定的机械劳动取代大量人工劳动，极大地提高了社会劳动生产率，推动社会劳动生产力以几何级数增长。随着机器的革新与发明，相比于手工业以简单的分工为基础的工具所造就的生产力，如今少量的劳动工人在单位劳动时间内可以生产出更多的使用价值，即一名工人可以代替过去数十名工人，从而社会生产力更高了。正如马克思所言："由于使用机器，劳动资料具有巨大的价值量，而且表现为庞大的使用价值，劳动过程和价值增殖过程之间的上述差别日益增大"[1]，机器成为推动生产力发展的一个重要因素。这表明马克思高度肯定了机器的生产力性质，并且机器作为直接的生产力日益作用于工业生产实践，成为对社会生产力发展具有决定性作用的要素。

其三，机器推动生产方式和生产关系发生了革命性的变革。在《机器。自然力和科学的应用（蒸汽、电、机械的和化学的因素）》中，马克思对此进行了系统的阐述与概括。首先，从生产方式来看，以机器使用为基础的机械工厂引起了生产方式的革命性变革。马克思指出，简单协作是以分工为基础的工场手工业的重要原则，在其中表现为简单的倍数原则，即不同的工人从事不同的工序。诚然机器生产最初也必须以简单协作为前提，而且这构成了机器劳动的重要因素，因为机械工厂是由充分实行分工原则的手工工场发展而来的。随着机器脱离其"幼年"阶段，机器便废除、消灭了工场手工业最重要的原则——简单协作，因为机器必须不断地以简单劳动代替熟练劳动，以榨取更多的剩余价值。正如马克思所说，机器生产，"是使与单独个人的劳动不同的社会劳动的生产力发挥作用"[2]。因此，机器的简单协作不同于传统的简单协作，它是一种"制造出来的生产力"[3]；同时，劳动方式也

---

[1] 《马克思恩格斯文集》第 8 卷，人民出版社，2009，第 284 页。
[2] 《马克思恩格斯文集》第 8 卷，人民出版社，2009，第 279 页。
[3] 《马克思恩格斯文集》第 8 卷，人民出版社，2009，第 280 页。

发生了根本性的变革，工人的肌肉力被转移到机器上去，工人沦为机器运转的辅助性要素。以前要用工人的手作中介来完成的操作与工人的体力、技巧再也没有任何关系了，大量工人被排挤出自己的工作岗位成为经常性的过剩人口。其次，从劳动资料来看，生产方式与生产关系的变革表现在劳动资料方面发生的特有的革命。机器劳动更大的连续性为拓展劳动资料种类提供了现实的条件。马克思指出，18 世纪的手工织布工人经常因无法获得原料而发生长时间的停工，因而使大量工人陷于贫困，而机器的发明与改进为他们提供了丰富的劳动材料，使市场供应充足，为他们连续生产更多的产品提供了技术保障。更何况，市场需求的扩大、竞争的加剧，迫切需要更高级的劳动材料，这种高级材料的生产需要大量的工人且生产效率低，以致市场供应常常不足，并且资本家需要为此付出大量的工资，而该问题的解决同样得益于相关机器的发明。另外，马克思指出机器的发明与革新也为大量利用废料、满足市场对廉价商品的需要提供了可能。大量废料的利用使其很容易成为农业以及其他部门的交易品，从而"增加了特殊生产部门和独立生产领域的数量"①。最后，机器推动社会生产力加速发展，促使产业结构不断升级。马克思认为，资本主义社会生产力飞速发展的根本原因就在于机器推动了社会产业结构的升级与拓展。所以，机器在生产中的大量应用，不仅推动了生产方式的变革，也推动了生产关系的变革。正是在这个意义上，马克思指出："资本主义生产方式所特有的工业革命，正是起源于同加工的材料直接接触的那一部分工具的变革。"② 所以，"一旦生产力发生了革命——这一革命表现在工艺技术方面——，生产关系也就会发生革命"③。

总的来说，在《机器。自然力和科学的应用（蒸汽、电、机械的和化学的因素）》中，马克思以机器为对象对科技的整体效应进行了全面的考察，并对科技生产力观进行了系统的概括。也正是由于科技充当了资本家榨取剩余价值的有力工具，所以自然科学因素第一次在相当大的程度上被资本家有意识地

---

① 《马克思恩格斯文集》第 8 卷，人民出版社，2009，第 279 页。
② 《马克思恩格斯文集》第 8 卷，人民出版社，2009，第 329 页。
③ 《马克思恩格斯文集》第 8 卷，人民出版社，2009，第 341 页。

加以发展和利用，并应用于生产生活中，从而成为自身发财致富的有效手段。

另一方面，在《资本论》中，马克思通过对资本的分析考察，科学剖析了资本主义提高社会劳动生产力的诸种方式，同时也深入分析了资本主义生产方式最佳的技术基础——机器大工业，对科学技术及其物化形态的整体效应进行了全面系统的阐述与概括，主要表现在以下几个方面。

其一，在《资本论》第一卷第四篇的第十二章"分工和工场手工业"中，马克思以劳动工具对分工与工场手工业发展的影响，阐述了工场手工业的技术机制、技术规律。通过对手工业的考察，马克思认为，无论是在同一资本家指挥下依次经由不同工人之手而形成制品的工场手工业，还是在同一资本家指挥下工人只完成产品局部操作而靠机械装配成制品的工厂手工业，它们皆建立在以工具使用为基础的分工协作之上。无论这种分工协作的复杂程度如何，它们都取决于每一名工人的技艺水平以及使用劳动工具的熟练程度，因而这种"狭隘"的技术基础无法使生产过程实现真正科学的分解。所以，分工和工场手工业的发展水平不仅与劳动者的技艺水平有关，更与怎样生产有关，即取决于使用何种工具生产、生产工具达到了怎样的完善程度。资本家为了最大限度地减少工人因生产过程中位置的更换而造成的损失，即因劳动流程的中断和工作日空隙而带来的损失，促使手工业者的生产劳动日益局部化、特殊化，使生产过程的每一局部操作在工人那里取得了专门的形式，因而过去适用于整个生产过程的生产工具必然要发生相应的改变。正是根据原有生产工具使用造成的实际困难与推动工具变革的强烈需求，生产工具得以简化、多样化，不仅在一定程度上提高了工人的生产效率，也加速了生产资料向资本的转化。在马克思看来，"这是由工场手工业的技术性质产生的一个规律"①。

其二，马克思对资本主义生产的技术机制、技术规律的异化效应进行了全面的概括。从分工和工场手工业来看，资本主义生产的技术规律使劳动者的局部化、片面化达到了顶点。由于资本主义工场手工业的技术规律是使劳

---

① 《马克思恩格斯文集》第 5 卷，人民出版社，2009，第 416 页。

动者从事商品生产的局部特殊操作，并使其固定化为局部工人的专门职能，这样一来，手工业者的工作内容只是从事商品生产的某一局部操作。这丝毫无益于工人的全面发展，而生产工具的改进、社会分工的扩大，并没有改变手工业者这种局部操作，反而将这种局部化、片面化的特殊操作推向了极端，使之成为工人的终身职业。正如马克思指出的那样："手工业非独立化和片面化到了这种程度，以致它们在同一个商品的生产过程中成为只是互相补充的局部操作……每一种操作成为一个特殊工人的专门职能。"①

在此基础上，马克思又提出了"总体工人"概念，即处于同一资本家指挥下的同种手工业者所具有的一定质和量的比例组合。"总体工人"的成员共同作用于生产过程，是资本家在工场手工业技术规律下提高社会生产力的一种有效手段，因而被资本家有意地按照质的划分和量的比例加以组合，并在此比例上成倍数增长。虽然"总体工人"的协作方式提高了社会劳动生产力，但是"总体工人"的组织方式也以自身特有的分工协作从生命的根源上侵袭着工人。从"总体工人"的成员构成来看，既包括大量的体力劳动者，也包括少量的脑力劳动者，如科学研究者、管理者等，这些都作为资本的力量同工人相对立，知识不是工人用于提高自身生产能力的手段，而是一种能同劳动分离并同它相对立的工具；从"总体工人"的组织方式即分工协作来看，它固定化的局部操作"把工人变成畸形物，它压抑工人的多种多样的生产志趣和生产才能，人为地培植工人片面的技巧"②。因此，"总体工人"的组织方式所造就的巨大生产力，是以牺牲工人个人的生产力为代价的。

从机器和大工业来看，马克思认为机器的资本主义应用和资本主义机器大工业的发展对人造成了骇人听闻的摧残。如前所述，在《资本论》中，马克思沿用以往的理论分析，认为机器的资本主义应用与机器大工业的建立绝对地延长了工作日的长度，资本家实现了对绝对剩余价值的榨取；同时，在工人与机器的斗争日益严峻的情况下，马克思认为机器的资本主义应用使剩

---

① 《马克思恩格斯文集》第 5 卷，人民出版社，2009，第 392 页。
② 《马克思恩格斯文集》第 5 卷，人民出版社，2009，第 417 页。

余价值的生产愈益隐蔽化。在总工作日长度与科技发展水平不变的条件下，机器的资本主义应用大大地改变了工作日中必要劳动与剩余劳动的比例，并且随着科技水平的进步与机器的改进，剩余劳动所占比重不断增大，从而使资本家实现了对相对剩余价值的榨取，而自动机器体系生产的稳定性、连续性及其所造就的巨大社会生产力，必将取代工人的作用而成为居于主导地位的生产方式，从而不断排挤成年工人，造成大量可供资本剥削的产业后备军。正如马克思所说，在机器劳动面前，工人的劳动技能"作为微不足道的附属品而消失了；科学……同机器体系一道构成'主人'的权力"[①]。在此基础上，马克思通过对工人在资本主义机器大工业体系下生存处境的深度考察，强有力地驳斥了阶级经济学家关于机器排挤工人同样也会补偿工人的荒谬观点。相反，马克思认为，机器的资本主义应用和机器大工业体系的发展，非但没有减轻工人的辛苦，反而将对工人（妇女、少年、儿童）肉体与精神的耗费强度提高到了骇人听闻的程度。大量失业工人从生活资料中游离出来后，在生存的压力下，不得不到人员大量充斥和工资微薄的劳动部门谋求生路，以致工人彼此间的竞争更加残酷。马克思着重阐述了在机器大工业体系下，现代家庭劳动对工人的剥削与摧残建立在怎样的道德败坏基础上（关于这一点，将在本书第四章详细论述）。

从机器大工业在农业中的应用来看，机器大工业的排挤本性在造成工人过剩方面发挥了更为突出的推动作用，吞噬了大量的农业人口。马克思认为，同城市手工业工人的密集相反，由于农业人口的分散，机器大工业在农业中的使用造成人口过剩后并未遇到什么阻力，同时，机器大工业在消灭农民并使其转变为雇佣工人的过程中，发挥了"最革命的作用"[②]。因此，"在农业中，像在工场手工业中一样，生产过程的资本主义转化同时表现为生产者的殉难史"[③]。正是基于此，马克思认为，机器大工业在农业中的应用，是以对人的掠夺与破坏为代价的。

---

① 《马克思恩格斯文集》第 5 卷，人民出版社，2009，第 487 页。
② 《马克思恩格斯文集》第 5 卷，人民出版社，2009，第 578 页。
③ 《马克思恩格斯文集》第 5 卷，人民出版社，2009，第 579 页。

尽管机器的发明及其资本主义应用带来了一系列异化问题，但是马克思并未就此反对机器的使用。他认为，机器应用于生产过程以来所产生的矛盾和对抗并不是由机器本身产生的，并断定"机器本身对于工人从生活资料中'游离'出来是没有责任的"①，问题的根源完全在于机器的资本主义应用。在马克思看来，机器的发明是人类本质力量的确证，是人类智慧的产物，机器本身可以缩短商品的生产时间，机器劳动可以减轻工人的负担，也可以给人类带来财富，但是机器的资本主义应用却大大延长了工人的劳动时间，加重了工人的负担，使工人变成一无所有的贫困者。这表明，马克思一方面高度肯定了机器的正效应，另一方面明确批判了机器的资本主义应用造成的诸多恶果，从而从根本上驳斥了资产阶级经济学家关于机器的资本主义应用对工人有利的荒谬观点。

其三，科技影响了固定资本与可变资本的比例构成，从而决定了某一生产部门工人的数量。马克思认为，机器的数量在某一生产部门的扩大，必然增加该部门生产资料的需求，也相应地增加该部门供应生产资料的工人人数。在假定工作日长度与劳动强度不变的条件下，工人人数增加的幅度就取决于固定资本与可变资本的比例，而这个比例在很大程度上又随着机器在该生产部门所占比重的变化而变化。所以，随着科技的进步、机器的革新，资本家用于机器设备维护、研发、购买以及厂房等固定资本的投入持续增加，而用于雇佣工人的可变资本投入相对减少，从而大量的工人就被驱离而变得"过剩"。反之，如果机器占领的生产部门仍处于以分工协作为主的手工业发展阶段，那么工人人数也就随着分工和生产部门的扩大而增加。由此可见，一个生产部门的工人数量取决于机器是否在该部门的生产中占据主导地位。

其四，科技的发展水平决定了资本循环与资本周转的速度，是资本主义以时间消灭空间和以空间消灭时间的生产方式、剥削方式得以实现的决定性因素。资本循环与资本周转是资本家获取剩余价值的两个紧密环节。资本周转即不间断进行的资本循环，主要由资本的生产时间与资本的流通时间构

---

① 《马克思恩格斯文集》第5卷，人民出版社，2009，第508页。

成，是决定剩余价值生产的关键环节，而这一环节从根本上来说又取决于科技的发展水平。在资本主义生产的初期，商品的生产、交换、消费分属于不同的地域，即商品的买与卖是处于一种时空分离的状态，这样一来，便大大增加了资本初始积累与循环的时间。所以，马克思认为，资本实现快速流通的诉求与价值增殖的需要，必然推动商品买与卖的时空分离问题的解决，进而最大限度地缩短商品生产、交换、消费的时间差。从资本的生产时间来看，资本家力求以空间消灭时间，从而实现生产时间的节约。生产时间的节约是资本主义最大的经济、"首要的经济规律"①。科技的应用不断突破生产的自然的、历史的、地域的空间界限，不断为生产在空间的积聚创造条件，实现了劳动者、不同的生产部门、生产资料在同一地域的聚集与协作；同时不同生产部门在同一地域的协作也可以在空间上缩小生产领域，实现产业部门、产业集群的优化配置，从而最大限度地缩短生产时间、原料供应时间，打破商品买与卖的时空分离状态。随着科学技术在固定资本中所占比重的持续增加，商品的空间生产也持续消灭着生产的时间障碍。恩格斯在《英国工人阶级状况》中所列举的棉纺织部门生产的积聚造就了一大批工业城市的例子，便最鲜明地说明了这一点。从资本的流通时间来看，科技所推动的以空间消灭时间的生产方式必定受到一定历史发展阶段的科技水平的限制，因而始终存在着拓展的限度。所以，资本的流通时间就成为资本增殖中具有决定性的环节。因此，资本必然要打破商品交换的一切地域限制，将全球作为它的商品销售市场，同时又要尽可能地缩短商品运输所耗费的时间，实现时间消灭空间的最大化。这样一来，"以交通运输关系为核心的空间整合问题，就成为了'以时间消灭空间'的关键路径"②。科学技术的发展为交通运输条件的变革提供了条件，不仅大大改善了以往的水陆交通面貌，开辟了新的通往各地的水陆交通线，更是生产了大量的以蒸汽机为动力的具有远程通航能力和大装载量的轮船，从而极大地缩短了资本流通的时间。因此，科学技

---

① 《马克思恩格斯文集》第8卷，人民出版社，2009，第67页。
② 林密：《马克思以"时间消灭空间"的空间生产思想及其深层逻辑探微》，《哲学研究》2019年第12期。

术所推动的交通工具的变革对资本周转时间的缩短日益具有决定性的意义，构成了资本增殖的关键因素。

其五，科学技术构成了生产力发展的决定性因素，在生产中到处起着决定性的作用。在《资本论》中，马克思并未过多地直接阐述科技对生产力的决定作用，而是通过对资本主义生产的全面考察，认为这种决定作用渗透在社会生产的方方面面。从劳动时间和劳动生产率来看，如前所述，马克思认为科学技术在生产中的应用，大大推动了社会生产力的发展，并认为社会生产力主要取决于科学的发展水平和它在生产中的应用程度。所以，如果某个资本家在生产中率先采用新技术、新的生产资料（机器），他就会赚取超额剩余价值，从而凸显科技对生产力的决定性作用。此外，马克思也肯定了科技对劳动生产率的决定性，"大工业把巨大的自然力和自然科学并入生产过程，必然大大提高劳动生产率"①。从生产过程来看，科学技术决定着机器大工业的生产原则、生产过程。马克思指出，机器大工业的生产原则是不管人的手怎样操作，总是"应用自然科学来解决由此产生的问题"②。正是机器大工业这个生产原则，创立了现代工艺学这门科学，使科技在社会生产过程的诸多形态中成为自觉按计划的和系统分类的应用；同时，科技的发展水平和在生产中的应用规模也从根本上制约着生产过程的扩大。正如马克思所言："生产过程可能扩大的比例不是任意规定的，而是技术上规定的"③。从生产过程的技术基础、技术规律来看，科技催生了生产过程的技术基础、技术规律的革命，从而推动了社会经济结构的变革。在谈及手工业和工场手工业的技术基础与机器大工业的技术基础的差别时，马克思指出手工业和工场手工业的特殊分工方式通过生产经验为每一个生产部门找到了合适的技术形态，并将其固定下来直至达到成熟状态。新的劳动资料的出现虽然会使技术形态发生些许变动，但一旦在生产经验中取得合适的形态便永久地固定下来，以一种神秘性的外观代代相传。相反，机器大工业生产总是"通过机

①《马克思恩格斯文集》第5卷，人民出版社，2009，第444页。
②《马克思恩格斯文集》第5卷，人民出版社，2009，第531页。
③《马克思恩格斯文集》第6卷，人民出版社，2009，第91页。

器、化学过程和其他方法，使工人的职能和劳动过程的社会结合不断地随着生产的技术基础发生变革。"① 因而，在马克思看来，"现代工业的技术基础是革命的"②，而传统生产方式的技术基础是保守的。此外，机器大工业在农业领域中的应用，也改变了农业生产的技术基础，不仅为传统农业生产提供了更为科学的经营方式，也为传统农业生产提供了科学的耕作方法。这样一来，机器大工业使手工业、工场手工业、农业的技术基础经历了彻底的变革。在此基础上，马克思进一步认为，生产技术基础的变革必然推动社会经济结构的变革。正如他所认为的那样，各个经济时代的区别不仅在于怎样生产，更在于用什么进行生产，因而作为科技要素的机械性劳动资料，不仅是人类社会生产力发展的测量器，也是"劳动借以进行的社会关系的指示器"③。所以，机器大工业所带来的巨大技术成就，使整个社会的经济结构发生了前所未有的变革。

综上所述，在马克思和恩格斯科技生产力观的动态演进过程中，马克思和恩格斯全面考察了多种技术形态，对科技异化效应和生产力促动效应的认识日渐成熟，形成了辩证和科学的科技生产力观。在对马克思和恩格斯科技生产力观演进过程的梳理中，不难发现，马克思和恩格斯有着完整而清晰的理论路径；同时，马克思和恩格斯更是透过科技效应的表象，深入到具体的社会生产方式、社会生产关系中去，科学地指明了科技异化效应的制度根源，从而以此构建了改变世界的历史现象学。这对于我们在当下审视科学主义盛行带来的一系列问题提供了基本的价值遵循、价值借鉴，也为国家制定科学技术发展方针、发展规划指明了科学的方向。

二　马克思恩格斯生态生产力观的历史演进

生态生产力作为马克思和恩格斯生产力观的一条隐性逻辑线索，同样经历了一个动态的演进过程。马克思和恩格斯有着丰富的自然生态思想，其生

① 《马克思恩格斯文集》第 5 卷，人民出版社，2009，第 560 页。
② 《马克思恩格斯文集》第 5 卷，人民出版社，2009，第 560 页。
③ 《马克思恩格斯文集》第 5 卷，人民出版社，2009，第 210 页。

态生产力观正是寓于他们的自然生态思想之中，是与自然生态环境紧密相关的具有绿色生态意蕴的生产力理论。通过对马克思和恩格斯相关文本的考察与解读，本书认为其生态生产力观的演进大体经历了三个阶段，即第一阶段是对人与自然辩证关系及二者矛盾的基本认知、第二阶段是对人和自然界之间矛盾的真正解决的初步论证、第三阶段是对资本主义的生态批判与"自然生产力"概念的提出，由此他们最终形成了比较成熟而科学的生态生产力观。

（一）对人与自然辩证关系及二者矛盾的基本认知

人与自然是马克思和恩格斯哲学思考的永恒主题。在他们生态生产力观形成的早期阶段，马克思和恩格斯主要对人与自然的辩证关系及其基本矛盾进行了阐述，这一认识过程主要体现在《青年在选择职业时的考虑》《伍珀河谷来信》《德谟克利特的自然哲学和伊壁鸠鲁的自然哲学的差别》《论犹太人问题》《1844年经济学哲学手稿》《英国工人阶级状况》等文本中。

一方面，从人与自然的辩证关系来看。首先，在1835年，马克思完成了充满新意的中学毕业论文——《青年在选择职业时的考虑》。在该文中，马克思第一次谈及了人的活动既受外部自然限制又具有主观能动性。在该文的开篇，马克思分析了人与动物在外部自然面前能动与受动状态的差异。他认为，动物的活动范围是有限的，因为自然界给动物规定了可以活动的范围，动物只能在这个划定好的范围内活动，而不能超出这个活动范围。虽然人也面临着自然的制约，但是人可以通过自身的努力不断减少自然对人的限制，从而找到最适合人类自身的发展方式。这表明，此时的马克思已经认识到动物只能被动地适应外部自然，而人可以在适应自然的基础上发挥主观能动性，从而获取最有利于自身发展的条件；同时马克思又对人的能动性的发挥划定了限度，马克思认为，在自然面前，人能做出选择是人相比于动物的优越之处，但这也可能是"毁灭人的一生、破坏他的一切计划并使他陷于不幸的行为"[①]。可以说，此时的马克思已经初步认识到人的活动选择既不能全

---

① 《马克思恩格斯全集》第1卷，人民出版社，1995，第455页。

然被自然环境所束缚，又必须在一定的限度内与自然进行互动；如果不经考虑盲目地发挥主观能动性，便会引发灾难而导致人的毁灭。这为马克思和恩格斯生态生产力观的进一步发展确定了基本原则。

其次，在1840—1841年，马克思完成了《德谟克利特的自然哲学和伊壁鸠鲁的自然哲学的差别》一文的写作。在该文中，马克思通过对古希腊哲学家德谟克利特（Demokritos）的自然哲学和伊壁鸠鲁（Epicurus）的自然哲学的比较分析，进一步阐述了他在中学毕业论文中提出的人与自然的辩证关系思想，并形成了唯物主义自然观。马克思指出伊壁鸠鲁一方面认为外部世界的所有表象皆是真实的，另一方面又为人的意志自由留有空间，从而以此否定了世界绝对受自然必然性支配的观点；与伊壁鸠鲁的观点相反，德谟克利特认为世界一切表象的真实性都是值得怀疑的，从而认为世界受必然性支配。马克思在对二者观点进行比较分析的基础上，更倾向于伊壁鸠鲁的观点，因为"伊壁鸠鲁把一个人类意志起作用的富有生气的自然界加到了德谟克利特的受机械规律支配着的单调沉闷的自然界上"[1]，从而凸显了人类意志自由在世界发展中的作用。马克思赞美的正是伊壁鸠鲁思想中的自由因素，认为伊壁鸠鲁通过意识的"绝对自由"表达了事物自我运动的辩证思想，最重要的是强调了人对外在自然的能动性，而且只有在以实践为中介的人与自然的互动过程中才能实现这种自由。马克思正是在进一步吸收伊壁鸠鲁关于人对自然能动性思想的基础上，形成了自己的唯物主义自然观。

最后，在1844年，马克思完成了在其全部研究中具有重要地位的著作——《1844年经济学哲学手稿》。这部手稿中虽然充满了费尔巴哈人本主义的色彩，但这丝毫没有影响马克思对人与自然辩证关系的认知，马克思提出了"自然人化""人化自然"的重要论断，以及人对自然能动改造的观点，从而实现了自在的自然与自为的自然的统一。

其一，马克思阐明了外部自然存在的优先性，阐述了社会生产与人类生存对外部自然的依赖性，也以"自然的类关系"强调了人与自然的统一性。

---

① 〔英〕戴维·麦克莱伦：《马克思传》，王珍译，中国人民大学出版社，2016，第31页。

从人类的生存发展来看，外部自然构成了人的物质生活资料和精神生活资料的来源。这是因为，人为了不致死亡必须通过与外部自然之间的物质变换，来获取维持肉体生存的生活资料。所以，从理论上来说，外部自然的一切对象，都是人类意识建构的对象，是人类艺术创作的精神食粮。从实践领域来说，外部自然又构成了人的生活和活动的必需要素。这些自然对象无论表现为何种形式，都是人类不可或缺的生活资料。从社会物质生产来看，外部自然也是人类物质生产活动直接的或间接的劳动资料的天然源泉。所以，外部自然是人在活动中得以生产和再生产出自己产品的材料的唯一来源。正是在这个意义上，马克思强调："没有自然界，没有感性的外部世界，工人什么也不能创造"[①]；同时，马克思在对私有财产下公妻制批判的基础上，再一次强调了人与自然的统一性。马克思认为，在资本主义私有财产下，"把妇女当做共同淫欲的虏获物和婢女来对待"[②]，是人对人的关系的一种退化，因为这种关系既表现为男人对女人的关系，又表现为对"自然的类关系"的理解。在马克思看来，这种"自然的类关系"就是人与人的关系和人与自然的关系的直接统一，即二者的关系具有内在同一性。

其二，马克思通过对人与动物类生活的比较分析，再一次阐述并深化了其在中学毕业论文中提出的人对自然的能动性思想。马克思认为，人类的物质生产活动不仅是维持生命存续的方式，同时也构成了人的类生活，代表着一个种的整体特性。诚然，动物也具有类生活，也进行生产，但是动物只是在肉体需要的支配下开展活动，只能在自然规定的类特性下被动地适应自然，无法改变它们的类生活。诚然，人的生产实践活动也必然受到自然的制约，也受到自然规定的种的类特性的规范，从而并不总会使人感到满足。所以，人类决心通过自身的物质生产实践活动打破外在自然的限制，并有意识地通过实践活动"创造对象世界，改造无机界"[③]，从而"再生产整个自然界"[④]。正是在

---

① 《马克思恩格斯文集》第 1 卷，人民出版社，2009，第 158 页。
② 《马克思恩格斯文集》第 1 卷，人民出版社，2009，第 184 页。
③ 《马克思恩格斯文集》第 1 卷，人民出版社，2009，第 162 页。
④ 《马克思恩格斯文集》第 1 卷，人民出版社，2009，第 162 页。

改造世界的过程中，人通过有意识的实践活动能动地改造自然，使外在自然深深地打上了人类的烙印，从而实现了自然制约下受动与能动的统一、自在性与自为性的统一。

另一方面，从人与自然的基本矛盾来看。首先，在 1839 年，恩格斯在《伍珀河谷来信》中初次谈及了人类生产造成的自然环境污染现象。在文章的开头，恩格斯写道："这条狭窄的河流泛着红色波浪，时而急速时而缓慢地流过烟雾弥漫的工厂厂房和堆满棉纱的漂白工厂。"① 红色的波浪、弥漫的烟雾，表明伍珀河谷已经被两岸的工厂所污染。随后，恩格斯进一步指出，与伍珀河谷两岸优美的建筑物相比，工人在"低矮的房子里劳动，吸进的煤烟和灰尘多于氧气……梅毒和肺部疾病蔓延到难以置信的地步"②。因此，恩格斯认为工厂劳动加剧了对自然生态的破坏和对工人健康的威胁。在这里，恩格斯已经初步看到了人类生产活动对自然生态环境造成的破坏，也初步认识到了生态环境污染的根源问题，为其后来对资本主义的生态批判奠定了基础。

其次，1843 年马克思完成了《论犹太人问题》的写作。在该文中，马克思批判了犹太教利己主义下的虚拟自然观，指出犹太教利己主义的真神就是金钱。马克思认为，犹太教利己主义将金钱视为一切事物的固有价值，而完全没有看到自然界的固有价值。也就是说，在犹太教利己主义那里，自然界只是存在着的无。所以，在马克思看来，"在私有财产和金钱的统治下形成的自然观，是对自然界的真正的蔑视和实际的贬低。"③ 对金钱的信仰与疯狂追逐使外在自然不再具有任何神圣性，只是一个可供任意开发的获利工具，因而必然导致人与自然的矛盾。

再次，在《1844 年经济学哲学手稿》中，马克思认为异化劳动导致了人与自然之间关系的异化。如前所述，马克思认为，资本主义私有制下的异化劳动剥夺了工人的劳动对象和生活资料，也就是夺去了工人的无机身体即

---

① 《马克思恩格斯全集》第 2 卷，人民出版社，2005，第 39 页。
② 《马克思恩格斯全集》第 2 卷，人民出版社，2005，第 44 页。
③ 《马克思恩格斯文集》第 1 卷，人民出版社，2009，第 52 页。

外在自然，自然成为一个与工人相对立的异己的存在物。这样一来，工人越是拼命生产，越是努力占有生产对象，也就越是加速失去劳动的生活资料和维持生命存续的生活资料。因此，在这种恶性循环中，工人越是拼命占有外部自然，也就越是加剧对自然资源的浪费与破坏、越是破坏人与自然天然的同情共感，造成人与自然的紧张对立。以此为基础，马克思进一步认为自然科学的日益应用强化了异化劳动，从而加剧了人与自然的异化。马克思指出："自然科学展开了大规模的活动并且占有了不断增多的材料……通过工业日益在实践上进入人的生活"①。尽管在这里马克思更多的是强调自然科学对自然的巨大改造力量，即自然科学对社会生产的推动作用，但是马克思也指出了自然科学这种改造力量的发挥是以异化形式实现的，使人的非人化得到了充分发展。也就是说，自然科学的应用强化了异化劳动，在更大的范围内和更高的程度上剥夺了工人的生产、生活资料，因而必然加剧人与自然的紧张对立。

最后，在1844—1845年，恩格斯在亲身体验英国工人阶级生活的基础上，撰写了《英国工人阶级状况》。恩格斯通过对英国工人阶级恶劣的生产环境、生活环境的大量描述，阐释了工业生产对自然环境的污染与破坏。恩格斯认为，由于大量的工业生产，伦敦空气污染严重，含氧量极低，呼吸和燃烧产生的大量碳酸气体由于密集的城市建筑无法排出而滞留在街道上。一无所有的工人因河水污染以及无余钱购买清洁服务而被迫"把所有的废弃物和垃圾、把所有的脏水、甚至还常常把令人作呕的污物和粪便倒在街上"②，自己生活的地区由此变得十分肮脏。同时，街道上到处弥漫着因肉类和蔬菜腐烂而散发的有害臭气，这加剧了河流与空气的污染，几乎英国各大工业城市的环境皆是如此。在这样恶劣的环境中，工人长期呼吸污浊的空气，饮用发臭的污染的河水，结果就是工人健康状况每况愈下，过早死亡；同时肺病、热病、猩红热等流行病肆虐，进一步威胁着工人的生命健康安全。恩格

---

① 《马克思恩格斯文集》第1卷，人民出版社，2009，第193页。
② 《马克思恩格斯文集》第1卷，人民出版社，2009，第410页。

斯援引相关官方报告指出，流行病的肆虐大大增加了疾病的感染率和死亡率，在"全英格兰和威尔士的死亡率每年接近于 2.25%，即每 45 人中每年有一人死亡"①；"在两个月中患热病的人比过去 12 年还要多。1843 年在格拉斯哥患热病的占居民的 12%，共计 32000 人，其中有 32% 死亡"②，这样触目惊心的数据比比皆是。

综上所述，在马克思和恩格斯生态生产力观形成初期，由于外部自然初步进入他们的理论视野，马克思和恩格斯形成了对人与自然辩证关系的基本认知，初步认识到了外部自然对人类生存和社会生产发展的前提性、根基性作用；同时，他们也看到了工业生产对生态环境的破坏，初步认识到了人与自然的矛盾，触及生态环境污染的根源问题，这为他们对生态自然的进一步关注与考察奠定了基础。

（二）对人和自然界之间矛盾的真正解决的初步论证

在对人与自然的辩证关系及其基本矛盾进行初步认识阶段，马克思和恩格斯深刻地认识到了外部自然的重要性以及自然环境的毁损对社会生产与劳动者的影响。随着科技的资本主义应用，工业生产对自然改造的能力不断提升、改造的规模不断扩大，同时也大大增加了自然资源消耗，由此马克思和恩格斯对人与自然矛盾关系的认识更趋深入，并对它们之间矛盾的解决作出了初步的论证。

一方面，在《1844 年经济学哲学手稿》中，马克思认为异化劳动造成了人与自然的异化，加剧了人与自然的紧张对立，而私有财产正是异化劳动得以存在的原因和手段，因此只有彻底消灭私有财产才能消除异化劳动，进而真正解决人与自然之间的矛盾。马克思认为，只有在经济运动中的革命才能推翻资本主义制度，从而彻底消灭私有财产，进而消灭包括人与自然异化在内的一切异化产生的根源。所以，马克思指出："这种共产主义……它是

① 《马克思恩格斯文集》第 1 卷，人民出版社，2009，第 418 页。
② 《马克思恩格斯文集》第 1 卷，人民出版社，2009，第 413 页。

人和自然界之间、人和人之间的矛盾的真正解决，是存在和本质、对象化和自我确证、自由和必然、个体和类之间的斗争的真正解决。"① 如前所述，马克思认为，在"自然的类关系"中，人与人性的背离造成了个人与他者的疏离、个人与自然的疏离。在这种共产主义下人性得以复归，人必然要重新审视个人与他者、个人与社会、个人与自然之间的关系，进而像对待自身的身体一样对待外部自然，以一种合乎人性的行为实现与外部自然的和谐。同时，共产主义消除了异化劳动产生的根源，因而也就消解了导致人与自然关系异化的一切外在强制力。这样一来，自然科学也就不再是加剧人与自然关系异化的异己性工具，而是将"抛弃它的抽象物质的方向"② 以构成人的科学的基础，从而构成外部自然界的科学基础，作为实现人与自然和谐统一的现实性力量而存在。

另一方面，在《德意志意识形态》中，马克思和恩格斯通过对费尔巴哈抽象的唯物主义自然观的批判，初步提出了解决人与自然矛盾的方式。马克思和恩格斯认为，费尔巴哈虽然承认外部自然的优先性，承认人也是"感性对象"，但是他所理解的人只是设定的"人"，不是现实中历史地从事生产实践活动的人，因而他的自然观只是一种抽象的唯物主义自然观。同时，费尔巴哈对外部自然的理解也仅仅是诉诸感性的直观，因而他所理解的自然也仅仅是固定僵化的自然，看不到自然界的任何发展变化，所以在他的感性直观中，人与自然的现实关系便与他意识和感觉中所设定的人与自然关系相矛盾，由此便诉诸"爱的宗教"，即以爱的方式实现人与自然的和谐。可以说，费尔巴哈这种抽象的唯物主义自然观丝毫无益于人与自然之间矛盾的解决。对此，马克思和恩格斯指出，费尔巴哈从未将外部自然视为"构成这一世界的个人的全部活生生的感性活动"③，因而也就无法认识到人与自然的关系是随着人类生产的发展变化而变化的。马克思和恩格斯认为，社会是由人生产的，自然也是由人改造的。因此，割裂了人的社会性也就割裂了人与自然本

---

① 《马克思恩格斯文集》第1卷，人民出版社，2009，第185页。
② 《马克思恩格斯文集》第1卷，人民出版社，2009，第193页。
③ 《马克思恩格斯文集》第1卷，人民出版社，2009，第530页。

质相统一的中介，必然无法正确理解人与自然的关系，因为只有在社会中，自然界才构成人的社会性的纽带。所以，马克思和恩格斯指出："环境的改变和人的活动或自我改变的一致，只能被看做是并合理地理解为革命的实践。"① 也就是说，马克思和恩格斯认为人与自然关系的演变和人与自然矛盾的解决，只能诉诸实践，从而为人与自然之间矛盾的解决指明了现实的道路。

综上所述，在这一阶段，马克思和恩格斯的生态生产力观较上一阶段大大深化了，既通过对费尔巴哈解决人与自然矛盾的唯心主义方式的批判，为人与自然之间矛盾的解决指明了现实道路，又揭示了人与自然之间矛盾的制度根源，对共产主义社会下人与自然矛盾的真正解决作了初步论证，从而使他们生态生产力观的理论路径更加清晰可寻。

（三）对资本主义的生态批判与提出"自然生产力"

马克思和恩格斯在认识到人与自然矛盾的根源是资本主义制度后，进一步考察了资本主义生产方式所引发的生态问题，实现了对资本主义的生态批判，并将自然生态的重要性提升到关乎文明兴衰的高度；同时，随着对资本主义生产与自然生态之间关系的认识加深，他们进一步提出了"自然生产力"概念，高度肯定了"自然生产力"在人类社会生产中的地位与作用，这标志着马克思和恩格斯生态生产力观的成熟。这些思想主要体现在《资本论》及其手稿、《自然辩证法》等文本中。

首先，在《资本论》中，马克思认为，机器大工业在农业生产中的应用，破坏了土壤肥力，造成了农业生产中人与自然物质变换的断裂。在《资本论》及其手稿中，马克思多次使用了"物质变换"——以实践为中介的人和自然之间物质能量信息的变换，认为只有通过这种物质变换过程，人类生存和社会生产才能获得必需的生活资料、生产资料。马克思重点考察了机器大工业在农业生产中的使用造成的物质变换断裂，认为机器大工业虽然改变了传统农业不合理的耕作方式和发展形态，在农业生产中发挥了革命性的

---

① 《马克思恩格斯文集》第 1 卷，人民出版社，2009，第 500 页。

作用，但是这种革命性的作用是以对土地的破坏和土壤肥力的衰退为代价的。正如马克思所言，机器大工业"一方面聚集着社会的历史动力，另一方面又破坏着人和土地之间的物质变换，也就是使人以衣食形式消费掉的土地的组成部分不能回归土地，从而破坏土地持久肥力的永恒的自然条件"①。所以，一个国家机器大工业的发展越是成熟，对土地的破坏也就越严重。此外，马克思在对小土地所有制和大土地所有制进行比较时指出，作为孤立劳动的小土地所有制滥用和破坏的是工人的自然力，而按工业和大工业方式耕作和经营的大土地所有制，滥用和破坏的是"土地的自然力"②，使土壤越来越贫瘠。可以说，正是资本主义机器大工业这种逐利性的非生态性的生产方式超过了土地自然规律的界限，造成了农业生产中的物质变换断裂。

其次，在《自然辩证法》中，恩格斯将自然生态的重要性提升到关乎文明兴衰的高度，并告诫我们不要过度注重眼前利益而肆意地干预自然。恩格斯认为，人与动物的本质差别就在于人可以通过改造自然使之更加符合自身的需要，"但是我们不要过分陶醉于我们人类对自然界的胜利。对于每一次这样的胜利，自然界都对我们进行报复"③。恩格斯指出，美索不达米亚等地区的居民，为了获得耕地而大规模地砍伐森林，虽然达到了预期的目的，但也由于森林的消失而使这些土地成为不毛之地，也因此毁灭了该地区的水源中心与贮藏库，破坏了生产力发展的自然根基；同时，阿尔卑斯山的意大利人为了物质利益而将北坡的森林砍伐殆尽，不仅毁掉了该地区的畜牧业根基，也因此丧失了水源地，从而在雨季增加了山洪发生的风险；欧洲在推广马铃薯的同时也引发了瘰疬症在欧洲的传播，造成大量居民死亡。基于种种惨重的历史教训，恩格斯指出："我们决不像征服者统治异族人那样支配自然界，决不像站在自然界之外的人似的去支配自然界——相反，我们连同我们的肉、血和头脑都是属于自然界和存在于自然界之中的。"④ 在这里，恩格

---

① 《马克思恩格斯文集》第5卷，人民出版社，2009，第579页。
② 《马克思恩格斯文集》第7卷，人民出版社，2009，第919页。
③ 《马克思恩格斯文集》第9卷，人民出版社，2009，第559—560页。
④ 《马克思恩格斯文集》第9卷，人民出版社，2009，第560页。

斯既强调了人与自然的一体性，也划定了人类干预自然的限度，更强调了这些古老文明的覆灭皆是人类无视自然规律而过度干预自然的恶果，从而警告人类必须在正确认识和利用自然规律的基础上，善待自然，与自然进行合理有序的物质变换，更要对人干预自然所产生的长远影响进行预见。

正是基于人类肆意干预自然而造成的古老文明的覆灭和引发的巨大灾难，恩格斯深刻地认识到人类必须在科学认识和正确运用自然规律的基础上，学会对人类最常见的生产行为所造成的较远的自然后果进行预见。恩格斯指出，包括资本主义生产方式在内的一切生产方式，在逐利性欲望的策动下，追求利益成了唯一的动力，"都仅仅以取得劳动的最近的、最直接的效益为目的。那些只是在晚些时候才显现出来的、通过逐渐的重复和积累才产生效应的较远的结果，则完全被忽视了"①。这种只见利益、不见自然的生产方式和发展方式，所取得的短期成果与该行为所造成的较远的看不见的自然后果必然是截然对立的，二者的对立必然引发生态灾难，从而招致自然无情的报复。所以，恩格斯指出，人类必须合理地调节对自然的干预行为，科学地认识人类生产活动对自然造成的间接的、潜在的、较远的影响，寻求彻底推翻现存的非生态性的生产方式以及与这种生产方式相适应的社会制度。可见，在这里，恩格斯既通过鲜活的历史教训对资本主义进行了较为深刻的生态批判，进而指明了制度变革的必要性，也明确地指出了尊重自然、顺应自然、保护自然的极端重要性，更清晰地肯定了生产发展方式的绿色化、生态化意蕴。

最后，在《政治经济学批判（1861—1863 年手稿）》中，马克思首次提出了"自然生产力"概念，标志着马克思和恩格斯生态生产力观的成熟。在"劳动对资本的形式上的从属和实际上的从属"这一章，马克思指出，在社会生产力发展水平不变的条件下，绝对剩余价值的单纯存在是以自然生产力为前提的，即劳动者在工作日内无须将其全部劳动时间用于劳动能力的再生产，因为随着劳动外部强制力的增加，"对象化着剩余劳动的剩余产品的

---

① 《马克思恩格斯文集》第 9 卷，人民出版社，2009，第 562 页。

那种身体上的可能性"①，在很大程度上取决于劳动的自然生产力的高低。也就是说，在生产需求比较低的情况下，即使劳动的自然生产力发展水平比较低，工人花费较少的劳动就可以满足生产需求，从而产生大量剩余劳动；在生产需求比较高的情况下，土地、瀑布、风等自然资源所蕴含的较高的劳动的自然生产力便可以弥补工人生产能力的不足，因而，工人"只需使用不多的劳动就能获得生存所必需的生活资料"②。由此可见，这种劳动的自然生产力与劳动的社会生产力在生产中所发挥的作用是相同的。这表明，马克思认为自然生产力与社会生产力同等重要，二者构成了社会物质财富生产的源泉；同时，在马克思看来，自然生产力主要包括劳动者自身劳动能力的自然力、自然资源本身的自然力以及二者相结合的生产力。

在这里，我们暂不讨论劳动者自身劳动能力的自然力，由于劳动者自身的自然力和自然资源本身的自然力相结合的生产力也是以自然资源的自然力为根基，因而我们只讨论自然资源本身的自然力。马克思认为，自然生产力不仅包括自然条件和直接的自然资源的自然力，也包括某些自然资源借助一定生产条件转化而成的自然力。一方面，从直接的自然资源的自然力来看，它们构成了社会生产力发展的无偿的自然力，如直接应用于生产过程的未经人类加工的风、水、蒸汽、电、土地等自然资源的单纯自然力。正像马克思所说的那样："从经济肥力的角度来看，劳动生产力的状态，这里指的是农业可以立即利用土地自然肥力的能力。"③ 同时，马克思认为，自然条件也是一种自然力，是一种直接可利用的潜在的生产力，并对社会生产力发展具有直接的影响。马克思指出："撇开社会生产的形态的发展程度不说，劳动生产率是同自然条件相联系的"④。在此基础上，马克思进一步认为，同其他生产部门相比，自然条件的自然力性质在农业生产部门中表现得更为明显。因为"农业劳动的生产率是和自然条件联系在一起的，并且由于自然条件的生

① 《马克思恩格斯文集》第8卷，人民出版社，2009，第369页。
② 《马克思恩格斯全集》第48卷，人民出版社，1985，第4页。
③ 《马克思恩格斯文集》第7卷，人民出版社，2009，第734页。
④ 《马克思恩格斯文集》第5卷，人民出版社，2009，第586页。

产率不同，同量劳动会体现为较多或较少的产品或使用价值……价值体现在多少产品中，取决于土地的生产率"①。也就是说，农业生产部门劳动生产率的高低直接受到自然条件的制约。另一方面，从某些自然资源在一定生产条件下转化而成的自然力来看，其也是社会生产力发展的重要组成部分。马克思所讲的劳动资料富源意义上的能源矿产等，这些自然资源的自然力只有借助一定的生产条件才能转化为现实的生产力而进入生产过程。可以说，这些自然力无论以何种形式进入生产过程，都是不费资本分文的。因此，马克思指出："作为要素加入生产但无须付代价的自然要素，不论在生产中起什么作用，都不是作为资本的组成部分加入生产，而是作为资本的无偿的自然力，也就是，作为劳动的无偿的自然生产力加入生产的……表现为资本的生产力。"②

　　总的来说，马克思关于"自然生产力"概念的阐述，既高度肯定了以一切自然资源的自然力为基础的自然生产力对社会生产力发展的前提性、根基性作用，也暗含了以生态优先为原则的发展理念，即在生产力发展中注重对自然生态的保护。由此可见，马克思的"自然生产力"概念主要是指一切自然资源本身的自然力。需要明确的是，自然生产力虽然构成了马克思恩格斯生态生产力观的重要内容，但并不完全等同于他们的生态生产力观，即他们的生态生产力观不仅强调自然资源或自然物的自然力，更注重社会生产力发展过程中对自然生态的保护，表征着人与自然和谐共生基础上的可持续发展，进而实现人与自然的双重解放，这是他们生态生产力观的终极关怀。

　　综上所述，本章主要勾勒了马克思和恩格斯生产力观两条逻辑线索的演进轨迹，着重阐述了马克思和恩格斯在两条逻辑线索各个发展阶段的理论侧重点，使他们生产力观的双重意蕴呈现出较为清晰的理论轮廓，从而为进一步总结他们科技生产力观与生态生产力观的主要内容奠定基础。

---

①　《马克思恩格斯文集》第7卷，人民出版社，2009，第924—925页。

②　《马克思恩格斯文集》第7卷，人民出版社，2009，第843页。

第四章　马克思恩格斯生产力观的
主要内容

上一章我们通过对马克思和恩格斯相关文本的回溯，主要梳理了马克思和恩格斯的科技生产力观与生态生产力观的历史演进轨迹，对他们生产力观的发展脉络有了较为清晰的认识。本章将在马克思和恩格斯生产力观发展史的基础上，进一步对他们科技生产力观与生态生产力观的主要内容及其相互关系进行概括总结，从而对他们的生产力观有一个更为深刻与全面的认知。

一　马克思恩格斯科技生产力观的主要内容

科技生产力观作为马克思和恩格斯生产力观最为显著的方面，既包含着他们对科技生产力正效应的高度赞赏与肯认，也包含着他们对科技生产力负效应的无情揭露与批判。可以说，马克思和恩格斯科技生产力观的主要内容集中体现在阐发科技生产力的正效应和负效应两个方面。

（一）科技是以知识形态为基本特征的一般社会生产力

科技生产力，既表现为以其物化形态机器为显著特征的直接生产力，也表现为以理论知识形态为基本特征的一般社会生产力，而表现为理论知识形态的科技则构成了科技现实化、具象化的前提与基础，即科技生产力源于理论知识形态的科技。马克思认为，生产力的发展在一定程度上"是同科学作为生产过程的独立因素的发展相一致的。生产过程成了科学的应用，而科学反过来成了生产过程的因素即所谓职能"①。以理论知识形态存在的科学技术，在生产中最初表现为工人代代相传的生产经验和以加工技艺与生产方法为主的职业秘方，经过生产实践的不断检验，最终抽象概括为客观科学知识。

"只有资本主义生产方式才第一次使自然科学为直接的生产过程服务"②。随着这种理论知识形态的科技用于分析物质生产过程、指导物质生产过程，其"每一项发现都成了新的发明或生产方法的新的改进的基础"③，不仅直接催生了一系列机器的发明，也实现了对生产过程的科学管理与生产方法的科学改进。在工业生产中，理论知识形态的科技为机器大工业的形成奠定了科学理论基础，大大提高了社会生产力。正如马克思和恩格斯所说："资产阶级在它的不到一百年的阶级统治中所创造的生产力，比过去一切世代创造的全部生产力还要多，还要大。自然力的征服，机器的采用，化学在工业和农业中的应用，轮船的行驶，铁路的通行，电报的使用，整个整个大陆的开垦，河川的通航……过去哪一个世纪料想到在社会劳动里蕴藏有这样的生产力呢？"④ 在农业生产中，表现为理论知识形态的科技为人们进一步认识自然规律奠定了理论基础，为农业生产提供了科学的指导与管理。正是由于作为理论知识形态的科技深度介入生产过程，构成了物质财富生产的手段，因而"自然科学本身〔自然科学是一切知识的基础〕的发展，也像与生产过程有关的一切知识的发展一样"⑤，第一次在相当大的程度上被资本主义"有意识地和广泛地加以发展"⑥。所以，马克思指出："对于头脑里具有积累起来的社会知识的成年人来说，这个过程就是〔知识的〕运用，实验科学，有物

① 《马克思恩格斯文集》第 8 卷，人民出版社，2009，第 356 页。
② 《马克思恩格斯文集》第 8 卷，人民出版社，2009，第 356 页。
③ 《马克思恩格斯文集》第 8 卷，人民出版社，2009，第 356 页。
④ 《马克思恩格斯文集》第 2 卷，人民出版社，2009，第 36 页。
⑤ 《马克思恩格斯文集》第 8 卷，人民出版社，2009，第 358—359 页。
⑥ 《马克思恩格斯文集》第 8 卷，人民出版社，2009，第 359 页。

质创造力的和对象化中的科学。"① 也正是由于科技对生产力发展和社会物质财富生产的推动作用，"科学，人类理论的进步，得到了利用"②，并体现在生产生活中，其规模是以往的时代所无法想象的。同时，生产实践的检验、生产经验的积累以及生产需求的扩大，又进一步促进了自然科学学科的细化与对理论知识的探索、总结，为其从潜在的生产力转化为现实的生产力奠定了基础。正是在这个意义上，马克思指出社会生产力已经在相当大的程度上以知识的形式被生产出来，因而，"生产力的这种发展，最终总是归结为脑力劳动特别是自然科学的发展"③。自然科学的发展是永无止境的，人类对自然科学知识的探索、总结也是永无止境的。所以，表现为理论知识形态的科学技术始终蕴含着无穷大的潜在生产力，而这也是当今世界各国致力于加强科学研究、抢占科技制高点的重要原因。

（二）"科学是一种在历史上起推动作用的、革命的力量"

恩格斯在马克思墓前的讲话中说道："在马克思看来，科学是一种在历史上起推动作用的、革命的力量"④。这既表明了马克思对科技之于生产力促动效应的肯认，也表明了马克思对科技的革命意义高度赞赏。究竟马克思是在怎样的意义上将科学视为起推动作用的、革命的力量？对此，马克思和恩格斯从科技对生产力发展的现实影响以及生产方式的变革两方面进行了深刻的分析。

一方面，所谓科学的推动作用，主要是指科技对生产力发展的推动作用，因而只有充分认识科技的生产力促动效应，才能对科学的推动作用作出正确的理解。无论是表现为理论知识形态的科学技术，还是表现为直接生产力的科学技术，都是作为推动生产力发展的一个要素而存在，都直接或间接地渗透于生产力的基本要素之中，并与生产力的基本要素相融合进而转化为

---

① 《马克思恩格斯文集》第8卷，人民出版社，2009，第204页。
② 《马克思恩格斯文集》第8卷，人民出版社，2009，第357页。
③ 《马克思恩格斯文集》第7卷，人民出版社，2009，第96页。
④ 《马克思恩格斯文集》第3卷，人民出版社，2009，第602页。

直接的生产力。首先，就劳动者要素而言，劳动者作为生产力的基本要素是体力劳动与脑力劳动的统一。科技的应用不仅在一定程度上武装了劳动者的头脑，提升了劳动者的社会文化智力水平与科学素养，也提高了劳动者本身的技艺水平，造就了一批素质较高、技能熟练的高级工人。按照马克思将生产力发展最终归结为脑力劳动的观点，被科学技术武装起来的劳动者相比于简单劳动者，必然对社会生产力的发展更具推动作用。其次，就劳动对象要素而言，科技的应用进一步增强了人类认识自然、改造自然的能力，消除了劳动对象短缺、单一化对生产力发展的限制；不仅丰富了劳动对象的种类，为消费市场提供了多样化的选择，也推动了一系列产业部门的诞生与发展，进一步扩大了工业生产的规模，形成了完整的产业链与供应链。所以，马克思指出："应用自然科学来解决由此产生的问题。这个原则到处都起着决定性的作用。"[1] 最后，就劳动工具要素而言，劳动工具的变革是科学技术作为第一生产力的直接体现。科学技术的应用从根本上改变了传统工农业生产劳动工具的简单落后状态，实现了劳动工具由手工工具向以机械力、蒸汽力为动力来源的机器的转变。蒸汽机的发明与使用不仅催生了工业革命，也形塑了机器大工业。机器大工业生产的稳定性、连续性、可靠性，从根本上促进了社会生产力的发展，因而"资产阶级在它的不到一百年的阶级统治中所创造的生产力，比过去一切世代创造的全部生产力还要多，还要大"[2]。

随着工业生产发展对科技的迫切需要，自然科学在19世纪再次取得了重大理论突破，因而19世纪被称为科学的时代。电磁理论的推出和发展成为19世纪最为重大的理论成就，催生了以电气使用为标志的产业革命，进而一系列以电气为动力来源的机器得以发明与制造。它不仅使人类进一步迈入现代文明生活，也推动了新产业部门的建立与发展，使人类获得了可以大规模使用的新能源，从而进一步推动了社会生产力发展。对此，恩格斯在致德国社会民主党成员爱德华·伯恩施坦的信中曾写道："这件事实际上是一

---

[1]　《马克思恩格斯文集》第5卷，人民出版社，2009，第531页。
[2]　《马克思恩格斯文集》第2卷，人民出版社，2009，第36页。

次巨大的革命。蒸汽机教我们把热变成机械运动，而电的利用将为我们开辟一条道路，使一切形式的能——热、机械运动、电、磁、光——互相转化，并在工业中加以利用……这一发现使工业彻底摆脱几乎所有的地方条件的限制，并且使极遥远的水力的利用成为可能，如果说在最初它只是对城市有利，那么到最后它必将成为消除城乡对立的最强有力的杠杆。而且非常明显的是，生产力将因此得到大发展"①。此外，科学技术还全面渗透到生产力的非实体性要素（如生产的管理、决策、教育培训等）之中，进而使人们在正确认识自然规律与生产规律的基础上作出科学的决策以及对生产方法实现科学的管理和改进。科学技术通过实际作用于这些要素，可以间接地促进社会生产力发展。正是基于科学技术所蕴含的巨大生产力促动效应，马克思提出了科学技术是不费资本分文的生产力、"生产力中也包括科学"②、科学技术是直接的生产力等重要论断。

另一方面，马克思和恩格斯通过对科技生产力的论述，高度肯定了科技所蕴含的革命性力量，即科技作为生产力中最为活跃的因素，推动了生产方式的变革。恩格斯指出："正像达尔文发现有机界的发展规律一样，马克思发现了人类历史的发展规律，即历来为繁芜丛杂的意识形态所掩盖着的一个简单事实……直接的物质的生活资料的生产"③，其构成了社会生产发展的物质基础，生产力的发展变化引起的生产关系的相应变革是推动社会发展的根本力量。"随着新生产力的获得，人们改变自己的生产方式，随着生产方式即谋生的方式的改变，人们也就会改变自己的一切社会关系。手推磨产生的是封建主的社会，蒸汽磨产生的是工业资本家的社会。"④

在资本主义生产关系确立以前，占主导地位的生产方式是个体手工业生产。随着珍妮纺纱机等一系列机器的发明，劳动生产率成倍提高，原有的个体手工业逐渐被手工业生产所取代。伴随自然科学理论的进步、市场需求的

---

① 《马克思恩格斯文集》第 10 卷，人民出版社，2009，第 499—500 页。
② 《马克思恩格斯文集》第 8 卷，人民出版社，2009，第 188 页。
③ 《马克思恩格斯文集》第 3 卷，人民出版社，2009，第 601 页。
④ 《马克思恩格斯文集》第 1 卷，人民出版社，2009，第 602 页。

扩大，手工业生产方式又被以分工协作为技术机制的工场手工业所取代，进一步促进了劳动过程的社会化，也大大提高了劳动生产力。自然科学技术的发展不断为新机器的发明与改进提供技术支持，手工业和工场手工业生产方式下的以人力为动力的生产工具日渐被以机械力、蒸汽力、电力为动力的机器所取代，推动形成了机器大工业生产体系，建立了现代工厂制度并最终确立了资本主义生产关系。"大生产——应用机器的大规模协作……它们使劳动具有更高的生产能力"①，"只有资本主义生产方式才第一次使自然科学为直接的生产过程服务"②。虽然资本主义机器大工业生产也含有部分手工业和工场手工业的性质，但它是建立在资本主义生产关系上的手工业和工场手工业，是归属于资本的生产力。正如马克思所言："'机械发明'，它引起'生产方式上的改变'，并且由此引起生产关系上的改变，因而引起社会关系上的改变"③，最终引发一般生产方式的革命。

科技的资本主义应用，既催生了技术革命，推动了生产方式的变革，造就了高度发达的社会生产力，也加剧了劳资矛盾，造成了工人的极度贫困与过早衰亡。正如马克思所言："现代工业和科学为一方与现代贫困和衰颓为另一方的这种对抗，我们时代的生产力与社会关系之间的这种对抗，是显而易见的、不可避免的和毋庸争辩的事实。"④ 因此，科技的资本主义应用不仅创造了取代资本主义生产关系的物质基础，也培养了推翻自身的革命力量。针对这一点，恩格斯也指出："只有现代大工业所造成的、摆脱了一切历来的枷锁、也摆脱了将其束缚在土地上的枷锁并且被一起赶进大城市的无产阶级，才能实现消灭一切阶级剥削和一切阶级统治的伟大社会变革。"⑤ 正是在这个意义上，马克思将自然科学技术"看成是历史的有力的杠杆，看成是最高意义上的革命力量"⑥。

---

① 《马克思恩格斯文集》第8卷，人民出版社，2009，第356页。
② 《马克思恩格斯文集》第8卷，人民出版社，2009，第356页。
③ 《马克思恩格斯文集》第8卷，人民出版社，2009，第343页。
④ 《马克思恩格斯文集》第2卷，人民出版社，2009，第580页。
⑤ 《马克思恩格斯文集》第3卷，人民出版社，2009，第257页。
⑥ 《马克思恩格斯全集》第19卷，人民出版社，1965，第372页。

（三）"技术的胜利，似乎是以道德的败坏为代价换来的"

马克思在《人民报》创刊纪念会上的演说中指出，19 世纪产生了过去人类历史上任何一个时代都无法想象的工业和科学的力量，"我们看到，机器具有减少人类劳动和使劳动更有成效的神奇力量，然而却引起了饥饿和过度的疲劳。财富的新源泉，由于某种奇怪的、不可思议的魔力而变成贫困的源泉。技术的胜利，似乎是以道德的败坏为代价换来的"①。具体而言，科学技术的"道德败坏"主要表现在以下几个方面。

其一，科技的胜利，压制了劳动者智力的发展。在资本主义生产之前的各个生产阶段，操作技艺或经验知识是工人亲身参与生产劳动获得的，是与生产劳动直接联系在一起的，因而并未超出传统手工工艺的操作范围，也就未发展成同劳动相分离的力量，始终是靠工人代代相传缓慢地加以充实和扩大的，这样每一行业的手艺均构成了该行业发展的秘密。与此不同，资本主义生产方式将科技用于物质生产过程，"是建立在生产过程的智力同单个工人的知识、经验和技能相分离的基础上的，正像生产的［物质］条件的集中和发展以及这些条件转化为资本是建立在使工人丧失这些条件，使工人同这些条件相分离的基础上的一样"②。虽然科技的资本主义应用在一定程度上使劳动者获得了某些操作方法相关的知识，造就了一小批具有较高技艺的劳动者，但是他们的数量绝对不能同"被剥夺了知识的"从事监管机器等简单工作的大量简单工人相比。正如马克思所言，"科学在生产过程中的上述应用和在这一过程中压制任何智力的发展，这两者是一致的"③，造成了劳动者智力的严重荒废。

其二，科技的胜利，造成了劳动者的极度贫困与过度饥饿。如前所述，在资本主义生产以前，从事生产劳动的工人大多是散居在乡村的农民，他们在从事简单的农业生产之余，也还从事部分手工业生产，虽然生活清贫，但

---

① 《马克思恩格斯文集》第 2 卷，人民出版社，2009，第 580 页。
② 《马克思恩格斯文集》第 8 卷，人民出版社，2009，第 358 页。
③ 《马克思恩格斯文集》第 8 卷，人民出版社，2009，第 358 页。

还不是一无所有，更不至于饿死。然而，科技（机器）的资本主义应用，大大提高了劳动生产率，使手工业生产相比于农业生产更具灵活性，同时也具有更高的收益。这样，大量家庭放弃了农业生产，整个家庭全部从事手工业生产。如此一来，大量土地闲置，劳动者丧失了唯一稳定且可靠的生计来源，不得不涌入城市成为一无所有的靠出卖自身活劳动能力生存的无产者。随着新机器的发明与不断改进，劳动生产率不断提高，社会必要劳动时间不断降低，用于维持工人再生产的生活资料的价格也就越便宜，因而工人的工资也就越低，仅勉强可以维持整个家庭的生存。机器大工业的建立，进一步提高了劳动生产率，也进一步降低了工人的工资水平，致使工人阶级愈益贫困。同时，自动的机器体系生产的连续性代替了工人的手工操作，将大量成年工人和未成年工人驱逐出工作岗位而成为过剩人口，加重了工人的贫困并使这种贫困更加持久，以致大量工人因而缺乏维持肉体生存的生活必需品被活活饿死。对此，马克思说道：“在机器逐渐地占领某一生产领域的地方，它给同它竞争的工人阶层造成慢性的贫困。在过渡迅速进行的地方，机器的影响则是广泛的和急性的。世界历史上再没有比英国手工织布工人缓慢的毁灭过程更为可怕的景象了，这个过程拖延了几十年之久……在这些织布工人中，许多人饿死了，许多人长期地每天靠 $2\frac{1}{2}$ 便士维持一家人的生活。”[1] 也正是基于此，许多穷人以自杀来摆脱这种不受支配的不堪忍受的贫困，因为他们再也没有别的摆脱贫困的方法。“最近10年来伦敦因饥饿而死亡的人数的惊人增长，同机器缝纫业的扩大是齐头并进的。”[2] 所以，马克思认为，“劳动资料扼杀工人”[3]。

其三，科技的胜利，造成了工人的道德败坏与过早衰亡。在资本主义生产方式产生以前，工人在宗法制度下过着田园诗般的生活，不仅安分守己而且道德水平良好，而科学技术的资本主义应用，不仅打破了他们原有的平静

---

① 《马克思恩格斯文集》第5卷，人民出版社，2009，第496页。
② 《马克思恩格斯文集》第5卷，人民出版社，2009，第543页。
③ 《马克思恩格斯文集》第5卷，人民出版社，2009，第497页。

生活，剥夺了他们一切的享乐，也造成了工人道德败坏。在《英国工人阶级状况》中，恩格斯初次阐述了科技的资本主义应用所造成的工人道德败坏与非自然早衰。恩格斯指出，由于工人一无所有且极度贫困，在城市中生存环境、工作环境极度恶劣，每天在高强度的工作下被折腾得筋疲力尽，过着像"牲口"一样的非人生活。这使他们在道德上日渐堕落，经常毫无节制地陷于酗酒和纵欲之中，因为只有这两种享乐才使工人感觉作为人而存在。不仅工人自己一有空闲便成群酗酒，而且工人给幼童甚至给婴儿也喂烈性酒。这种做法对工人的精神与肉体造成了毁灭性的影响，他们往往百病丛生，除了过高的死亡率，体质也越来越虚弱，而且工人的孩子包括幼童大部分也非自然的过早衰亡，"工人的孩子有 57% 以上不到五岁就死亡"①。同时，由于机器的使用，工人愈益贫困，整个工人家庭为了维持生存而不得不全部参加生产劳动。这样一来，大量工人的孩子因缺乏照顾或因贫困而长期食用高剂量的假药死于各种不幸事件，甚至发生了父母为了减轻生活负担而将子女毒死的事件。大量孩子成了贫困状态的牺牲品，这"使从事劳动的整整一代人都衰弱了"②。由于工人极度贫困，一天当中的大部分时间从事毫无乐趣可言的高强度工作，一切快乐与幸福的事情都与工人无缘，而资产阶级享受着建立在工人痛苦与不幸基础上的财富，这促使工人蔑视一切社会秩序，大大增加了他们的犯罪动机。在这样的状况下，道德状况的败坏就像传染病一样广泛传播且异常迅速，各种偷盗、抢劫事件层出不穷。1805—1842 年，英国犯罪率逐年成倍数增长，"37 年中被捕的人数增加了六倍。在 1842 年发生的这些拘捕事件中，仅兰开夏郡就有 4497 起，即 14% 强，在米德尔塞克斯区（包括伦敦在内）有 4094 起，即 13% 强……这些犯罪统计表还直接证明，绝大部分罪犯属于无产阶级"③，而他们当中大多是由于贫困而侵犯他人的财产。可见，机器造成的贫困状态使工人的道德败坏达到了怎样的程度。在《资本论》中，马克思进一步阐述了科学技术的胜利造成的工人道德败坏与早衰。

---

① 《马克思恩格斯文集》第 1 卷，人民出版社，2009，第 420 页。
② 《马克思恩格斯文集》第 1 卷，人民出版社，2009，第 415 页。
③ 《马克思恩格斯文集》第 1 卷，人民出版社，2009，第 444 页。

在《机器生产对工人的直接影响》这一节中，马克思指出："就机器使肌肉力成为多余的东西来说，机器成了一种使用没有肌肉力或身体发育不成熟而四肢比较灵活的工人的手段。"[①] 这样，机器的资本主义应用一方面驱逐了大量成年男性工人，一方面将大量妇女和儿童纳入生产劳动过程。如此一来，整个工人家庭的全部成员不分男女老幼全部置于资本的直接统治之下，因而他们也就彻底失去了在家庭范围内从事自由活动的时间。

由于机器生产使工人家庭失去了主要的收入来源并加剧了家庭的贫困，儿童劳动被大大地利用了，大量 14 周岁以下的儿童被迫参与生产，"他们甚至仅仅为自己每天的面包而劳动。他们没有力量承受如此过度的沉重劳动，没有受过指导他们未来生活的教育，他们被抛入一种对身心有害的环境中"[②]。在英国，大量父母在贫困的压力下充当了"人口贩子"，将自己的孩子以极其低廉的价格"出租"给任何一个工厂主，甚至违反法律规定，将子女从受法律限制的工厂领出来卖给那些非法使用童工的生产部门。这样的后果，一方面是儿童不仅失去了童年的快乐时光，从小就被迫从事高强度的生产劳动，也从根本上被剥夺了受教育的权利与机会，法律所强制儿童接受的教育也仅仅是一种形式教育，是一种存在着的无（儿童根本学不到任何有益的知识），这样便注定了儿童终生作为简单工人的悲惨命运；另一方面是大量工人的子女过早死亡。"在英格兰，有 16 个户籍区在 10 万个不满一周岁的儿童中每年平均的死亡人数只是 9085 人（其中有一个区只是 7047 人）；24 个区是 10000 人至 11000 人……48 个区是 12000 人至 13000 人；22 个区超过 20000 人；25 个区超过 21000 人。"[③] 这些儿童部分死于父母因就业而对子女疏于照看，部分被父母有意毒死和饿死，在妇女就业率低下的农业生产中被父母有意饿死与毒死的儿童数量也十分庞大，"她们通常对子女的死亡并不十分介意"[④]。由此观之，科技的胜利，造成了怎样的道德败坏。

---

① 《马克思恩格斯文集》第 5 卷，人民出版社，2009，第 453 页。
② 《马克思恩格斯文集》第 5 卷，人民出版社，2009，第 455—456 页。
③ 《马克思恩格斯文集》第 5 卷，人民出版社，2009，第 457—458 页。
④ 《马克思恩格斯文集》第 5 卷，人民出版社，2009，第 458 页。

此外，科学技术作为推动生产力发展的第一要素，消灭了延长工作日的"一切道德界限与自然界限"①。这既为资本家无限度地提高工作日强度创造了条件，也增强了资本家掠夺工人的无偿劳动的贪欲，构成了将工人家庭全部成员的自由劳动时间转化为受资本支配的价值增殖时间的有效手段。科技以其巨大的劳动生产率成为资本家榨取剩余价值的"一种客观的和系统地利用的手段"②，大大提高了工人在工作日内的劳动强度和紧张程度，且已经严重超出了工人所能承受的生理极限和"劳动时间的自然界限"③。"自从普遍采用昂贵的机器以来，人被强行消耗的力量远远超出人的平均力量。"④ 由于机器的运转大大加快，高强度的"机器劳动极度地损害了神经系统，同时它又压抑肌肉的多方面运动，夺去身体上和精神上的一切自由活动"⑤，从而使工人劳动紧张到精疲力竭的地步，从根本上造成了劳动者精神与肉体的毁损，以致大量工人过早衰亡。正是基于科技的资本主义应用所引发的种种道德败坏，马克思指出："技术的胜利，似乎是以道德的败坏为代价换来的。随着人类愈益控制自然，个人却似乎愈益成为别人的奴隶或自身的卑劣行为的奴隶。甚至科学的纯洁光辉仿佛也只能在愚昧无知的黑暗背景上闪耀。我们的一切发明和进步，似乎结果是使物质力量成为有智慧的生命，而人的生命则化为愚钝的物质力量。"⑥

总的来说，科技的正效应与负效应构成了马克思和恩格斯科技生产力观的主要内容。尽管其负效应与正效应一样突出，但马克思和恩格斯已经深刻地认识到科技的负效应根源于资本主义制度，而不在于科技本身，也不在于科技的使用，"我们不会认错那个经常在这一切矛盾中出现的狡狯的精灵"⑦。因此，要使科技有效地发挥其正效应，只能由新生的人们来掌

---

① 《马克思恩格斯文集》第 5 卷，人民出版社，2009，第 469 页。
② 《马克思恩格斯文集》第 5 卷，人民出版社，2009，第 474 页。
③ 《马克思恩格斯全集》第 37 卷，人民出版社，2019，第 28 页。
④ 《马克思恩格斯文集》第 5 卷，人民出版社，2009，第 464 页。
⑤ 《马克思恩格斯文集》第 5 卷，人民出版社，2009，第 486—487 页。
⑥ 《马克思恩格斯文集》第 2 卷，人民出版社，2009，第 580 页。
⑦ 《马克思恩格斯文集》第 2 卷，人民出版社，2009，第 580 页。

握它，即必须推翻资本主义制度和资本主义生产方式，而广大的无产阶级就是这个执行者。

二 马克思恩格斯生态生产力观的主要内容

生态生产力观作为马克思和恩格斯生产力观的隐性逻辑线索，不仅强调外部自然界之于人类生存发展和社会生产力发展的前提性、根基性，也强调外部自然界之于社会财富生产的根源性，更强调人与自然矛盾的解决之于生产力可持续发展的必要性。可以说，这几个方面正是他们生态生产力观主要内容的集中体现。

（一）外部自然是人类生存与发展的必要前提

在《德意志意识形态》中，马克思和恩格斯指出："全部人类历史的第一个前提无疑是有生命的个人的存在。因此，第一个需要确认的事实就是这些个人的肉体组织以及由此产生的个人对其他自然的关系……任何历史记载都应当从这些自然基础以及它们在历史进程中由于人们的活动而发生的变更出发。"[1] 也就是说，有生命的个人作为全部人类历史第一个前提的必要条件便是从外部自然界汲取物质养料以维持肉体生命的存续，这就指明了外部自然之于人类生存发展的优先性、前提性，表明了人类是自然界的产物。

在《1844年经济学哲学手稿》中，马克思在阐述人的类生活时指出，类生活无论是就动物而言还是就人类而言，从肉体方面来讲就在于人靠无机界生活，即靠外部自然界生活。因而，外部自然界是人类生命存续的必要前提，是人类生活必需资料的直接来源。"人在肉体上只有靠这些自然产品才能生活"[2]，无论这些产品是以食物、燃料、劳动对象等直接的形式表现出

---

[1] 《马克思恩格斯文集》第1卷，人民出版社，2009，第519页。

[2] 《马克思恩格斯文集》第1卷，人民出版社，2009，第161页。

来，还是以衣物、住房、工具等间接的形式表现出来，均根源于自然界。所以，外部自然界作为人的生活资料和生产资料的直接来源，构成了"人的无机的身体"。马克思指出："自然界，就它自身不是人的身体而言，是人的无机的身体。人靠自然界生活……自然界是人为了不致死亡而必须与之处于持续不断的交互作用过程的、人的身体。"① 因此，离开了自然界，离开了感性的外部世界，人类既无法生产出和借以生产出自己的产品的原料，从而使生产陷于中断，更无法为满足自身肉体生活的需要获取直接或间接的生活资料，也就无法维持人类生命的存续。

正是基于外部自然界构成了人类生存与发展的必要前提，马克思和恩格斯在批判费尔巴哈抽象的感性直观时指出，费尔巴哈没有看到我们周围的感性世界是人类世世代代与自然界进行物质变换活动的产物，"这种活动、这种连续不断的感性劳动和创造、这种生产，正是整个现存的感性世界的基础，它哪怕只中断一年……不仅在自然界将发生巨大的变化，而且整个人类世界以及他自己的直观能力，甚至他本身的存在也会很快就没有了"②。归根结底，没有外部自然界，离开自然资源的供给与滋养，人类生命的存续与各方面发展便无从谈起。

（二）自然界是社会生产力发展的天然基础

如前所述，外部自然界是人类生存与发展的必要前提，社会生产力（劳动生产力）表现为人类通过生产实践活动与自然界进行物质变换而获取直接的生产生活资料。所以，马克思和恩格斯始终将社会生产力的生成与发展建立在自然的根基之上，并认为一切生产力都归结于自然界。

一方面，马克思和恩格斯通过对社会生产力的基本要素即劳动者、生产资料的阐述，阐明了外部自然界之于社会生产力的重要性、根基性。劳动者作为社会生产力最为重要的构成要素，是自然界长期发展的产物，"是自然

---

① 《马克思恩格斯文集》第 1 卷，人民出版社，2009，第 161 页。
② 《马克思恩格斯文集》第 1 卷，人民出版社，2009，第 529 页。

界的一部分"①。外部自然界不仅是劳动者维持肉体生存的直接生活资料的来源，同时也为"劳动者提供立足之地，给他的劳动过程提供活动场所"②。因此，离开了外部自然界的滋养，劳动者便不能生存，也就不能构成社会生产力，社会生产力便是有之非有、存在着的无。所以，外部自然界是社会生产力得以形成的根本基础。生产资料作为社会生产力不可或缺的构成要素，是劳动者与自然进行物质变换的中介，主要包括劳动对象与劳动工具。无论是表现为天然的自然资源形式的劳动对象，还是经人类后天加工而成的劳动对象，皆来自自然界，均是自然界的产物。对于作为自然资源而用于物质生产的劳动对象的作用，马克思表述为自然力或自然资源本身所蕴含的自然生产力。按照马克思将一切生产力最终都归结于自然界的观点，马克思将作为劳动对象的自然资源分为"生活资料的自然富源"（如土壤肥力、水产资源丰富的河流等）与"劳动资料的自然富源"（如森林、金属、煤炭等）两大类，并认为在生产力发展的初期，"生活资料的自然富源"对生产力发展具有决定意义，也就是说在生产力发展的初期，其更多的是依赖自然生产力，而在生产力发展的高级阶段，"劳动资料的自然富源"更具决定意义。因此，不论社会发展程度如何，社会生产力始终是与自然资源紧密相关的，从而表明了社会生产力对自然资源（自然生产力）的依赖性。同时，标志着社会生产力发展程度的劳动工具归根结底也是自然界的产物。无论是生产劳动工具的原材料，还是其动力，皆源于自然资源或形态发生变化的自然资源。正是在这个意义上，马克思将自然界视为"一切劳动资料和劳动对象的第一源泉"③。

此外，外部自然界对社会生产力的基础性作用还体现在农业生产中。由于农业生产更为直接地建立在自然资源的基础之上，即社会生产力的高低更多地依赖自然生产力的高低。所以，外部自然界对农业生产中的劳动生产力

---

① 《马克思恩格斯文集》第 1 卷，人民出版社，2009，第 161 页。
② 《马克思恩格斯文集》第 5 卷，人民出版社，2009，第 211 页。
③ 《马克思恩格斯文集》第 3 卷，人民出版社，2009，第 428 页。

的基础性作用更为突出。正如马克思所说:"农业劳动的生产率是和自然条件联系在一起的,并且由于自然条件的生产率不同,同量劳动会体现为较多或较少的产品或使用价值……价值体现在多少产品中,取决于土地的生产率。"① 在《资本论》中,马克思在阐述超额利润转化为地租时指出:"自然力不是超额利润的源泉,而只是超额利润的一种自然基础,因为它是特别高的劳动生产力的自然基础。"② 可以说,在这里马克思极为明确地表达了外部自然界(自然生产力)之于社会生产力形成与发展的基础性地位。

另一方面,正是由于外部自然界(自然生产力)构成了社会生产力的天然基础,所以自然资源的丰裕度,即自然生产力的高低又促进或制约着社会生产力的发展。唯物史观认为,自然资源不仅是社会生产力得以生成与发展的重要组成部分,也直接影响着社会生产力发展水平的高低。在《资本论》中,马克思指出不同产业部门的劳动生产力发展极不平衡,原因既在于过度竞争,也在于"劳动生产率也是和自然条件联系在一起的"③,因而劳动生产力的高低与自然资源的丰裕度是成正比的,即自然资源充足,社会生产力就越高,反之社会生产力就越低。因此,"这些自然条件的丰饶度往往随着社会条件所决定的生产率的提高而相应地减低"④。归根结底,社会生产力发展所需的一切物质条件皆取自外部自然界。

(三)自然界是物质财富和精神财富创造的天然源泉

关于财富的来源问题,古典政治经济学的各个流派之间曾有过激烈的争论。重商主义认为,"各国的财富不在于不可消费的金和银,而在于每年由社会劳动再生产出来的可消费的货物"⑤。重农学派将财富的来源归结为土地产品,即农产品。英国古典政治经济学家威廉·配第尽管曾受重商主义影

---

① 《马克思恩格斯文集》第 7 卷,人民出版社,2009,第 924—925 页。
② 《马克思恩格斯文集》第 7 卷,人民出版社,2009,第 728 页。
③ 《马克思恩格斯文集》第 7 卷,人民出版社,2009,第 289 页。
④ 《马克思恩格斯文集》第 7 卷,人民出版社,2009,第 289 页。
⑤ 《马克思恩格斯文集》第 8 卷,人民出版社,2009,第 236 页。

响，认为金银作为"不会毁坏的财富"而高于一切，但最终摆脱了这种影响，提出了"劳动是财富之父，土地是财富之母"① 的论断。英国另一位古典政治经济学家亚当·斯密在《国富论》中，既批评了重商主义将财富归结为货币的观点，从而将财富从流通领域转向生产领域，也批判了重农学派将财富归结为农产品的观点。他认为商品是财富最基本的表现形式，遂将产品的价值视为构成财富实质性的东西，因而主张财富来源于一切生产部门。马克思在对古典政治经济学扬弃的基础上，既肯定了威廉·配第关于劳动是财富源泉的观点，又反对将劳动视为财富的唯一源泉。

唯物史观告诉我们，劳动创造物质财富与精神财富，是主体与客体相统一的过程，因而离开了外部自然界，离开了感性的自然材料，仅仅通过主体的主观能动性，我们不能创造出任何的物质财富与精神财富。因此，在马克思和恩格斯看来，劳动作为生产使用价值的活动、作为生产物质财富与精神财富的活动，是人和自然之间的物质变换过程，"是自然物质和劳动这两种要素的结合"② 的产物。所以，离开了自然资源的供养，一切财富的生产活动都将中断，因而外部自然界构成了物质财富与精神财富生产的天然源泉。关于自然资源在财富生产中的根源性作用，马克思在《资本论》中曾指出，任何一种符合人类需要的、有目的的使用价值的创造活动，如果把"包含的各种不同的有用劳动的总和除外，总还剩有一种不借人力而天然存在的物质基质。人在生产中只能像自然本身那样发挥作用，就是说，只能改变物质的形式。不仅如此，他在这种改变形态的劳动本身中还要经常依靠自然力的帮助"③。可以说，马克思所讲的这种"不借人力而天然存在的物质基质"明显体现了外部自然界之于财富生产的根源性。因此，马克思指出："劳动并不是它所生产的使用价值即物质财富的唯一源泉"④，自然资源同劳动一样也是物质财富的源泉。

---

① 转引自《马克思恩格斯文集》第 5 卷，人民出版社，2009，第 57—58 页。
② 《马克思恩格斯文集》第 5 卷，人民出版社，2009，第 56 页。
③ 《马克思恩格斯文集》第 5 卷，人民出版社，2009，第 56 页。
④ 《马克思恩格斯文集》第 5 卷，人民出版社，2009，第 56 页。

同时，外部自然界作为人的生产活动所必需的物质资料的总和，也构成了精神财富创造的天然源泉。精神财富作为人的意识在观念上建构活动的总和，归根结底也是来源于人脑对以物质资料为基础的社会存在的反映，因而其根源也是外部自然界。一方面，从实践领域来说，无论是直接的自然资源，还是形式发生变化的自然资源，均是人的直接生活资料的来源。当人的基本生存需要获得满足后，在这种人与自然的关系中，人便产生了对某种终极意义的寻求，即对"绝对之真、至上之善、最高之美、终极价值"的寻求，也就是"试图获得某种关于真善美的最终的根据、标准和尺度"①，这构成了人最宝贵的精神财富。另一方面，从理论领域来说，外部自然界的一切资源，如"植物、动物、石头、空气、光等等"②，便构成了哲学与艺术的对象，"都是人的意识的一部分，是人的精神的无机界，是人必须事先进行加工以便享用和消化的精神食粮"③。因此，人的精神生活也是与自然界相联系并作为自然界的一部分而存在的。

（四）实现"两个和解"就是要发展生态生产力

在《1844年经济学哲学手稿》中，马克思认为异化劳动造成了人与自然的异化，而异化劳动的四个规定最终可归结为人与人的异化，即人与人之间的矛盾对立造成了人与自然之间的矛盾对立。这样，在异化劳动下，劳动者越是拼命占有生产资料、占有外部自然界，就越是加速失去外部自然界，从而在这种生产方式下，社会生产力越是提高，也就越是加剧自然的毁损。因此，马克思和恩格斯认为，只有随着社会生产力的极大发展与物质财富的极大增长，推动生产方式的根本变革，才能实现人与人的和解，进而为实现人与自然的和解开辟道路。

马克思关于"真正的共同体"的论述，内含着解决人与自然矛盾的独特理论视角和理论进路。"真正的共同体"首先寻求人与人的和解。在马克思

---

① 孙正聿：《哲学通论》，复旦大学出版社，2014，第143页。
② 《马克思恩格斯文集》第1卷，人民出版社，2009，第161页。
③ 《马克思恩格斯文集》第1卷，人民出版社，2009，第161页。

看来，正是资本主义异化劳动下人与人的矛盾对立造成了人与自然的矛盾对立，因而只有彻底推翻资本主义私有制，进而彻底消灭资本主义私有制下异化的生产关系，才能彻底消除统治着劳动者的异己的奴役关系，才能使劳动者在对生产生活资料和社会关系全面占有的基础上自由地开展生产生活实践，才能实现人的本质向自身的复归，使人真正作为人而生活，这是实现人与人的和解的必然要求和必要条件；同时，人与自然的和解统一于人与人的和解过程之中，因而人与人的和解为人与自然的和解开辟了道路。

马克思认为，随着生产力的极大发展和社会物质财富的极大增长，我们将超越物的依赖性下人与自然对立的"虚幻的共同体"，进而迈向社会生产力从属于"人的自由个性"的"真正的共同体"。在"真正的共同体"形式下，即在共产主义社会，人与自然将实现和谐共生。人类将摆脱资本逻辑的发展桎梏，外在自然不再是生产力发展的界限，"社会化的人，联合起来的生产者，将合理地调节他们和自然之间的物质变换，把它置于他们的共同控制之下，而不让它作为一种盲目的力量来统治自己；靠消耗最小的力量，在最无愧于和最适合于他们的人类本性的条件下来进行这种物质变换"①。也就是说，在理性地发挥主观能动性与正确认识和利用自然规律的基础上，以人类物种生活的真实需要调节人与自然之间的物质变换过程，最大限度地提高自然资源的利用率，"把对自然界的认识（这也作为支配自然界的实践力量而存在着）当做对他自己的现实躯体的认识"②，这样，"人对自然的关系直接就是人对人的关系，正像人对人的关系直接就是人对自然的关系"③，从而实现人的自然性和自然的社会性的统一、生产发展与生态保护的统一。因此，只有在"真正的共同体"形式下，才能实现人与自然的和解，进而实现人与自然的双重解放。正如马克思所言，共产主义是"人和自然界之间、人和人之间的矛盾的真正解决"④。

---

① 《马克思恩格斯文集》第 7 卷，人民出版社，2009，第 928—929 页。
② 《马克思恩格斯文集》第 8 卷，人民出版社，2009，第 172 页。
③ 《马克思恩格斯文集》第 1 卷，人民出版社，2009，第 184 页。
④ 《马克思恩格斯文集》第 1 卷，人民出版社，2009，第 185 页。

可以说，马克思关于在"真正的共同体"形式下实现人与人的和解、人与自然的和解的阐述，既以最大限度地减少对自然资源的浪费与破坏、实现人与自然的和谐共生、谋求可持续发展为目标，更以实现人与自然的双重解放为价值归宿，而这也恰恰是马克思和恩格斯生态生产力观的终极目标、终极关怀，从而构成了他们生态生产力观的重要内容。

综上所述，马克思和恩格斯虽未明确提出生态生产力概念，但是马克思和恩格斯从未抽象地谈论生产力，而是始终将生产力的发展建立在自然的根基之上，始终承认外部自然界对社会生产力发展和社会财富生产的根源性、基础性作用。因此，马克思和恩格斯的生产力理论是将生产力与人和自然环境紧密结合的科学理论，只有充分认识自然环境在他们生产力理论中的基础性作用，才能科学地理解他们的生产力观。

三　马克思恩格斯科技生产力观与生态生产力观的关系

科技生产力观与生态生产力观作为马克思和恩格斯生产力观的双重内在逻辑线索，互相影响、互相塑造、互为补充，不仅使马克思恩格斯的生产力观呈现出清晰的理论轮廓与丰富的理论内涵，而且构成了他们生产力观的整体性视阈。那么，这两条逻辑线索的内在关联是什么，便成为我们这里亟待回答的一个重大理论问题。

（一）生态生产力对科技生产力的影响具有二重性

一方面，生态生产力对科技生产力具有承载功能，是其存续的自然前提与物质基础。科技生产力作为改造自然的巨大物质力量，表现为人通过生产实践活动与自然进行物质变换，因而也是通过劳动者、劳动对象、劳动工具三要素发挥作用的，而这三要素归根结底也建立在自然的根基之上，离开了外部自然，只能作为抽象的生产力构成要素而无法现实地作用于生产过程。就劳动者要素而言，无论劳动者社会智力文化水平高低、被科学技术怎样武装，都是自然环境的产物、是自然界的一部分、靠自然界生活。因此，马克思指出:"被抽象地孤立地理解的、被固定为与人分离的自然界,对人说来也是无。"① 就劳动对象要素而言,劳动对象是科技生产力得以实现的重要条件。无论是未经人类加工就天然存在的劳动对象,还是在科学技术作用下经人类加工而产生的劳动对象,皆是自然资源或自然资源形态变化的产物,其终极来源皆是自然界。因此,外部自然是人类生产的现实劳动对象和可能的劳动对象的总和。就劳动工具而言,劳动工具是科技生产力的集中显现。无论是最初应用于农业、手工业生产的简易工具,如石器、磨、风车、水车等,还是随后在资本主义生产中占据支配地位的机器、自动的机器体系等,其生产的材料或原料、动力等,皆来自自然界。因此,马克思将自然界视为"一切劳动资料和劳动对象的第一源泉"②。可以说,离开了自然资源或自然力,就没有劳动工具的存在,因而科技生产力也就无法存续。关于自然资源或自然力在生产力发展中的地位与作用,马克思在《资本论》中指出:"撇开社会生产的形态的发展程度不说,劳动生产率是同自然条件相联系的。这些自然条件都可以归结为人本身的自然(如人种等等)和人的周围的自然。外界自然条件在经济上可以分为两大类:生活资料的自然富源,例如土壤的肥力,鱼产丰富的水域等等;劳动资料的自然富源,如奔腾的瀑布、可以航行的河流、森林、金属、煤炭等等。在文化初期,第一类自然富源具有决定性的意义;在较高的发展阶段,第二类自然富源具有决定性的意义。"③ 也就是说,马克思认为在科技生产力发展的初期,生产力发展取决于生活资料的自然富源,在科技生产力发展的高级阶段,则取决于劳动资料的自然富源。这就从劳动者对自然界的本原性、劳动资料对自然界的根源性、劳动工具对自然界的依赖性等方面,揭示了生态生产力对科技生产力的前提性与根基性作用。正是在这个意义上,马克思指出"一切生产力都归结为自然界"④。

另一方面,生态生产力对科技生产力也具有制约性或颠覆性影响。诚

---

① 《马克思恩格斯全集》第 42 卷,人民出版社,1979,第 178 页。
② 《马克思恩格斯文集》第 3 卷,人民出版社,2009,第 428 页。
③ 《马克思恩格斯文集》第 5 卷,人民出版社,2009,第 586 页。
④ 《马克思恩格斯文集》第 8 卷,人民出版社,2009,第 170 页。

然，自然资源所蕴含的巨大自然力作为不费资本分文的生产力，大大提高了劳动生产率，为资本家积累了超额利润，也为科技生产力的发展提供了坚实的物质支撑。可以说，自然资源的丰裕度或自然生产力的高低与科技生产力的发展变化是成正比的。按照马克思"一切生产力都归结为自然界"的思想，科技生产力的基本要素皆是在与自然互动过程中作用于生产过程的，因而必然从根源性上受到外部自然的制约。自然条件的优劣决定了农业产量和使用价值的高低。尽管科学技术在农业中的应用优化了传统的耕作方式、改变了土壤的原有条件、实现了对土地的科学管理，从而在一定程度上提高了土地的肥力与劳动生产率，但归根结底，科技生产力无论在农业中表现出怎样的革命性，始终不能消除自然条件的永恒限制。在工业生产中，马克思指出："就各个单个资本来说，再生产的连续性有时或多或少地会发生中断"①，正如 18 世纪的工人经常因缺乏劳动资料而陷入经常性的停工一样。这种中断尤其表现在季节性的生产部门因自然条件的限制而发生不同程度的生产中断。尽管强大的科技生产力消除了劳动资料短缺对生产造成的困扰，也通过对自然规律相对科学的认识、利用，动用全面改造自然的法术般的力量，最大限度地保证了生产的连续性，但是科技生产力仍然处处受到自然条件的制约，仍面临着被颠覆的威胁，正如恩格斯在《自然辩证法》中所列举的由人类过度干预自然而导致文明衰亡的例子一样。目前，我们虽然拥有高度发达的科技生产力，但无法从根本上消解人与自然的对立，世界各国仍深受全球性生态危机的威胁，仍被可持续发展面临的挑战所困扰。这是因为"人类进步的一切大的时代，是跟生活来源扩充的各时代多少直接相符合的"②。总之，科技生产力面临着生态生产力的永恒限制。

（二）科技生产力对生态生产力的影响具有二重性

一方面，科技生产力形塑了生态生产力。科学技术作为推动生产力发展

---

① 《马克思恩格斯文集》第 6 卷，人民出版社，2009，第 121 页。
② 《马克思恩格斯文集》第 4 卷，人民出版社，2009，第 32 页。

的第一要素，为资本主义创造了巨额的社会物质财富，因而被资本家有意识加以利用与发展。正是科技生产力这种强大的支配力，使资本逻辑得到空前的张扬，因而资本家将生产力的片面发展、经济利润的最大化作为生产的价值归宿。这样，其过分追求经济利润最大化而导致科技生产力的片面发展，是建立在大量耗费与毁损自然资源的基础上的，必然以牺牲生态生产力为代价。正如马克思所言："产业越进步，这一自然界限就越退缩"[1]、"自然条件的丰饶度往往随着社会条件所决定的生产率的提高而相应地减低"[2]。科技生产力的片面发展在观念层面形成了见物不见自然的"拜物教"，即对商品、货币、资本等物质要素疯狂追求的物役经济，使人们从思想意识深处弱化了自然及其内蕴生命的价值，将自然视为完全缺乏任何经验、情感、内在关系、内在价值的僵死之物，自然仅仅作为一个被动"客体"成为"依据我们的目的加以使用的'它'"[3]。这为资本主义疯狂地开发破坏自然、掠夺自然资源、榨取自然生产力提供了意识形态的辩护，使其具有了"合法性"的外观，从而加剧了人与自然的紧张对立。马克思和恩格斯正是基于批判资本主义对科技生产力的不合理使用而引发一系列生态问题，进一步发展与深化了生态生产力思想。

另一方面，科技生产力与生态生产力的有机结合，既可以促进生态生产力的发展，又可以促进社会生产力的发展。如前所述，没有生态生产力，离开外部自然的支撑，科技生产力就无从谈起，而没有科技生产力，生态生产力只能在狭小的范围内得到有限的利用，而不能大规模应用于生产过程，也就不能使大多数人受益。马克思在谈到影响生产力发展的因素时指出，生产力是由"工人的平均熟练程度，科学的发展水平和它在工艺上应用的程度，生产过程的社会结合，生产资料的规模和效能，以及自然条件"[4] 所决定的。因此，我们可以将工人的平均熟练程度、科学的发展水平和它在工艺上应用

---

① 《马克思恩格斯文集》第 5 卷，人民出版社，2009，第 589 页。
② 《马克思恩格斯文集》第 7 卷，人民出版社，2009，第 289 页。
③ 〔美〕大卫·雷·格里芬编《后现代精神》，王成兵译，中央编译出版社，2011，第 218 页。
④ 《马克思恩格斯文集》第 5 卷，人民出版社，2009，第 53 页。

的程度、生产过程的社会结合视为影响生产力发展的科学技术因素，归属于科技生产力范围；将生产资料的规模和效能、自然条件视为影响生产力发展的自然因素，归属于生态生产力范围。可见，社会生产力的发展是科技生产力与生态生产力合力作用的结果，二者缺一不可。科技生产力既改变了自然生产力的自在状态，也放大了自然生产力所蕴含的生产效能。正如马克思所言："大工业把巨大的自然力和自然科学并入生产过程，必然大大提高劳动生产率"①。此外，科技生产力对生态生产力发展的推动作用，也表现在马克思和恩格斯的循环发展思想之中。在《资本论》中，马克思多次阐述了循环发展思想，他认为，科学技术的发展提高了对工业废料的循环利用能力，这既可以从源头上减少对自然资源的浪费与破坏，又可以大大降低对生态环境的污染程度，从而在促进生态生产力发展的过程中形成合力，进而促进社会生产力又好又快发展。

总的来说，科技生产力观与生态生产力观作为马克思和恩格斯生产力观的双重内在逻辑线索，既强调了科技生产力对社会发展的重要作用，更强调了生态生产力在社会发展中的重要地位。这说明马克思和恩格斯的生产力观是与自然生态紧密相连、充满绿色意蕴的科学理论，而绝非一些国内外学者所认为的只见科技不见自然的"生产力决定论"。因此，只有充分认识自然生态在他们生产力观线索中的重要地位，才能科学而完整地理解马克思和恩格斯的生产力理论；同时，这也为强调以生产力为基本标准的彻底的唯物主义展现了一个新的地平线，其必将随着世界历史进程的发展持续迸发出耀眼的光芒。

---

① 《马克思恩格斯文集》第5卷，人民出版社，2009，第444页。

第五章 马克思恩格斯生产力观的当代发展

上一章我们主要讨论了马克思和恩格斯科技生产力观与生态生产力观的主要内容及其相互关系。长期以来，马克思和恩格斯生产力观的核心思想产生了广泛而深刻的影响，其中科技生产力观的影响相对来说更为突出，其既被中国共产党领导人所承继和发展，形成了中国化的马克思主义生产力理论，也被一些西方学者所继承与重释，形成了各具特色的生产力思想。本章将基于马克思和恩格斯生产力观的主要内容，进一步考察中国化的马克思主义与西方学者对他们生产力观的丰富和发展，这对于我们进一步理解他们的生产力观具有重要意义。

一 马克思恩格斯生产力观在当代中国的发展

新中国成立后，中国共产党在推进马克思主义中国化时代化的过程中，将马克思和恩格斯的生产力理论与社会主义建设、改革的伟大实践结合起来，进一步丰富和发展了马克思和恩格斯的生产力观，形成了具有中国特色的马克思主义生产力理论，进而为我国进一步解放和发展社会生产力提供了科学的指导。

（一）马克思恩格斯科技生产力观在当代中国的发展

马克思和恩格斯在其文本中对生产力进行了多方面的探讨，为中国化的马克思主义生产力理论奠定了思想根基。毛泽东开了马克思主义生产力理论中国化的先河，在继承马克思和恩格斯科技生产力观的基础上，提出了"不搞科学技术，生产力无法提高"[1] 的重要论断。此后，邓小平、江泽民、胡锦涛、习近平等党和国家领导人均以马克思和恩格斯的科技生产力观为理论基础，对生产力问题进行了更为深入的思考，先后形成了"科学技术是第一生产力"[2] 理论、科技创新和"科教兴国"战略、建设创新型国家战略、科技创新驱动发展战略和新质生产力相关理论，丰富和发展了马克思主义生产力理论。

1. 毛泽东的"不搞科学技术，生产力无法提高"论断

毛泽东把马克思和恩格斯的科技生产力观与中国社会主义革命和建设实践相结合，形成了自己的生产力思想，并提出了"不搞科学技术，生产力无法提高"的论断，由此开了马克思主义生产力理论中国化的先河。

一方面，就生产力的构成要素来看，毛泽东认为在生产力的基本构成要素中，劳动者和生产资料这两个要素最为重要。毛泽东继承了历史唯物主义关于科学技术是一种生产力的观点，强调必须通过科学技术来"改造"劳动者和生产资料。其一，从科学技术对劳动者的"改造"来看，同马克思所认为的工人通过短期培训而提高自身的劳动技能水平一样，毛泽东认为，科学技术可以提高劳动者的科学文化素质。他强调，"为着扫除民族压迫和封建压迫，为着建立新民主主义的国家"[3]，我们需要培养一大批文化素质较高的劳动者，如人民教师、科学家、工程师、医生等专业技术人员。同时，为了更好地建设我们的新国家，我们还必须拥有自己的科研人员队伍、自己的马克思主义理论家队伍等。这样，毛泽东就极力主张通过提高劳动者的素质来为我国的生产力发展服务，并把培养和造就一支庞大的科学技术专家队伍提上议事日程。由此可见，毛泽东十分重视科学技术对于提高劳动者素质的重要性。其二，从科学技术对生产资料的改造来看，毛泽东所说的生产资料，

---

① 《毛泽东文集》第 8 卷，人民出版社，1999，第 351 页。

② 《邓小平文选》第 3 卷，人民出版社，1993，第 274 页。

③ 《毛泽东选集》第 3 卷，人民出版社，1991，第 1082 页。

主要是指生产工具（机器）。他强调，科学技术可以实现生产工具（机器）的革命，进而推出更为先进的生产工具（机器），这样就可以大大提高我国的生产力发展水平，并认为生产工具的使用标志着人类社会的进步。这与马克思关于区分各个经济时代的标准在于我们使用何种生产工具进行生产的观点是一脉相承的。在毛泽东看来，只有大力发展科学技术，在各个生产部门中实行机械化生产，才能提高我国的工业制造水平，进而彻底改变我国经济面貌和工业面貌的落后状态。针对我国当时农业劳动十分繁重的状况，毛泽东认为，要改变我国农业生产过于繁重的发展现状，我们既要在农业生产中推行机械化生产，又要通过科学技术提升广大农民的科学文化素质，使他们在正确利用自然规律和掌握科学耕种方法的基础上实现更大的产出，而这一切都离不开科学技术的支撑。由此可见，科学技术对于提高社会生产力发展水平具有重要作用。

另一方面，就生产力发展而言，毛泽东主张可以通过开展技术革命的方式来实现。从当时的国际发展情况来看，大多数发达国家拥有较为先进的科学技术，而我国的科学技术发展水平与其相比存在较大差距。因此，"有必要广泛开展技术革新和技术革命，来解决这个不平衡"[1]，因为"资本主义各国，苏联，都是靠采用最先进的技术，来赶上最先进的国家，我国也要这样"[2]。同时，毛泽东指出，我国"现在是处在新的历史时期"[3]，即处在一个"钻社会主义工业化，钻社会主义改造，钻现代化的国防，并且开始要钻原子能这样的历史的新时期"[4]。为此，毛泽东要求全党和全国人民"适合这种新的情况钻进去，成为内行，这是我们的任务"[5]。后来，我国研制成功"两弹一星"，就是在毛泽东这一思想的正确指导下，经过广大科技人员顽强拼搏、共同努力所取得的伟大成就。实践证明，毛泽东关于开展技术革命的

[1] 《毛泽东文集》第8卷，人民出版社，1999，第120页。
[2] 《毛泽东文集》第8卷，人民出版社，1999，第126页。
[3] 《毛泽东文集》第6卷，人民出版社，1999，第392页。
[4] 《毛泽东文集》第6卷，人民出版社，1999，第395页。
[5] 《毛泽东文集》第6卷，人民出版社，1999，第395页。

思想，不仅有力地推动了我国社会生产力的发展，提高了人民的生活水平，也大大改变了我国工业生产的落后面貌，提高了我国的工业化程度，更是为我国进一步深化对高新技术的研究奠定了坚实的基础。

其实早在 19 世纪，马克思和恩格斯就认为，社会生产力发展所创造的现实财富"较少地取决于劳动时间和已耗费的劳动量"①，较多地取决于"科学的一般水平和技术进步，或者说取决于这种科学在生产上的应用。（这种科学，特别是自然科学以及和它有关的其他一切科学的发展，本身又和物质生产的发展相适应。）"②。毛泽东正是在他们这一论断的基础上并结合我国工业面貌相对落后的发展现实，作出了通过开展技术革命来提高我国生产力发展水平的正确选择。为此，毛泽东号召全国人民通过"广泛开展技术革新和技术革命"③来解决我国科学技术发展水平和生产力发展水平不高的问题。在这一号召下，我国的技术革命迅速开展起来，科技人员的积极性得到充分调动，科技事业得到较快发展，生产力发展水平也随之得到较大提高，与世界发达国家的科技发展差距也在不断地缩小，从而为我国社会主义建设事业的发展奠定坚实的基础。

2. 邓小平的"科学技术是第一生产力"命题

立足于马克思和恩格斯的科技生产力观以及毛泽东"在技术上起一个革命"等论断，邓小平结合我国迫切需要发展生产力以提高人民生活水平这一发展现实，高度肯定了科学技术的生产力性质，形成了独具特色的科技生产力思想。

1952 年，邓小平深刻认识到科学技术对新中国建设与国民经济发展的重要作用，认为"科学研究是基础性的工作"④，在"这方面投资就叫作基本建设投资"⑤。在第一个五年计划实施期间，重工业的发展对科学技术提出了

---

① 《马克思恩格斯文集》第 8 卷，人民出版社，2009，第 195 页。
② 《马克思恩格斯文集》第 8 卷，人民出版社，2009，第 196 页。
③ 《毛泽东文集》第 8 卷，人民出版社，1999，第 120 页。
④ 《邓小平文集（一九四九～一九七四年）》中卷，人民出版社，2014，第 3 页。
⑤ 《邓小平文集（一九四九～一九七四年）》中卷，人民出版社，2014，第 4 页。

迫切的需要，这就凸显出邓小平关于加快发展科学技术的战略的前瞻性。1975 年，在迫切需要发展国民经济以提高人民生活水平和推动社会主义现代化建设的背景下，尤其是经历了一个时期的发展停滞，针对中国各方面发展特别是高素质劳动者的比例与科学技术发展水平已经远远落后于西方发达国家的现状，邓小平在肯定毛泽东关于科技劳动者重要性的认识的基础上，进一步肯定了科技工作者对于国家发展的重要性，指出"科学技术叫生产力，科技人员就是劳动者"[1]，从而恢复了科技工作者的历史地位。此后，邓小平多次邀请科技工作者召开座谈会，通过几次讨论，邓小平进一步认识到科学技术在国家各方面建设中的作用。

在 1978 年召开的全国科学大会上，邓小平表示，从现代科学技术近三十年的发展来看，现代科学技术"出现了新的飞跃，产生了并且正在继续产生一系列新兴科学技术……一系列新兴的工业，如高分子合成工业、原子能工业、电子计算机工业、半导体工业、宇航工业、激光工业等，都是建立在新兴科学基础上的"[2]。社会生产力能有这样大的发展，"最主要的是靠科学的力量、技术的力量"[3]。随着自然科学的发展，在当代，现代科学技术与生产力发展的关系越来越密切，越来越决定着生产力的发展水平和方向，越来越决定着一个国家的工业发展水平，并构成了现代化发展的强大动力。缺乏高水平的科学技术的支撑，我们便无法实现"四个现代化"的发展目标。正是基于此，邓小平将科学技术视为第一生产力并认为"四个现代化，关键是科学技术的现代化"[4]。正是因为我们封闭了多年，我国的科学技术发展水平与其他国家差距较大。在这里，邓小平不仅高度赞赏了科学技术在我国各领域发展中的重要作用，也指明了科学技术对一个国家综合国力的深刻影响，更是指明了提升科学技术发展水平的路径，即在紧跟世界科技前沿中逐步缩小与科技领先国家的差距。这为加快提升我国科学技术发展水平提供了科学

---

[1]　《邓小平文选》第 2 卷，人民出版社，1994，第 34 页。

[2]　《邓小平文选》第 2 卷，人民出版社，1994，第 87 页。

[3]　《邓小平文选》第 2 卷，人民出版社，1994，第 87 页。

[4]　《邓小平文选》第 2 卷，人民出版社，1994，第 86 页。

指导。

在农业发展中，马克思和恩格斯曾指出机器大工业在农业中的使用提高了农业部门的生产力；毛泽东也曾指出解决农业问题需要在农业中推行机械化生产。① 在此基础上，邓小平进一步认为，我国"将来农业问题的出路，最终要由生物工程来解决，要靠尖端技术。对科学技术的重要性要充分认识"②，而这离不开一大批科技工作者的支撑。正是基于此，邓小平反复强调科技工作者的重要性并指出："科学技术人才的培养，基础在教育"③。为此，他认为我们要通过真正搞好教育改革，提高人民教师的政治地位和社会地位，尊重知识、尊重人才，打破常规去发现、选拔和培养杰出的人才，改革科技体制，搞个综合的科研中心等措施④以及改进教育投资等方式培养成批的科技人才，进而形成人才资源的巨大优势，这样总会有人取得重大科学突破和做出重大贡献。所以，我们既要重视和尊重科研工作者，又要将教育和科技作为国家长期的发展战略来抓。这项工作关乎着国家和民族的前途命运，必须重视起来，必须毫不动摇地坚持下去。这为我国后来实施"科教兴国"战略奠定了基础。后来，邓小平在总结改革开放以来社会主义现代化建设的经验时表示："经济发展得快一点，必须依靠科技和教育"⑤，"要提倡科学，靠科学才有希望"⑥。

正是基于科学技术在一个国家生产力发展、经济进步、综合实力提升等方面的重要性，邓小平将科学技术视为第一生产力。可以说，他关于科技生产力的相关论述，对于提高我国劳动者的科学文化素质、改变我国生产发展的落后面貌、提升我国的国际竞争力具有十分重要的意义。

---

① 《毛泽东文集》第 7 卷，人民出版社，1999，第 151—152 页。
② 《邓小平文选》第 3 卷，人民出版社，1993，第 275 页。
③ 《邓小平文选》第 2 卷，人民出版社，1994，第 95 页。
④ 《邓小平关于建设有中国特色社会主义的论述专题摘编》，中央文献出版社，1992，第 70—78 页。
⑤ 《邓小平文选》第 3 卷，人民出版社，1993，第 377 页。
⑥ 《邓小平文选》第 3 卷，人民出版社，1993，第 377—378 页。

3. 江泽民的科技创新和"科教兴国"战略

20 世纪末至 21 世纪初，以信息技术为主要标志的第三次科技革命深刻改变了人类的生产方式、生活方式，成为推动经济增长的主要动力。为此，世界各国皆以科学技术为核心制定了各自的发展战略。基于世界科技形势的深刻变化和我国迫切发展生产力的现实需要，江泽民在继承马克思恩格斯的科技生产力观的基础上，结合所处时代的特点和发展趋势，提出了科技创新和"科教兴国"战略，即"先进生产力"思想。

江泽民在对"三个代表"重要思想进行阐述的时候，第一次提出了"先进生产力"这一概念，即中国共产党始终"代表中国先进生产力的发展要求"①。在这里，虽然江泽民明确提出了"先进生产力"这一概念，但对于究竟什么是先进生产力，此时的他并没有给出具体解释。而后，随着实践的发展和认识的深化，江泽民在 2001 年 6 月 22 日召开的中国科学技术协会第六次全国代表大会上的讲话中，立足于千年之交、世纪更替这一重要时间节点，高度肯定了科学技术的生产力性质，认为在当代，现代科学技术已经成为"先进生产力的集中体现和主要标志"②。这个认识不仅指明了我国加速发展科学技术的必要性，同时也点明了"先进生产力"的内涵，即在他看来，发展"先进生产力"就是发展以高精尖为特征的现代科学技术。

科学技术作为推动生产力发展的第一要素，我们究竟该如何推动科学技术进步？江泽民在邓小平狠抓科技和教育相关做法和论述的基础上，认为我们既要加快提高我国科技的自主创新能力，从而进一步提高我国科学技术的发展水平，又要大力发展教育事业，提高全民的科学文化素质，培养一大批高水平的专业技术人才。正是在这一认识的基础上，江泽民于 1995 年提出了"科教兴国"战略，正式将邓小平关于长期狠抓科学技术和教育的思想确定为国家发展战略，这样一来，就把教育工作放在了更加突出的战略位置。此后，江泽民在多个场合反复强调，要毫不动摇地将"科教兴国"战略作为

---

① 《江泽民文选》第 3 卷，人民出版社，2006，第 280 页。
② 《江泽民文选》第 3 卷，人民出版社，2006，第 261 页。

国家的长期发展战略坚持下去。我们党对科技工作和教育工作的重视程度可见一斑。

对外开放后，中国尽管从西方引进了一些技术，也掌握了一些技术，但也付出了惨重的代价。更为重要的是一些战略性的高新尖端技术始终面临着西方的封锁，这不仅严重限制了我国在某些领域的发展进程，也对我国的国家安全造成了严重的威胁。因此，江泽民在多个场合反复强调，在发展高新技术上，既要"学习、引进国外先进技术"[1]，更"要始终突出自主创新。只有不断提高自主创新能力，我们才能减少对技术引进的依赖，提高参与国际市场竞争的能力"[2]。如果一味依赖他国的现成技术，不仅"很难维护国家的安全"[3]，而且也不能"真正在世界高科技领域占有一席之地"[4]，"最终还是会受制于人"[5]。此后，他主张将自主创新能力视为国家发展的动力之源，并将之提升到关乎民族兴衰的高度来认识。江泽民认为，"创新是一个民族的灵魂，是一个国家兴旺发达的不竭动力"[6]，"是一件关系我国未来综合国力和国际地位的大事"[7]。没有创新，一个国家"就没有发展，没有生命力"[8]，也就难以形成推动发展的强大力量，终将被激烈的国际竞争所淘汰。正是在这一认识的基础上，党中央从中国发展的战略需要和世界科学的发展趋势出发，批准了建设国家知识创新体系的试点工程，目标就是取得重大科学技术创新与突破。

4. 建设创新型国家战略

党的十六大以来，以胡锦涛同志为总书记的党中央在继承马克思恩格斯科技生产力观和我们党前三代中央领导集体科学技术生产力思想的基础上，

---

[1]　《江泽民论有中国特色社会主义（专题摘编）》，中央文献出版社，2002，第244页。
[2]　《江泽民论有中国特色社会主义（专题摘编）》，中央文献出版社，2002，第244页。
[3]　《江泽民论有中国特色社会主义（专题摘编）》，中央文献出版社，2002，第246页。
[4]　《江泽民论有中国特色社会主义（专题摘编）》，中央文献出版社，2002，第248页。
[5]　《江泽民论有中国特色社会主义（专题摘编）》，中央文献出版社，2002，第248页。
[6]　《江泽民论有中国特色社会主义（专题摘编）》，中央文献出版社，2002，第250页。
[7]　《江泽民论有中国特色社会主义（专题摘编）》，中央文献出版社，2002，第249页。
[8]　《江泽民论有中国特色社会主义（专题摘编）》，中央文献出版社，2002，第249页。

立足于我国科学技术发展水平与发达国家包括邻国还存在较大差距的发展现实，着眼于新科技革命对全球生产力、生产方式、生活方式的重大影响，深刻认识到科学技术所蕴含的推动人类文明进步的革命性力量，提出了建设创新型国家的重要战略。这为我国抓住科技发展的重要战略机遇期，全面建设小康社会，进而进一步解放和发展社会生产力提供了强有力的支撑。

建设创新型国家战略是以胡锦涛同志为总书记的党中央在对世界经济、科技发展大趋势和我国科技发展现状、基本国情予以深刻认识的基础上作出的重要战略决策。2004 年 6 月，在全国两院院士大会的开幕式上，胡锦涛从全球科技发展趋势出发，阐述了科技创新之于国家前途命运特别是实现现代化的重要性，指出"科学技术是经济社会发展的一个重要基础资源，是引领未来发展的主导力量。实现现代化，关键是科学技术现代化"①。不仅如此，在他看来，我国经济社会发展中存在的"经济发展和人口、资源、环境的矛盾"②的解决也"离不开科技进步和创新"③。这表明，谁能率先实现科技创新和进步，谁就能在激烈的国际竞争中掌握比较优势和竞争优势，从而进一步促进生产力的发展，反之，就会被激烈的国际科技竞争所淘汰，进而陷入受制于人的被动局面。因此，必须"把经济发展真正转到依靠科技进步"④的轨道上来，坚定不移依靠科技进步和创新来提高国家综合实力。同时，胡锦涛进一步认为，在当今世界，"战略高技术日益成为经济社会发展的决定性力量"⑤、"自主创新能力是国家竞争力的核心。一个国家、一个民族要真正赢得发展、造福人类，必须注重自主创新"⑥。所以，要快速提高我国科技水平，就"必须瞄准世界科技发展前沿，明确自主创新战略目标"⑦，显著增强自主创新能力，从而在日趋激烈的国际竞争中赢得主动权。正是基于

---

① 《胡锦涛文选》第 2 卷，人民出版社，2016，第 192 页。
② 《胡锦涛文选》第 2 卷，人民出版社，2016，第 189 页。
③ 《胡锦涛文选》第 2 卷，人民出版社，2016，第 189 页。
④ 《胡锦涛文选》第 2 卷，人民出版社，2016，第 189 页。
⑤ 《胡锦涛文选》第 2 卷，人民出版社，2016，第 387 页。
⑥ 《胡锦涛文选》第 2 卷，人民出版社，2016，第 388 页。
⑦ 《胡锦涛文选》第 2 卷，人民出版社，2016，第 388 页。

此，胡锦涛反复强调提高我国科技自主创新能力的重要性，尤其是要提高战略高技术领域的"原始创新能力、集成创新能力和引进消化吸收再创新能力"①，并提出了"建设创新型国家"② 的重大战略目标。

所谓建设创新型国家，就是"把增强自主创新能力作为发展科学技术的战略基点，走出中国特色自主创新道路……形成有利于自主创新的体制机制，大力推进理论创新、制度创新、科技创新"③，也就是切实发挥自主创新能力在我国各项工作中的重要作用，通过多方协同提高我国的科学技术发展水平，进而凭借高精尖的科学技术全面提升我国的综合国力；同时，胡锦涛强调，"本世纪头二十年，是我国经济社会发展的重要战略机遇期，也是我国科技事业发展的重要战略机遇期"④。增强自主创新能力在调整产业结构，转变增长方式，建设资源节约型、环境友好型社会方面的作用愈益突出。在他看来，"提高自主创新能力是我国应对未来挑战的重大选择，是统领我国未来科技发展的战略主线，是实现建设创新型国家目标的根本途径"⑤。为此，胡锦涛表示，我们要"坚持把提高自主创新能力摆在突出位置"⑥，"坚定不移实施科教兴国战略和人才强国战略，抓住机遇，用好机遇，集聚尖端人才，发挥后发优势，选准一些对推动经济社会发展、维护国家安全具有重大带动作用的领域重点攻关，加速推进全社会科技进步，实现技术发展跨越，带动我国综合国力全面提升"⑦。唯有如此，才能为我国提高自主创新能力、建设创新型国家重大战略目标的实现提供坚实的保障。这高度彰显了党中央对提高我国科技自主创新能力的坚定意志，从而为推动社会生产力发展实现质的飞跃提供了强大的精神动力。

归根结底，提高自主创新能力，建设创新型国家，既是在新的时代条件

---

① 《胡锦涛文选》第 2 卷，人民出版社，2016，第 388 页。
② 《胡锦涛文选》第 2 卷，人民出版社，2016，第 402 页。
③ 《胡锦涛文选》第 2 卷，人民出版社，2016，第 402—403 页。
④ 《胡锦涛文选》第 2 卷，人民出版社，2016，第 402 页。
⑤ 《胡锦涛文选》第 2 卷，人民出版社，2016，第 404 页。
⑥ 《胡锦涛文选》第 2 卷，人民出版社，2016，第 404 页。
⑦ 《胡锦涛文选》第 2 卷，人民出版社，2016，第 113 页。

下的必然选择，也是对我们党关于科学技术发展方针的继承和发展，更是发展中国特色社会主义事业的一项重大使命，对于全面提高人民生活水平、解放和发展生产力、提高我国的国际竞争力，具有十分重要的价值。

5. 习近平关于科技创新驱动发展战略和新质生产力的重要论述

党的十八大以来，以习近平同志为核心的党中央立足于不断变化的世情、国情、党情，着眼于新一轮科技革命和产业革命下全球科技发展的新趋势和大国战略竞争对我国科学技术发展带来的机遇与挑战，围绕科学技术的战略地位、科学技术的发展方向、科技人才培养、科技体制改革、科学技术的国际合作等，作出了一系列重要论述，创造性提出了科技创新驱动发展战略和新质生产力理论，主要表现在以下五个方面。

其一，就科学技术的战略地位而言，科学技术的发展水平不仅关乎中华民族的命运兴衰，也从根本上决定了以高新科学技术为支撑的新质生产力的发展水平。重视科学技术的历史作用，是马克思主义历来的观点。以习近平同志为核心的党中央进一步发展科技创新思想，将科学技术提升至关乎民族命运的高度，并强调"科技创新是提高社会生产力和综合国力的战略支撑，必须摆在国家发展全局的核心位置"①。"如果科技创新搞不上去，发展动力就不可能实现转换，我们在全球经济竞争中就会处于下风"②，因而也"就没有政治上的强势"③。近代以来，我国屡次与科技革命失之交臂，导致技术创新和工业制造落后于人，在西方列强的坚船利炮下沦为半殖民地半封建国家，中国人民遭受了一个多世纪的沉重苦难。就此而言，"科技兴则民族兴，科技强则国家强"④，科学技术的发展水平决定了我国的前途命运。

当前，世界百年未有之大变局加速演进，"世界进入新的动荡变革期"⑤，大国围绕高新技术的竞争日益激烈，科学技术在这一变局抑或动荡时期中扮

---

① 《习近平关于科技创新论述摘编》，中央文献出版社，2016，第23页。
② 《习近平关于科技创新论述摘编》，中央文献出版社，2016，第9页。
③ 《习近平关于科技创新论述摘编》，中央文献出版社，2016，第41页。
④ 《习近平关于科技创新论述摘编》，中央文献出版社，2016，第23页。
⑤ 习近平：《高举中国特色社会主义伟大旗帜 为全面建设社会主义现代化国家而团结奋斗——在中国共产党第二十次全国代表大会上的报告》，人民出版社，2022，第26页。

演着推动者的角色。因此，大国竞争归根结底是以高新技术为支撑的生产力的竞争。随着新一轮科技革命的深入发展，全球产业结构和世界权力格局深刻变化，哪个国家能率先抓住新一轮科技革命的机遇，掌握高新技术这一关键变量，就能在激烈的大国竞争乃至国际秩序和权力格局的重塑中掌握主导权和话语权，从而深刻改变国家之间的比较优势，进而成为世界强国。这样一来，如果没有高水平的原创性的科学技术，我国的一系列发展目标不仅难以实现，而且我国的国际影响力和塑造力也难以有较大提升，中国更是很难成为真正意义上的世界强国。因此，必须发挥新型举国体制优势，始终把科技创新驱动发展作为国家的一项重大战略来抓，集中各方力量推进科技创新，加强基础科学研究，并以此构筑新质生产力优势。

其二，就科学技术的发展方向而言，实施科技创新驱动发展战略和发展新质生产力，是走中国特色科技发展道路与提高综合国力和提升经济发展竞争力的必然选择。为此，以习近平同志为核心的党中央，立足当前，着眼长远，从根本上为科技创新指明了发展方向。他认为，推动科技创新"必须坚持走中国特色自主创新道路"①，紧跟世界科技发展趋势，以满足国家的重大战略需求和人民的美好生活需要为导向，统筹我国科技发展基础、发展能力和发展目标，精准定位科技创新的发展方向、长远目标，从而在激烈的国际科技竞争中掌握一定的主动权。唯有如此，才能真正地提高我国科技的自主创新能力，进而提高我国的国际竞争力和影响力。

科技创新对引领生产力增长和构筑经济发展优势的重要性，在马克思恩格斯所生活的时代便已经凸显。以蒸汽机的发明和广泛应用为显著特征的第一次工业革命，极大解放了人的双手，实现了生产动力由人力和自然力向机械力的转变；以电机的发明和电力的广泛应用为显著特征的第二次工业革命，实现了生产动力由机械力向电气化的转变，催生了新的产业体系，极大解放和发展了社会生产力；以计算机和原子能的使用为显著特征的第三次工

---

① 习近平：《为建设世界科技强国而奋斗——在全国科技创新大会、两院院士大会、中国科协第九次全国代表大会上的讲话》，人民出版社，2016，第5页。

业革命，使生产力的诸要素发生革命性变化，实现了产业体系的又一次革新，极大解放和发展了生产力。可以说，每一次工业革命不仅都引入了新的技术并催生了新的生产方式和新产业，而且都在提升社会生产力发展水平和人类创造力的过程中加速了人类文明的进步和现代化的进程。当前，以人工智能、数字技术、生物技术等高新技术为代表的新一轮科技革命和产业革命所蕴含的力量将远远超过以往任何一次工业革命，它不仅将重塑全球经济结构和全球创新版图，而且将极大推动生产关系和产业体系变革，从而进一步重塑全球价值链和全球产业链分工格局。对此，习近平指出："新科技革命和产业变革将是最难掌控但必须面对的不确定性因素之一，抓住了就是机遇，抓不住就是挑战。"[①] 所以，我们必须正确地研判世界科技创新发展趋势，紧紧抓住和用好新一轮科技革命和产业革命的机遇，乘势而上，不断增强企业的创新能力，"培育壮大新兴产业，前瞻布局未来产业"[②]，加快形成以科技创新为引领的经济发展模式，从而在推动我国经济实现高质量发展中占据国际竞争优势地位。

针对科学技术创新的发展路径，习近平强调既要立足于对外引进，更要增强自主创新能力，这是实现弯道超车、打破西方科技封锁的唯一出路。因为重大核心技术关系着各国的核心利益，是各国的国之重器，是我们花多少钱都买不来的。只有不断提升自身的自主创新能力，只有通过自身的努力取得一批重大核心技术成果，才能从根本上摆脱科技受制于人的局面，才能从根本上保障国家的国防安全和其他安全。这就是习近平反复强调必须增强科学技术自主创新能力的关键所在。在当今时代，重大核心技术越来越决定着一个国家的综合实力，越来越决定着一个国家的国际影响力。所以，我们必须重点提高在新一代信息技术、新能源、新材料、人形机器人、量子信息、新型储能、生成式人工智能、高端芯片、集成电路、再生医学等关键技术领域的自主创新能力，力求在这些技术领域取得一批具有国际影响力的战略性

---

① 《习近平关于科技创新论述摘编》，中央文献出版社，2016，第78页。

② 余振：《以新质生产力增强发展新动能》，转引自张占斌、陈晓红、黄群慧等《新质生产力》，湖南人民出版社，2024，第164页。

成果。新质生产力理论提出后，习近平指出，我国科技创新应着眼于培育新兴产业和未来产业，开辟发展新领域新赛道，"加快形成新质生产力，增强发展新动能"①，构筑全球竞争新优势，为新质生产力的发展提供核心动力。这为我国当前和未来一个时期科学技术的创新发展指明了方向。

其三，就科技人才的培养而言，要大力聚集创新性人才。习近平对科技人才的重视和培养是与马克思主义科技生产力观对劳动者的重视一脉相承的。实施科技创新驱动发展战略和发展新质生产力，人才是基础性、关键性、战略性支撑，是实现科技创新并使其转化为新质生产力的根本所在。对此，习近平指出："创新驱动实质上是人才驱动"②。为此，我们"必须坚持科技是第一生产力、人才是第一资源、创新是第一动力"③的价值理念，重点在人才的培养与引进上下功夫。所以，"我们要坚持教育优先发展"④，实施科教兴国战略，加快建设教育强国、科技强国、人才强国，"坚持尊重劳动、尊重知识、尊重人才、尊重创造"⑤，实施更加积极、开放、有效的人才政策，深化人才引进机制改革，形成"聚天下英才而用之"⑥的宏大格局和"'人才引进人才'，'人才推荐人才'"⑦的良好局面。企业作为推动科技创新和发展新质生产力的主力军，不仅要盘活人才引进政策和创新人才鼓励机制，更要注重培养创新人才队伍，一方面要健全人才引育、评价和激励机制，另一方面要注重培育行业尖端人才，注重提高劳动者素质，为新兴产业和未来产业发展提供基础性人才支撑。高校和科研院

---

① 习近平：《牢牢把握东北的重要使命奋力谱写东北全面振兴新篇章》，《人民日报》2023 年 9 月 10 日。

② 《习近平关于科技创新论述摘编》，中央文献出版社，2016，第 119 页。

③ 习近平：《高举中国特色社会主义伟大旗帜 为全面建设社会主义现代化国家而团结奋斗——在中国共产党第二十次全国代表大会上的报告》，人民出版社，2022，第 33 页。

④ 习近平：《高举中国特色社会主义伟大旗帜 为全面建设社会主义现代化国家而团结奋斗——在中国共产党第二十次全国代表大会上的报告》，人民出版社，2022，第 33 页。

⑤ 习近平：《高举中国特色社会主义伟大旗帜 为全面建设社会主义现代化国家而团结奋斗——在中国共产党第二十次全国代表大会上的报告》，人民出版社，2022，第 36 页。

⑥ 《习近平著作选读》第二卷，人民出版社，2023，第 53 页。

⑦ 魏崇辉：《新质生产力的基本意涵、历史演进与实践路径》，转引自张占斌、陈晓红、黄群慧等《新质生产力》，湖南人民出版社，2024，第 136 页。

所要以国家的重大战略需求为导向，加速推进产学研协同创新，努力培养一大批大师、战略科学家、"青年科技人才、卓越工程师、大国工匠"① 等具有创新能力的应用型、复合型人才，从而为我国取得重大科技突破、助推新质生产力加速形成，进而实现弯道超车做好人才储备。

其四，就科技体制改革而言，要建立健全体制机制。科技创新驱动发展战略的顺利实施和以高新技术为支撑的新质生产力的形成，离不开良好的体制保障。习近平强调，我们要"完善党中央对科技工作统一领导的体制，健全新型举国体制，强化国家战略科技力量，优化配置创新资源"②；"要彻底改变政出多门、九龙治水的格局……建立公开统一的国家科技管理平台，构建总体布局合理、功能定位清晰、具有中国特色的科技计划体系和管理制度"，特别是建立健全与经济相关的科技管理制度，如科研基金的管理制度、知识产权的保护和转让制度以及科技成果的评价机制等。③ 同时，既要不断赋予科研机构和科研人员更多的自主权利，使广大科研人员在研究过程中可以灵活自主调配科研资金和人员流动，尽力避免让高水平的科研人员过多受到行政事务的干扰，也要深化人才评价机制改革，在职称评定、科研项目评审等方面，进一步破五唯（唯帽子、唯论文、唯职称、唯资历、唯奖项）等，形成以突出成果为导向的科学评价机制，从而在更高的程度上和更大的范围内充分调动广大科研工作者的积极性，进而为科技创新驱动发展战略的实施和打造更高水平的新质生产力创造良好的体制环境与提供制度保障。

其五，就科学技术的国际合作而言，要坚持"引进来"和"走出去"相结合，全方位地加强国际合作。习近平指出，发展科学技术不仅要自主研发，更要统筹推进国际科技创新中心建设，扩大国际交流合作，"积极融入全球创新网络，全面提高我国科技创新的国际合作水平"④，"形成具有全球

---

① 习近平：《高举中国特色社会主义伟大旗帜 为全面建设社会主义现代化国家而团结奋斗——在中国共产党第二十次全国代表大会上的报告》，人民出版社，2022，第36页。
② 习近平：《高举中国特色社会主义伟大旗帜 为全面建设社会主义现代化国家而团结奋斗——在中国共产党第二十次全国代表大会上的报告》，人民出版社，2022，第35页。
③ 《习近平关于科技创新论述摘编》，中央文献出版社，2016，第68—69页。
④ 《习近平关于科技创新论述摘编》，中央文献出版社，2016，第49页。

竞争力的开放创新生态"①。只有在深度参与对外合作的过程中，充分利用好全球科技创新资源，我们才能在交流中感知全球科技前沿，积累经验，发现不足，才能在关键技术领域缩小与领先国家的差距，才能在合作中开阔视野并形成比较优势，进而"借八方之力"，为我国科学技术发展水平进一步提高并转化为新质生产力创造有利条件。

实施科技创新驱动发展战略和发展新质生产力，既是对马克思主义科技生产力思想在当代的丰富发展，也是在新的时代条件下寻求增长新动能，提升综合国力进而构筑国际竞争新优势的必然选择。科技创新驱动发展战略和新质生产力理论不仅深刻地回答了在新时代条件下建设什么样的科技强国、怎样建设科技强国的问题，也深刻地回答了新时代条件下实现什么样的创新发展与怎样创新发展的问题，更深刻回答了发展什么样的新质生产力，怎样发展新质生产力的重大现实理论问题，为我们在当代进一步解放和发展生产力提供了强大的理论支撑与技术支持。

综上所述，以毛泽东同志、邓小平同志、江泽民同志、胡锦涛同志、习近平同志为主要代表的中国共产党人的科学技术生产力思想或相关论述，其理论逻辑皆来源于马克思和恩格斯的科技生产力观，都是在特定的时代背景下并结合科学技术的具体发展现状，对马克思和恩格斯科技生产力观作时代化阐释的产物。这些理论成果，既赋予了马克思和恩格斯科技生产力观新的理论内涵，也为其增添了新的理论内容，从而为我们在当代进一步认识科学技术的生产力促动效应和把握科学技术的发展方向提供了科学指导。

（二）马克思恩格斯生态生产力观在当代中国的发展

马克思和恩格斯在其文本中对生产力与自然生态之间的关系进行的多方面探讨，为马克思主义生产力的生态化发展或生态生产力思想的形成奠定了理论根基。在他们生态生产力观的基础上，中国共产党几代领导人先后形成

---

① 习近平：《高举中国特色社会主义伟大旗帜 为全面建设社会主义现代化国家而团结奋斗——在中国共产党第二十次全国代表大会上的报告》，人民出版社，2022，第35页。

了绿化祖国理论、生态治理理论、"保护资源环境就是保护生产力，改善资源环境就是发展生产力"①、科学发展观、"两山"理论等。这些思想、论断既丰富了马克思和恩格斯生态生产力观的理论内涵，又结合生产力的发展现实对他们生态生产力观进行了时代化阐释，从而从不同方面进一步丰富发展了马克思和恩格斯的生态生产力观。

1. 毛泽东的绿化祖国理论

无论在革命战争年代还是在新中国成立后的社会主义革命和建设时期，毛泽东都十分重视国家的生态环境保护和建设工作，围绕祖国绿化作出了一系列重要批示。这不仅为我国生态环境保护事业作出了重要贡献，也为我们党后来构建生态文明奠定了坚实的基础。

早在革命战争年代，毛泽东就十分重视革命根据地的绿化工作。1932年3月，毛泽东等人签署了《中华苏维埃共和国临时中央政府人民委员会对于植树运动的决议》（以下简称《决议》）。在《决议》中，毛泽东强调"保障田地生产，不受水旱灾祸之摧残以减低农村生产影响群众生活起见，最便利而有力的方法，只有广植树木来保障河坝"②。所以，他发动苏区人民每年春季植树造林，绿化荒山，同时鼓励群众多积累种植经验，选择合适的树种从而提高树苗存活率。此外，《决议》指出，"为保护森林和树木发育起见，在春夏之时，禁止随意采伐，免伤树木之发育"③。这不仅对人民有很大的经济利益，也达到了绿化荒山、空地的目的，可谓一举两得。1934年1月，毛泽东指出，"目前的条件之下，农业生产是我们经济建设工作的第一位……森林的培养，畜产的增殖，也是农业的重要部分"④。随后，他在第二次全国苏维埃代表大会上作报告时再次强调，"应当发起植树运动，号召农村中每人植树十株"⑤，从而明确了植树造林的必要性和重要性。在延安期间，毛泽

---

① 《江泽民论有中国特色社会主义（专题摘编）》，中央文献出版社，2002，第282页。
② 《毛泽东论林业》，中央文献出版社，2003，第11页。
③ 《毛泽东论林业》，中央文献出版社，2003，第12页。
④ 《毛泽东论林业》，中央文献出版社，2003，第14页。
⑤ 《毛泽东论林业》，中央文献出版社，2003，第15页。

东也十分重视生态保护工作。1942 年，毛泽东在陕甘宁边区高级干部会议上的报告中再次强调了植树造林的必要性。他认为，发动群众种树，"其枝叶可供骆驼及羊子吃，亦是解决牧草一法。同时可供燃料"①，还可以使"泥质既厚，肥料又多，又富水分，极宜庄稼；并使地面年年扩大，把山沟都漫成平滩，生产面积也扩大了。这种水漫地比旱地收成多到一倍以上……"②。这与马克思关于农业生产率取决于自然生产力的思想是相通的，马克思认为："农业劳动的生产率是和自然条件联系在一起的，并且由于自然条件的生产率不同，同量劳动会体现为较多或较少的产品或使用价值……价值体现在多少产品中，取决于土地的生产率。"③ 1944 年，毛泽东在延安大学开学典礼上的讲话中指出，"陕北的山头都是光的，像个和尚头，我们要种树，使它长上头发"④。因而，"种树要订一个计划，如果每家种一百棵树，三十五万家就种三千五百万棵树。搞他个十年八年，'十年树木，百年树人'"⑤。可以说，革命年代的绿化工作为新中国成立后的绿化运动奠定了坚实的基础。

新中国成立后，百废待兴，迫切需要发展生产力以提高人民生活水平，而这离不开良好生态环境的供给与滋养，即离不开丰裕的自然生产力的支撑。加之生态环境在战火中受到了一定的毁损，所以毛泽东更加重视国家的造林绿化事业。1955 年 10 月，毛泽东在中共七届六中全会扩大会议上强调绿化荒山和村庄也是农村全部经济规划的一部分，"这件事情对农业，对工业，对各方面都有利"⑥。因此，我们要"在一切宅旁、村旁、路旁、水旁"⑦ 以及农村的一切空地上、荒山上种树，做好农村的绿化工作。这不仅为保护和改善农村生态环境做出了重要贡献，同时也为农村未来发展储备了充足的自然资源，更是可以有效地避免自然灾害对农业生产活动的破坏。

---

① 《毛泽东论林业》，中央文献出版社，2003，第 17 页。
② 《毛泽东论林业》，中央文献出版社，2003，第 17 页。
③ 《马克思恩格斯文集》第 7 卷，人民出版社，2009，第 924—925 页。
④ 《毛泽东论林业》，中央文献出版社，2003，第 20 页。
⑤ 《毛泽东论林业》，中央文献出版社，2003，第 20 页。
⑥ 《毛泽东论林业》，中央文献出版社，2003，第 25 页。
⑦ 《毛泽东论林业》，中央文献出版社，2003，第 26 页。

1956 年 3 月，毛泽东首次向全国发出了"绿化祖国"的伟大号召，并表示林业是一个大事业，为国家发展创造了很多财富。所以，1958 年 1 月，毛泽东在中共中央工作会议上的讲话中指出，"绿化。四季都要种"①。同年 4 月，毛泽东对"绿化"的标准做出了界定，"真正绿化，要在飞机上看见一片绿。种下去还未活，就叫绿化？活了未一片绿，也不能叫绿化。好多地方还是黄的，只能叫黄化"②。这表明，绿化既要大量种树，又要保证所种树苗存活，从而形成一片实实在在的绿。这就为林业部门的绿化工作提供了检验标准。基于此，毛泽东要求"各级党委都要抓林业、绿化，作出森林覆盖面积规划"③，"凡能四季种树的地方，四季都种。能种三季的种三季。能种两季的种两季"④。同年 11 月，鉴于部分同志对林业的重要性认识不足，毛泽东再次强调指出林业具有很大的价值，"是个很了不起的事业"⑤，"是化学工业、建筑工业的基础"⑥，可以生产各种化学产品；同时，他再次强调了农林牧三者之间的依存关系及其对人的发展的重要性，"农林牧……是人类少不了的"⑦。由此可见，在这里，毛泽东已经深刻认识到自然资源对于生产力发展乃至人的生命存续的根本性地位，这与马克思在《资本论》中关于生产力发展的两类自然富源的论述是相通的。此后，毛泽东又在多个场合针对祖国的绿化工作作出了一系列重要批示，而且随着工业生产发展对生态环境的破坏加重，毛泽东也对人与自然环境的关系作出了一些阐述。这为我国后来的环境立法工作奠定了一定基础。

可以说，毛泽东的绿化祖国理论不仅为我们初步描绘了美丽中国的宏伟蓝图，也为我国后来的环境保护和建设工作提供了基本的价值遵循，更为我国经济发展和生态环境改善做出了重要贡献。

① 《毛泽东论林业》，中央文献出版社，2003，第 44 页。
② 《毛泽东论林业》，中央文献出版社，2003，第 48 页。
③ 《毛泽东论林业》，中央文献出版社，2003，第 45 页。
④ 《毛泽东论林业》，中央文献出版社，2003，第 46 页。
⑤ 《毛泽东论林业》，中央文献出版社，2003，第 57 页。
⑥ 《毛泽东论林业》，中央文献出版社，2003，第 59 页。
⑦ 《毛泽东论林业》，中央文献出版社，2003，第 53 页。

2. 邓小平的生态治理理论

在毛泽东绿化祖国理论的基础上，以邓小平同志为主要代表的中国共产党人更加重视国家的环境建设与保护工作，形成了丰富的生态治理理论，主要表现为以下两个方面。

一方面，从国家的环境建设来看，邓小平十分重视国家的造林工作和水污染治理工作，针对植树造林和污水治理作出了一系列论述。1972 年 2 月，在邓小平等党中央领导的倡议下，每年的 3 月 12 日被定为国家的植树节，这充分肯定了植树造林工作在国家整体工作中的重要性，也高度彰显了邓小平等党中央领导对国家植树造林工作的重视。改革开放后，由于北方风沙肆虐对经济发展和人民生活造成了很大的影响，所以，邓小平等党中央领导决定实施大型人工林业生态工程，这条"绿色长城"为改善北方的生态环境发挥了重要作用。1981 年 9 月，长江流域、黄河流域发生特大洪灾，给国家和人民造成了严重损失。对此，邓小平指出，"最近发生的洪灾问题涉及林业，涉及木材的过量采伐。中国的林业要上去，不采取一些有力措施不行。是否可以规定每人每年都要种几棵树，比如种三棵或五棵树，要包种包活，多种者受奖，无故不履行此项义务者受罚。可否提出个文件，由全国人民代表大会通过，或者由人大常委会通过，使它成为法律，及时施行。总之，要有进一步的办法"①，尽可能地保护国家林业资源。1982 年 11 月，邓小平为全军植树造林总结经验表彰先进大会题词："植树造林，绿化祖国，造福后代。"② 这不仅突出了植树造林工作的重要性，也是可持续发展的深刻体现，更高度彰显了植树造林工作"功在当代，利在千秋"的战略性意义。所以，邓小平强调，植树造林这项工作不仅要毫不动摇地坚持下去，还要有一套"切实可行的检查和奖惩制度"③，以此来保障植树造林、绿化祖国工作的有效进行。此后，邓小平又在多个场合强调了植树造林、绿化祖国工作的战略性和持久性，从而为改善国家生态环境做出了重要贡献。

---

① 《邓小平年谱（1975—1997）》下卷，中央文献出版社，2004，第 771 页。
② 《邓小平文选》第 3 卷，人民出版社，1993，第 21 页。
③ 《邓小平文选》第 3 卷，人民出版社，1993，第 21 页。

除植树造林工作外，邓小平也十分重视国家的水污染治理工作，主要体现在对漓江污水的治理上。1973 年 10 月，邓小平到广西视察，发现漓江污染十分严重，而漓江作为世界著名旅游风景区对桂林的经济发展具有重要影响，这使邓小平下定决心治理漓江。此后，邓小平多次就漓江污染情况作出重要批示。1978 年 10 月，邓小平指出："'桂林山水甲天下'，水不干净怎么行？"[1] 为此，漓江两岸污染严重的工厂被关掉。同时，漓江被国家列为重点治理的河流之一。1979 年 1 月，邓小平再次强调，"桂林那样的好山水，被一个工厂在那里严重污染，要把它关掉"[2]。正是在邓小平的高度重视下，经过多年的努力，漓江水污染治理取得了巨大的成功，治理后的漓江水质清澈、风景秀丽，为桂林带来了源源不断的物质财富，这正是马克思和恩格斯生态生产力观的鲜明体现。

另一方面，从国家的环境保护来看，邓小平也十分重视我国环境保护的制度建设。良好的生态环境，既离不开植树造林、绿化荒山等环境建设工作，也离不开强有力的法治保障。1978 年 12 月，邓小平在中央工作会议中指出，我国应该集中力量制定"森林法、草原法、环境保护法"[3]，"做到有法可依，有法必依，执法必严，违法必究"[4]。改革开放以来，我国相继成立了一些环境保护部门并构建了一套较为系统的环境保护法治体系。在环境保护部门设立上，相继成立了林业部、中央绿化委员会、国家环境保护局等重要机构，这些机构在我国生态环境保护和建设方面发挥了重要作用。在环境保护制度建设上，主要包括综合性制度、环境污染治理制度、资源节约和保护制度三大类[5]，

---

① 《邓小平论旅游》，中央文献出版社，2000，第 2 页。

② 《邓小平年谱（1975—1997）》上卷，中央文献出版社，2004，第 466 页。

③ 《邓小平文选》第 2 卷，人民出版社，1994，第 146 页。

④ 《邓小平文选》第 2 卷，人民出版社，1994，第 146—147 页。

⑤ 综合性制度主要参见《关于保护和改善环境的若干规定（试行草案）》、"工厂建设"和"三废"利用工程的"三同时"环评标准、《中华人民共和国环境保护法》；环境污染治理制度主要参见《工业"三废"排放试行标准》《中华人民共和国海洋环境保护法》《中华人民共和国水污染防治法》《中华人民共和国大气污染防治法》《中华人民共和国环境保护法》；资源节约和保护制度主要参见《中华人民共和国森林法》《中华人民共和国草原法》《中华人民共和国土地管理法》等。

它们从不同方面对我们的生产行为做出了规范，为我国环境保护工作提供有效制度支撑。

总的来说，以邓小平同志为主要代表的中国共产党人深刻认识到生态环境之于生产力发展的根基性地位，在继承毛泽东绿化祖国理论的基础上，继续推进祖国的绿化事业，进一步扩充了生产力发展的自然富源；同时，也构建了一套较为系统和全面的生态环境保护法律体系，这套法律体系尽管还不尽完善，但改变了我国生态环境保护无法可依的局面，从而使我国生态环境保护有章可循、有法可依。这既为我国生态环境建设做出了重要贡献，也为我国后来的生态文明建设奠定了深厚的基础。

3. 江泽民的"保护资源环境就是保护生产力，改善资源环境就是发展生产力"论断

江泽民承继马克思和恩格斯生态生产力观，结合我国生产力的发展状况与自然环境总体不容乐观的发展现实，对生态环境与生产力之间的关系进行了科学的概括总结，创造性地提出了"破坏资源环境就是破坏生产力，保护资源环境就是保护生产力，改善资源环境就是发展生产力"[①] 的重要论断。这不仅指明了生态环境之于生产力发展的根基性，也指明了保护生态环境的重要性。

良好的生态环境是社会生产力良性发展的可靠保障。所以，江泽民十分重视生态环境保护对生产力发展的重要性，并多次强调要正确处理生产力发展与生态资源环境之间的关系。新中国成立后，百废待兴，基于发展国民经济、提高人民生活水平的迫切需要，不得不走一条先污染后治理、先破坏后建设的发展之路，客观上对生态环境造成了一定的破坏。随着人与自然矛盾的突出以及生态环境恶化对生产发展的制约性日益凸显，江泽民表示，"二十世纪，世界经济、科技和社会发展迅速，取得了前所未有的成就，但也带来了一些严重的问题。比如，由于工业的迅速发展，由于资本主义国家在全球范围内对资源的掠夺，造成了严重的资源浪费和环境污染。许多国家特别

① 《江泽民论有中国特色社会主义（专题摘编）》，中央文献出版社，2002，第282页。

是发展中国家的人民为此付出了沉重的代价"①。为此，江泽民强调，我们必须坚持走可持续发展道路，处理好生态环境保护与生产力发展之间的关系，始终将环境保护放在更加突出的战略位置，从而使经济发展与生态环境保护相协调，进而实现社会生产力的良性发展。此后，江泽民再次强调："社会主义现代化建设……决不能走浪费资源和先污染后治理的路子"②，要坚决遏制和扭转生态环境遭到破坏与恶化的趋势。这为我国转变传统经济发展方式，推行绿色发展奠定了坚实的基础。

随着对自然资源环境之于生产力发展的重要性的认识愈益深刻，结合我国人口总量大、自然资源相对不足的基本国情，江泽民认为，促进我国生产力发展与社会可持续发展，要"正确处理经济发展同人口、资源、环境的关系。资源开发和节约并举，把节约放在首位，提高资源利用效率……加强对环境污染的治理，植树种草，搞好水土保持，防治荒漠化，改善生态环境"③，并强调，"我们绝不能走人口增长失控、过度消耗资源、破坏生态环境的发展道路，这样的发展不仅不能持久，而且最终会给我们带来很多难以解决的难题"④。这表明江泽民所说的生产力发展方式，既不同于以破坏自然生态为代价的旧的发展方式，也不同于以牺牲经济增长为代价的消极发展方式，而是强调生产力发展与生态保护并重的绿色化、生态化发展方式。

在世纪之交的中央人口资源环境工作座谈会上的讲话中，江泽民又将自然资源环境的重要性提升到关乎中华民族安全和前途命运的高度。他认为，做好生态环境保护工作，正确处理经济发展与生态保护之间的关系，"关系到中华民族生存和发展的长远大计"⑤。这与恩格斯在《自然辩证法》中认为自然生态环境的优劣攸关文明兴衰具有异曲同工之妙。离开了良好生态环境下丰裕的自然资源，我国的生产力发展便要从根本上受制于他国的资源，

---

① 《江泽民论有中国特色社会主义（专题摘编）》，中央文献出版社，2002，第281页。
② 《江泽民论有中国特色社会主义（专题摘编）》，中央文献出版社，2002，第279—280页。
③ 《江泽民论有中国特色社会主义（专题摘编）》，中央文献出版社，2002，第280页。
④ 《江泽民论有中国特色社会主义（专题摘编）》，中央文献出版社，2002，第283页。
⑤ 《江泽民论有中国特色社会主义（专题摘编）》，中央文献出版社，2002，第281页。

便失去了生产力发展的天然物质根基，人民的生命品质、生活质量以及国家的前途命运都将受到制约。这就为我国在新世纪进一步解放和发展生产力指明了现实的方向。

4. 胡锦涛的科学发展观

党的十六大以来，以胡锦涛同志为总书记的党中央在继承马克思主义生态生产力观的基础上，立足于我国生态环境不容乐观的发展现实，对生产力问题进行了广泛而深入的思考，提出科学发展观。

科学发展观认为，发展是硬道理，硬发展不是道理，只有科学发展才是真道理。以此为依据，新一代中央领导集体从科学发展观的角度论述了自己的生产力思想，主要表现为以下三个方面。

其一，生产力发展要坚持以人为本。毛泽东指出，"共产党人的一切言论行动，必须以合乎最广大人民群众的最大利益，为最广大人民群众所拥护为最高标准"[1]。胡锦涛在毛泽东这一认识的基础上指出："以人为本"就是"要始终把实现好、维护好、发展好最广大人民的根本利益作为党和国家一切工作的出发点和落脚点。"[2] 因此，我们解放和发展生产力的价值归宿就是满足人民的需要、改善民生、提高人民生活水平，并为人民创造优质的生产生活环境。总之，发展生产力要始终以满足人民群众的根本利益为本。

其二，生产力发展要全面协调可持续。胡锦涛在党的十七大报告中指出，要把生态文明建设纳入中国特色社会主义事业总体布局，将生态环境保护放在更加突出的地位，"推动形成人与自然和谐发展现代化建设新格局"[3]。优质的生态环境是社会生产力有序发展的重要保障。由于人民群众对良好的生态环境的需求越来越强烈，加之资源短缺、水土流失严重、自然灾害频发等问题对我国生产力发展和经济增长造成了严重制约，因此，大力推进生态文明建设是助力生产方式与生活方式实现根本性变革的重要战略任务。这就要求我们：必须坚持人与自然和谐共生的价值理念，加速推动生态

---

① 《毛泽东选集》第 3 卷，人民出版社，1991，第 1096 页。
② 《胡锦涛文选》第 2 卷，人民出版社，2016，第 624 页。
③ 《胡锦涛文选》第 3 卷，人民出版社，2016，第 609 页。

环境保护的理念、目标、原则与政治、经济、社会、文化发展相融合，在全社会牢固树立"建设自然就是造福人类"① 的观念。坚决摒弃以牺牲生态环境、破坏自然资源为代价的粗放型增长方式，坚持走经济发展与生态保护相协调的绿色发展之路。唯有如此，才有可能从根本上扭转生态环境恶化的趋势，才可能为社会生产力发展提供充足的物质生产资料，才能为人民创造更多优质的生态产品，从而实现中华民族的永续发展。

其三，生产力发展要做到统筹兼顾。胡锦涛认为，在解放和发展生产力的过程中，要正确认识和妥善处理一些重大关系，即"统筹城乡发展、区域发展、经济社会发展、人与自然和谐发展、国内发展和对外开放，统筹中央和地方关系，统筹个人利益和集体利益、局部利益和整体利益、当前利益和长远利益……统筹国内国际两个大局"②。在以上所有这些关系中，我们要优先处理好人与自然这对根本关系，这是我们处理好其他重大关系的前提与基础，因为从根本上来说，其他重大关系都是围绕人与自然关系展开并以此为基础而形成的。这就要求我们：在解放和发展生产力的过程中，做到满足社会物质生产需要的当前利益与兼顾生态自然保护的长远利益相结合；同时，根据全球生态环境的整体现状，加强与国际其他行为体在生态保护与生态治理上的对接与协调，以最大限度地促进全球生态环境良性发展。唯有如此，才能在不断解放和发展生产力的基础上实现更高水平的可持续发展，进而为社会全面进步和人的全面发展奠定坚实的物质基础。

5. 习近平的"两山"理论

党的十八大以来，以习近平同志为核心的党中央深刻地认识到生态环境之于社会生产力发展的重要性。习近平站在人类文明兴衰和生命存续的战略高度，立足于国内乃至全球生态环境不容乐观的严峻现实，创造性地提出了独具特色的"两山"理论。习近平的"两山"理论，基于历史唯物主义的基本逻辑，表征着人类存在形态的变革和对未来发展方式的确证，以增进世

① 《胡锦涛文选》第2卷，人民出版社，2016，第171页。
② 《胡锦涛文选》第3卷，人民出版社，2016，第8页。

界人民的生态福祉、实现人与自然的双重解放为价值归宿。它是马克思、恩格斯的生态生产力观和中国共产党主要领导人的生产力发展思想在当代合乎逻辑的延伸和创造性发展的结果，深刻地回答了在新时代条件下怎样建设生态文明、建设什么样的生态文明以及怎样发展、实现什么样的发展等重大理论和实践问题，对于我们实现更高水平的可持续发展具有重要意义。具体表现在以下三个方面。

其一，"绿水青山就是金山银山"①，"冰天雪地也是金山银山"②。2005年8月，习近平在浙江余村考察时，对余村关掉污染企业、转变经济发展方式的做法给予了高度的赞赏，并认为"绿水青山就是金山银山"，这是习近平首次对自然资源环境与物质财富生产的关系进行界定。在这里，习近平明确表达了自然资源（自然生产力）是物质财富生产的源泉的观点，也高度肯定了作为自然资源的绿水青山在物质财富生产中的地位与作用。马克思也阐述过该思想。如在《政治经济学批判（1861—1863年手稿）》中，马克思认为自然资源的自然力构成了社会物质财富的因素；在《资本论》中，马克思认为表现为自然资源的自然要素，在生产中是一种不费资本分文的生产力。因此，马克思认为，自然资源同劳动一样，也是社会物质财富生产的源泉。习近平正是看到了表现为绿水青山的自然资源本身所蕴含的自然生产力的财富性质，从而将"绿水青山"视为"金山银山"，并反复强调我们的经济发展决不能建立在破坏生态环境的基础上，因为生态环境是我们创造财富的源泉，所以对生态环境的破坏，也就是对我们创造财富根基的毁损。因而，这种发展方式注定是不可持续的。2016年3月，在"两会"召开期间，习近平对黑龙江代表团的同志说道："冰天雪地也是金山银山。"③由于全国大部分省份没有冰天雪地，所以冰天雪地作为黑龙江的天然地理环境优势，抛开其不利的影响来说，便构成了黑龙江具有地域文化和区域优势的潜在经济增长点。这样一来，便可以将天然的冰天雪地打造和发展为独具

---

① 《习近平关于社会主义生态文明建设论述摘编》，中央文献出版社，2017，第23页。
② 习近平：《论坚持人与自然和谐共生》，中央文献出版社，2022，第142页。
③ 习近平：《论坚持人与自然和谐共生》，中央文献出版社，2022，第142页。

特色的冰雪经济，从而将冰天雪地所蕴含的自然财富、生态财富转化为源源不断的现实的社会财富、经济财富。这样，既可以推动黑龙江的经济转型，又可以促进全省人民生活水平的提高。可以说，习近平关于"绿水青山""冰天雪地"是"金山银山"的科学论断，既是对马克思和恩格斯生态生产力观的时代化阐释，又是对他们生态生产力观在当代贯彻落实的现实表现。

其二，"既要绿水青山，也要金山银山。宁要绿水青山，不要金山银山"①。在这里，习近平在肯定自然资源环境与物质财富生产的关系基础上，进一步指明了我国未来的生产力发展方式，也进一步表明了我国经济发展的终极价值关怀。一方面，"绿水青山"作为自然资源的表现，蕴含着极其丰富且巨大的自然生产力，构成了社会生产力发展与物质财富生产的天然物质根基，借助一定的生产条件可以转化为源源不断的物质财富和精神财富，可以说自然资源本身就是财富和生产力的表现；而"金山银山"作为物质财富的象征，是我们过去经济发展所追求的绝对目标，是实现人民富裕和国家富强的必然要素。另一方面，新中国成立以来，我国工农业生产与西方发达国家存在着较大的差距，人民生活水平较为低下，对物质生产的需求尤为强烈。所以，长久以来我国经济发展以获取最大化的"金山银山"为价值导向。在这样的背景下，我国为加速推动国民经济发展，加速实现全面建成小康社会的奋斗目标，不得不大规模地开发自然，造成了难以逆转的生态恶化、资源短缺的严重后果，从而严重地毁损了生产力发展的自然根基，使我国社会生产力发展面临着日益突出的生态限制。对此，习近平反复强调建立在破坏生态环境基础上的生产力发展方式注定是不可持续的，经济发展与生态保护之间不是非此即彼的二元对立关系，而是互为一体的共生共荣关系。这就要求我们必须摒弃以破坏自然环境换取物质财富的经济发展方式，秉承人与自然和谐共生的可持续发展理念，在经济发展中始终注重生态优先，算好眼前利益与长远利益之间的账。唯有如此，我们才能真正实现可持续发展。这是因为，我们虽然通过破坏生态环境换取了大量的物质财富，却严重

---

① 《习近平关于社会主义生态文明建设论述摘编》，中央文献出版社，2017，第21页。

破坏了广大人民的生活品质，使人民没有任何幸福感，而且我们也会因自然的报复而丧失这些财富。正是在这个意义上，习近平指出，我们"宁要绿水青山，不要金山银山"①，一是因为"对人的生存来说，金山银山固然重要，但绿水青山是人民幸福生活的重要内容，是金钱不能替代的"②；二是因为良好的生态环境（绿水青山）不仅"是最公平的公共产品，是最普惠的民生福祉"③，也始终是我们生产发展的重要保障和根本基础。所以，如果人类善待绿水青山，保护好自然生态环境，表现为绿水青山的生态环境也会回馈人类，生态财富会带来源源不断的经济财富；"否则就会遭到大自然的报复，这个规律谁也无法抗拒"④。正可谓"人不负青山，青山定不负人"⑤。

其三，"保护生态环境就是保护生产力，改善生态环境就是发展生产力"⑥。这进一步印证了江泽民关于生态环境与生产力发展之间关系的论述。⑦ 马克思和恩格斯的生态生产力观告诉我们，外部自然界是人类生命存续与社会生产发展的物质根基和根本前提，离开了外部自然，生产力便是有之非有、存在着的无。改革开放 40 多年来，我国经济发展取得了举世瞩目的巨大成就，一度跃升为世界第二大经济体，但在这个过程中也伴生了气候变暖、资源短缺、水土流失、极端恶劣自然灾害频发等一系列生态问题，严重制约着我国社会生产力的发展。每年我国由自然灾害造成的损失不计其数便是最好的例证，恰如恩格斯在《自然辩证法》中所谈及的人类过度追求物质利益而大规模破坏自然导致生产力衰退甚至文明衰落那样。所以在这里，习近平将生态环境等同于生产力，既充分彰显生态环境与生产力发展之间的

① 《习近平关于社会主义生态文明建设论述摘编》，中央文献出版社，2017，第 21 页。
② 习近平：《论坚持人与自然和谐共生》，中央文献出版社，2022，第 26—27 页。
③ 习近平：《论坚持人与自然和谐共生》，中央文献出版社，2022，第 26 页。
④ 《习近平关于社会主义生态文明建设论述摘编》，中央文献出版社，2017，第 32 页。
⑤ 《人不负青山 青山定不负人——共同建设我们的美丽中国》，《人民日报》2020 年 8 月 10 日。
⑥ 《习近平关于社会主义生态文明建设论述摘编》，中央文献出版社，2017，第 4 页。
⑦ 2001 年 2 月 27 日，江泽民在海南考察工作时指出："要增强广大干部群众的环保意识和生态意识。要使广大干部群众在思想上真正明确，破坏资源环境就是破坏生产力，保护资源环境就是保护生产力，改善资源环境就是发展生产力。"具体参见《江泽民论有中国特色社会主义（专题摘编）》，中央文献出版社，2002，第 282 页。

辩证关系，也是对自然生产力的巨大潜能及其对物质财富生产的根基性作用与颠覆性力量科学认识的产物，更是对当前中国发展所处历史方位与人类社会发展前途命运的高度把握。

在上述基础上，习近平又将生态环境保护工作的重要性提升到关乎文明演进的战略高度，即"生态兴则文明兴，生态衰则文明衰"[①]，从而进一步强调了自然环境之于社会生产力发展乃至人类文明存续的深远意义；与此同时，也时刻提醒我们：社会生产力要继续发展、多元人类文明要延续，我们就必须始终坚持可持续发展理念，就必须做好生态环境保护工作，努力实现碳达峰和碳中和发展目标，大力推进科技的生态化绿色化，最大限度减少人类生产活动对生态环境的干预和破坏，从而走一条生态优先、绿色化、生态化的发展之路。因此，只有推行建立在"绿水青山"与"金山银山"相和谐基础上的生态化生产力发展方式，我们才能实现更高水平的可持续发展，进而实现经济高度发展、人类生活水平持续提高与生态环境保护共赢。

二　马克思恩格斯生产力观在当代西方的发展

科学技术在资本主义生产方式中的应用"比过去一切世代创造的全部生产力还要多，还要大"[②]。伴随资本主义的发展，科学技术的生产力促动效应不断放大的同时，其在资本主义社会下的不合理使用所产生的生态问题也愈益严峻。在此种背景下，一些西方学者继承和重释马克思和恩格斯的生产力观，形成了各具特色的生产力思想。由于相关学者的思想已经在综述中详细阐述，因此本部分主要对德国哲学家尤尔根·哈贝马斯和英国生态马克思主义者乔纳森·休斯这两位具有代表性的学者的相关思想进行阐述。

（一）马克思恩格斯科技生产力观在当代西方的发展

众所周知，德国哲学家尤尔根·哈贝马斯根据科学技术在晚期资本主义

①　《习近平关于社会主义生态文明建设论述摘编》，中央文献出版社，2017，第6页。
②　《马克思恩格斯文集》第2卷，人民出版社，2009，第36页。

社会所产生的实际影响，将科学技术视为第一位的生产力。那么，哈贝马斯究竟在何种意义上做出了该论断？哈贝马斯在论文中主要做出了以下两个方面的论述。

一方面，在晚期资本主义社会，科学、技术与社会生产呈现出高度一体化的发展趋势。哈贝马斯认为，在马克思和恩格斯所生活的年代，科学与技术的一体化程度比较低，但在晚期资本主义社会，科学与技术愈益呈现出一体化的趋势，即在晚期资本主义社会，科学技术化、技术科学化的程度日益提高，科技加速应用于社会生产实践，实现了一般知识形态的科学技术、物化形态的科学技术与生产过程的融合和一体化。科学技术全面渗透于社会生产过程，既成为推动经济发展的强大动力，也成为解放和发展社会生产力的强大手段；同时，晚期资本主义社会国家干预的增强，进一步促进了科学、技术与社会生产的一体化，既大大地促进了社会分工的发展，也进一步丰富了工业生产门类。正是在这个意义上，哈贝马斯认为在晚期资本主义社会，科学技术成为"第一位的生产力"。也正是由于晚期资本主义社会的国家干预充当了科学技术向社会生产转化的中介，军事领域的高精尖技术在很大程度上弥补了社会生产领域的技术不足，加速了社会生产领域的技术升级换代，从而使高新技术成为引领晚期资本主义经济发展的主要动力。这与马克思和恩格斯所生活的年代科学技术对生产表现出的推动作用一样，只不过晚期资本主义的科学技术相比于马克思和恩格斯所处的年代更为发达，科学技术覆盖面更广，研究内容更为深入和高级，对生产力的解放和推动作用更为强大。所以，哈贝马斯将科学技术视为"第一位的生产力"是完全符合历史唯物主义对科学技术的定位的。

另一方面，在晚期资本主义社会，科学技术构成了独立的剩余价值来源和系统变数。在晚期资本主义社会，由于科学技术的高速发展与自动化的机器体系的高度成熟，出现了两种与马克思所断言的资本主义剩余价值生产不同的现象。其一，马克思认为，科学技术的资本主义应用同时蕴含着增加剩余价值和减少剩余价值两种趋势。这是因为，机器的使用势必减少作为剩余价值来源的劳动者的剩余劳动量；劳动者人数的增加又与机器大生产的原则

相悖。但在晚期资本主义社会直接的生产过程中，从事生产的劳动者人数不断减少，机器的数量与发挥的效用在生产中所占比重越来越大，生产部门主要是以科学技术为依托的信息产业和知识密集型产业，科学技术对经济增长的贡献达 50%—80%。劳动者不断减少的结果却是剩余价值愈益提高。其二，第三次科技革命的爆发加速了劳动密集型产业向知识密集型产业的转化。这样一来，劳动总量中的体力劳动比重越来越小，脑力劳动所占比重越来越大，不仅极大地促进了社会物质财富的增长，也创造了更多的剩余价值。基于此，哈贝马斯认为在晚期资本主义社会，同工人的活劳动相比，"科学技术的进步变成了一种独立的剩余价值来源"①，这样一来，马克思关于剩余价值来源于工人活劳动的理论便失去了合法性。此外，正是由于科学技术作为第一位的生产力，科学技术成为推动社会发展的强大力量，不仅决定着物质生产生活过程，也直接影响着人的精神生活，对人的思维方式乃至价值观念产生了深刻的影响，于是便产生了一切社会问题都寓于科学技术逻辑的假象。因此，哈贝马斯强调："社会系统的发展似乎是由科技进步的逻辑来决定"②。正是在这个意义上，哈贝马斯将科学技术视为独立的系统变数。

诚然，马克思曾指出在机器大工业体系下，科学技术取代了劳动者的体力劳动成为社会物质财富生产的决定性要素。尽管在这里马克思突出了科学技术在社会生产力发展与剩余价值生产中的作用，但马克思早就指明，剩余价值的来源不在于机器所替代的工人数量，即不在于科学技术本身，而是在于对机器体系下工作的劳动者的剥削，即劳动者的劳动才是剩余价值的真正来源。虽然科学技术在生产力和剩余价值的生产中扮演了重要的角色，但其无论如何都不是单独产生作用的，仍然是通过渗透于生产力的其他构成要素而发挥合力作用。所以，哈贝马斯基于对科学技术在晚期资本主义社会作用

① 〔德〕尤尔根·哈贝马斯：《作为"意识形态"的技术与科学》，李黎、郭官义译，学林出版社，1999，第 62 页。

② 〔德〕尤尔根·哈贝马斯：《作为"意识形态"的技术与科学》，李黎、郭官义译，学林出版社，1999，第 63 页。

的实证分析，得出的科学技术是剩余价值的独立来源、独立的系统变数的结论，既夸大了科学技术的作用，也充满了技术决定论、历史决定论的色彩，更是对历史唯物主义和剩余价值论的背离，因而注定是站不住脚的。

（二）马克思恩格斯生态生产力观在当代西方的发展

马克思和恩格斯十分注重生产力（科技生产力）的发展，因而招致了绿色环保主义者的广泛批评。他们认为，马克思和恩格斯只重科技而不重自然的生产力理论导致了生态环境问题，进而认为历史唯物主义缺乏生态向度。面对绿色环保主义者的批评与质疑，英国生态马克思主义者乔纳森·休斯在对马克思和恩格斯文本详细考察的基础上，在其《生态与历史唯物主义》一书中有力地驳斥了绿色环保主义者的批评与质疑。他认为，历史唯物主义并不缺乏生态向度，对其正确理解反而可以为当代社会的生态环境问题提供一个合理的"解释性"思考框架。这样，就实现了对历史唯物主义的生态性维护，我们称之为生态生产力思想。总的来看，绿色环保主义者对历史唯物主义的批评主要包括以下三个方面。

其一，绿色环保主义者认为马克思和恩格斯的生产力理论只注重人对自然的控制与改造，而没有看到自然对人的限制。针对这一点，休斯强调，绿色环保主义者之所以只看到了马克思和恩格斯生产力理论中人对自然控制的一面，而没有看到他们生产力理论中自然对人类行为限制的一面，主要是绿色环保主义者的立论基础是英国教士马尔萨斯人口论中关于自然限制的观点。如前所述，在马尔萨斯看来，人口以指数级增长，而人类生活所必需的资料却以算数级增长，这样一来，人口的增长速度将远远超过生活资料的满足程度，所以人类生产必然遭遇自然限制。对此，休斯认为，绿色环保主义者夸大了马尔萨斯关于自然限制的观点的实际影响。

针对绿色环保主义者的批评与指责，休斯认为，人与自然互相影响、互相塑造是马克思主义历来的观点。实际上，马克思和恩格斯早就批判过马尔萨斯的自然限制观点。马克思认为，马尔萨斯只是在抽象地谈论自然对人类的限制，实际上，自然限制是与人类社会生产密切相连的，应当到具体社会

和历史中、到社会生产实践中去考察自然限制。所以，休斯认为所有的人类活动都是建立在与自然互动的基础上的，因而都将受到自然的制约。同时，由于人类的生产活动均是在特定的生产方式下进行的，因而人与自然的互动也受到各种社会因素的影响。因此，自然因素的限制不仅仅取决于自然，也同样受人的生产实践活动影响。马克思尽管认为人类生产活动必然会受到自然的限制，但是又明确主张，人类可以在认识自然规律的基础上，理性地发挥主观能动性，从而将自然限制的影响降到最低。恩格斯也批判了马尔萨斯自然限制的观点。他认为，密西西比河流域尚有充足的空间容纳全部欧洲人口，地球上尚有充足的耕地，加之科学技术在农业生产中的应用可以使作物产量成倍提高，在这样的情况下，讨论自然限制是一件十分可笑的事情。在这里，恩格斯是从科学技术的视角来看待自然限制的。马尔萨斯只看到了人口增长的速度超过了生活资料的供给能力，却没有看到科学技术的进步也是呈几何级增长的，科学技术的进步可以有效地减少自然限制。基于此，休斯表示马克思和恩格斯对马尔萨斯自然限制观点的批判并不代表他们否认自然的限制，相反，他们不仅多次明确表达了自然限制的观点，也在修正绿色环保主义者粗糙的自然限制概念的基础上进一步丰富了自然限制的含义。所以，绿色环保主义者的这个批评是站不住脚的。

其二，绿色环保主义者指责马克思和恩格斯的生产力理论否认人对自然具有依赖性。历史唯物主义告诉我们：外部自然离开人的存在也只能是抽象的存在，而人离开了外部自然便什么也不能创造。所以，人与自然互相影响是马克思主义的基本观点。休斯将马克思和恩格斯这个观点进一步表述为"生态依赖原则"和"生态影响原则"。所谓"生态依赖原则"就是强调外部自然构成了人类物质生产活动的天然物质基础，因而人类的一切生产活动都要依赖外部自然；而"生态影响原则"就是指人类的活动无论是否有意都会对外部自然造成影响。然而，绿色环保主义者认为这两个原则在马克思和恩格斯那里是不相容的，即认为他们只强调人对自然的影响，而没有强调人对自然的依赖。对此，休斯表示在马克思和恩格斯那里，这两个原则从来不是对立的，而且他们的生产力理论也包含着丰富的"生态依赖原则"，尽管他们未明确使用这个概念。例如：在《1844年经济学哲学手稿》中，马克思曾指出没有外部自然界，我们什么也不能创造；在《资本论》中，马克思指出："劳动过程……是为了人类的需要而对自然物的占有，是人和自然之间的物质变换的一般条件，是人类生活的永恒的自然条件"①。基于此，休斯指出，在历史唯物主义中，人类对自然的改造与人类对自然的依赖并不矛盾，相反，人类对自然的改造构成了社会生态视角的一个重要部分。此外，绿色环保主义者为了进一步"佐证"马克思和恩格斯的生产力理论不存在"生态依赖原则"，认为在他们的生态观中存在着一种阿尔都塞意义上的"生态学断裂"，如早期的马克思和晚期的马克思在生态学上存在着明显的不一致。对此，休斯认为，马克思和恩格斯的生产力理论根本不存在这种"生态学断裂"，尽管马克思早期的著作和晚期的著作存在着"从人与自然关系的一般陈述到一个更加具体的对人和非人的自然之间的特定的互动分析的转移"②，但他们生产力理论的"生态依赖原则"却是从未改变的，因而绿色环保主义者的这个指责也是站不住脚的。

其三，在生产力与科学技术的关系上，绿色环保主义者认为马克思和恩格斯的生产力理论本质上是技术决定论，因而必然导致生态恶化。对此，休斯指出，从马克思和恩格斯的生产力理论我们推导不出必然导致生态问题的结论，相反，他们的理论"可能被理解为是对当代生态问题的一个解释"③，并提出了技术发展与生态问题没有关联、生产力发展不会导致生态问题两个论断。

一方面，科学技术发展是否一定会导致绿色环保主义者所说的生态问题？在休斯看来，科学技术的发展只是增加了生态恶化的可能性，而非必然性。他通过对德国学者瑞尼尔·格伦德曼和澳大利亚学者瓦尔·罗特莉

---

① 《马克思恩格斯文集》第5卷，人民出版社，2009，第215页。
② 〔英〕乔纳森·休斯：《生态与历史唯物主义》，张晓琼、侯晓滨译，江苏人民出版社，2011，第140页。
③ 〔英〕乔纳森·休斯：《生态与历史唯物主义》，张晓琼、侯晓滨译，江苏人民出版社，2011，第176页。

（Val Routley）的批判阐述了自己的观点。格伦德曼认为技术的进步必然极大增加生态恶化的可能性，并进一步强调人类原始的技术对生态环境造成的影响绝对不能同核技术或者生化技术对生态环境造成的危险相比。对此，休斯指出科学技术的进步的确是增加了生态环境恶化的可能性，但是科学技术的进步同样也为我们带来了减少或减缓生态恶化的技术手段，为解决生态恶化提供了可能性。所以，科学技术的进步是否会带来生态问题，主要取决于怎样使用技术以及应用技术的真正目的。瓦尔·罗特莉则认为，马克思在文本中所描绘的机械化大生产的高度发展必定是高能耗的，因此它必然导致环境破坏。① 对此，休斯表示马克思和恩格斯的确赞赏高度的自动化机器体系对生产力增长的促动作用，机器所造就的劳动生产率也的确会增加对自然资源的使用，但这并不意味着机器设备的使用就一定是高耗能的。相反，机器设备的高度发展也可能大大提高资源的利用率，从而用更少的资源生产出更多的产品。本书认为，科学技术本质上是价值中立的，科学技术的进步本身并没有造成生态环境恶化，尽管科学技术的进步在单位时间内提高了对自然资源的使用率，但结果是消耗更少的资源而生产了更多的产品。所以，从生态问题与科学技术的关联性来看，生态问题的本质不在于技术是否进步，而在于我们如何使用科学技术、使用科学技术的目的以及科学技术发展的价值导向。

另一方面，生产力的发展是否如绿色环保主义者所说一定会导致生态问题？休斯对此同样持否定性态度。马克思和恩格斯认为生产力的极大发展将为社会制度或社会形态的变革创造条件。休斯将生产力的这种革命性称为生产力的"革命效应"，而"革命效应"又具体分为生产力的促动效应和破坏效应两个方面。所谓"破坏效应"就是指生产力的发展可以破除阻碍生产力进一步发展的桎梏，即推翻资本主义私有制。所谓"促动效应"是指生产力发展可以实现社会形态的变革，即推翻资本主义进而迈入共产主义。在这种

---

① Val Routley, "On Karl Marx as an Environmental Hero", *Environmental Ethics*, Vol. 3, 1981, p. 242.

新的社会形态下，人们将摒弃资本主义私有制下社会生产的非生态性和虚假需要，"不仅限制发展的生态后果，而且允许存在这样一个可能性，即这些后果被在生产技术中的生态效能的提高所抵消"①。尽管马克思和恩格斯提出共产主义的产出要增加，但其并不是无止境的增加。一旦人的真实需要得到满足，生产力发展的生态后果就将得到限制。对此，休斯进一步强调，如果共产主义发展生产力是为了满足人的需要，那么共产主义社会中的生产技术必须是生态化的，因为其他方面所引发的生态问题可能会对这些需求的满足带来威胁。由此可见，马克思和恩格斯重视生产力发展的原因只是在于生产力的极大发展可以为变革社会制度创造条件，而绝不是破坏自然。因此，生产力的发展并不必然导致生态问题，而是减少生态问题，进而实现自然的解放。

综上所述，马克思和恩格斯的科技生产力观与生态生产力观，均产生了广泛而深刻的影响，不仅形成了中国化的马克思主义生产力思想，指导中国特色社会主义发展取得了巨大的成功；同时也被一些西方学者所重释，在他们那里形成了各具特色的生产力理论。可以说，这些理论或思想都是在特定的历史发展条件下对马克思和恩格斯生产力理论的丰富发展或者重释。马克思和恩格斯的生态生产力观虽然一度被学术界所忽视，但在全球生态环境不容乐观的严峻现实面前，其科学性愈益凸显，也逐渐被学术界所重视，因而必将随着世界历史进程的发展而持续迸发出耀眼的光芒。

---

① 〔英〕乔纳森·休斯：《生态与历史唯物主义》，张晓琼、侯晓滨译，江苏人民出版社，2011，第211页。

第六章　马克思恩格斯生产力观的
重要价值

马克思和恩格斯的生产力观作为对其所处时代的人类生存境遇和未来生存境遇的普遍性、倾向性思考的自我意识的理论建构，表征着人类发展方式和存在形态的变革。虽然他们的生产力观已经经历了一个多世纪的洗礼，但他们关于生产力的诸多论断和阐述至今仍闪耀着真理的光芒，对我们在当代继续解放和发展生产力仍具有重要指导意义。正如习近平所言："时代在变化，社会在发展，但马克思主义基本原理依然是科学真理。尽管我们所处的时代同马克思所处的时代相比发生了巨大而深刻的变化，但……我们依然处在马克思主义所指明的历史时代。"[①] 目前，我国乃至全球正处于解放和发展新一轮生产力的关键期，正面临着科技攻关、生态环境恶化等多方面的限制。为此，我们迫切需要以马克思和恩格斯的生产力观为指导，着力推进基础科学研究，进一步放大科学技术的生产力促动效应；同时，推动发展方式变革，进而实现更高水平的科学发展和可持续发展。

一　马克思恩格斯科技生产力观的重要价值

当前，在传统的增长动能下，中国乃至全球各国普遍进入生产力发展的

---

① 《习近平谈治国理政》第2卷，外文出版社，2017，第66页。

瓶颈期。因此，谁能抓住新一轮科技革命和产业革命的先机，谁就能率先突破生产力发展的瓶颈，从而掌握发展的主导权。究竟如何才能抓住新一轮科技革命和产业革命的机遇从而进一步解放和发展生产力，如何规避科学技术的负效应而放大科学技术的生产力促动效应，便成为摆在各国面前的战略任务和发展难题，而马克思和恩格斯的科技生产力观恰恰为我们破解科技生产力发展的难题提供了科学的理论指导与价值遵循。

（一）为当代中国发展科技生产力提供了理论指导

马克思和恩格斯站在历史唯物主义的高度，对科学技术的效应进行了深入的考察，指出科学技术不仅存在令人不堪忍受的异化效应，也蕴含着法术般的生产力促动效应；不仅可以促进社会物质财富的积累，也可以推动生产方式的变革进而推动社会上层建筑的变革。所以，他们将科学技术视为人的本质力量的确证，视为一种"通过工业进入人的生活，改造人的生活，并为人的解放作准备"[①] 的直接生产力和革命性力量。为此，他们十分重视科学技术对生产力的促动作用。尽管马克思和恩格斯所处时代的科学技术发展水平与当代的科学技术发展水平已经不可同日而语，但其科技生产力观的科学性、真理性仍为当代中国进一步解放和发展科技生产力提供科学的理论指导和丰富的理论养料。

首先，马克思和恩格斯的科技生产力观告诉我们，必须着力推进基础科学研究，以重大核心技术成果突破生产力发展的瓶颈。马克思曾提出"生产力中也包括科学"[②]、科学技术是直接的生产力等科学论断，并认为生产力的发展是随着科学技术发展水平的提高而提高的。人类历史发展一再表明，每一次重大的科学发现、技术突破均直接促进了社会生产力的发展，同时也直接推动了社会现代化的发展进程。工业革命的发源地英国正是率先抓住了这种科学技术的发展优势，从而一度成为综合国力十分强大的"日不落帝国"，

---

① 《马克思恩格斯文集》第 1 卷，人民出版社，2009，第 193 页。
② 《马克思恩格斯文集》第 8 卷，人民出版社，2009，第 188 页。

而我国作为世界上最大的发展中国家，虽然用几十年时间就完成了西方花费几百年才完成的从农业文明向工业文明的转变，科学技术发展水平也跻身世界前列，但从总体上看，我国在重大核心技术领域与西方国家相比仍存在较大差距。这在很大程度上是因为我国数次与工业革命、产业革命失之交臂，没能跟上世界科学技术发展的大势，从而严重制约了我国社会生产力的发展。当前，全球正在进行新一轮科技革命和产业革命，我国如果能抓住这次机遇，跟上世界科技的发展趋势，便可能实现重大核心技术突破，实现产业方展方式的变革，为社会生产力的发展注入新的增长动能，从而打破社会生产力发展的瓶颈，大大推动社会主义现代化国家的建设进程。党的十九大报告指出，我国仍处于社会主义初级阶段，仍是世界上最大的发展中国家，社会主要矛盾已经转变为人民日益增长的美好生活需要和不平衡不充分的发展之间的矛盾①。这表明大力发展社会生产力仍然是我们的主要工作，也对我国在新的时代条件下发展科学技术生产力提出了新的要求。马克思和恩格斯的科技生产力观指导我们，必须抓住新一轮科技革命、产业革命的先机，加强基础研究，补齐科学技术短板，着力推进在半导体、工业机器人、航空航天、工业电子软件、光刻机、CPU 芯片、光伏逆变、生物工程技术、生成式人工智能等重大核心技术上的攻关并取得原创性成果；同时，必须增强自主创新能力，"要把强化基础前沿研究、战略高技术研究和社会公益技术研究作为重大基础工程来抓"②。唯有在重大核心技术领域取得突破并加速向新质生产力转化，才能为社会生产力的发展注入新的巨大驱动力，从而进一步解放和发展科学技术生产力。这既是我国在马克思和恩格斯科技生产力观那里汲取的理论养料，更是加快形成新质生产力，增强发展新动能，加速推进中国式现代化建设、实现中华民族伟大复兴、全面建设社会主义现代化强国的必然要求。

其次，马克思和恩格斯的科技生产力观告诉我们，必须重视和加强对科

---

① 习近平：《决胜全面建成小康社会 夺取新时代中国特色社会主义伟大胜利——在中国共产党第十九次全国代表大会上的报告》，人民出版社，2017，第 11 页。

② 《习近平关于科技创新论述摘编》，中央文献出版社，2016，第 58 页。

学技术人才的培养。科技人才是第一资源，是发展科技生产力的重中之重，直接关系到科技生产力发展水平的高低。在当代，科学技术发展日新月异，世界各国抢占科学技术制高点的竞争尤为激烈，科技人才之于发展科技生产力的战略重要性愈益突出。马克思主义历来重视科技人才的培养。马克思和恩格斯十分重视知识和教育对于青年工人发展的重要性，并多次呼吁青年工人要以知识武装自己。恩格斯在《致国际社会主义者大学生代表大会》中指出：“过去的资产阶级革命向大学要求的仅仅是律师，作为培养政治家的最好的原料；而工人阶级的解放，除此之外还需要医生、工程师、化学家、农艺师及其他专门人才，因为问题在于不仅要掌管政治机器，而且要掌管全部社会生产，而在这里需要的决不是响亮的词句，而是扎实的知识。”① 这为我们培养科技人才指明了努力的方向和目标。

在马克思和恩格斯科技生产力观的指导下，中国共产党的历届领导人也十分重视科技人才的培养。毛泽东在分析生产力的基本要素时，尤为重视劳动者要素中科技人才对生产力发展的作用，并认为劳动者要素是生产力基本要素中最为重要的一部分。邓小平也十分重视青年科技人才对于科技生产力发展的重要性，并多次谈及青年科技人才培养的重要性。他指出：“科学的未来在于青年。青年一代的成长，正是我们事业必定要兴旺发达的希望所在。”② 在世纪之交，江泽民对科技人才作用的认识更为深刻，并对科技人才的培养作出了新的谋划。他指出“科技和经济的大发展，人才是最关键、最根本的因素。实现现代化，必须靠知识，靠人才”③，并进而强调：“科学技术人员是新的生产力的重要开拓者和科技知识的重要传播者，是社会主义现代化建设的骨干力量”④。江泽民明确地指出了科技人才对生产力发展的重要性，提出实施“科教兴国”发展战略。随着科学技术尤其是科技人才对于提升综合国力、发展生产力的重要性日益突出，胡锦涛提出了人才强国战略，

---

① 《马克思恩格斯文集》第 4 卷，人民出版社，2009，第 446 页。
② 《邓小平文选》第 2 卷，人民出版社，1994，第 95 页。
③ 江泽民：《论科学技术》，中央文献出版社，2001，第 105 页。
④ 江泽民：《论科学技术》，中央文献出版社，2001，第 58 页。

并认为"人才是第一资源"①，创新型科技人才的培养关系到中国的未来。党的十八大以来，习近平多次强调人才培养的重要性，强调要秉承"人才是第一资源"的理念，"在创新实践中发现人才、在创新活动中培育人才、在创新事业中凝聚人才"②，必须培养一大批具有创新能力的科技人才。在党的十九大报告中，习近平再次强调，人才是我们在激烈的国际竞争中掌握主动权的战略资源，所以我们"要聚天下英才而用之，加快建设人才强国"③，要以更加有效、更加开放的人才政策，将各方面的人才聚集到建设中国特色社会主义的伟大事业中来，从而为社会主义现代化强国目标的达成提供坚实的人才支撑。由此可见，对科技人才的重视和培养，始终是我们党工作的重中之重，只有加强对创新型科技人才的培养，我们才可能不断以新的科技成果引领生产力发展，才可能不断将科技生产力的发展水平推向新的高度。

最后，马克思和恩格斯的科技生产力观告诉我们，发展科技生产力必须注意规避或消除科学技术的异化效应，始终坚持以人为本。历史唯物主义已经向我们指明，资本主义在造就高度发达的科技生产力的过程中，也伴生了诸多令人不堪忍受的异化效应。可以说，资本主义机器大工业生产所催生的巨大生产力是以一系列异化现象为代价的。尽管马克思和恩格斯对科技的异化效应展开了无情的批判，但是按照马克思和恩格斯科技生产力观的理论进路，其终极关怀是为实现"建立在个人全面发展和他们共同的、社会的生产能力成为从属于他们的社会财富这一基础上的自由个性"④ 创造条件，即为实现人的自由全面发展创造条件。因此在马克思和恩格斯看来，在"物的依赖性"阶段，科学技术不得不以非人化的异化形式构成真正的人的生活基础，也就是说科学技术的异化效应有着社会发展阶段的历史必然性，但这并不意味着，我国在"物的依赖性"阶段发展科技生产力，只能被动接受科学

---

① 《胡锦涛文选》第 2 卷，人民出版社，2016，第 43 页。

② 《习近平关于科技创新论述摘编》，中央文献出版社，2016，第 117 页。

③ 习近平：《决胜全面建成小康社会 夺取新时代中国特色社会主义伟大胜利——在中国共产党第十九次全国代表大会上的报告》，人民出版社，2017，第 64 页。

④ 《马克思恩格斯文集》第 8 卷，人民出版社，2009，第 52 页。

技术的异化效应。相反，马克思和恩格斯的科技生产力观为我们在当代发展科技生产力提供了根本的价值遵循，即在我们大力推动科学技术发展的进程中，必须注意规避或消除科学技术的异化效应，最大限度地发挥科学技术的生产力促动效应。这要求我们在发展科技生产力的过程中，必须始终坚持以人为本，正确处理好人与物质利益之间的关系，推动科技异化向科技人化——人文化、人性化、人道化——转变，使科学技术真正成为复归于人的属人化的科技，从而使科技生产力的发展成果真正造福于人民。所以，自然科学最终是关于人的科学，"这将是一门科学"①。

（二）为当今世界发展科技生产力提供了理论支撑

马克思和恩格斯通过对科学技术在资本主义生产方式下的全面考察，高度赞赏了科学技术的生产力促动作用，并指出："固定资本的发展表明，一般社会知识，已经在多么大的程度上变成了直接的生产力"②；"自然科学并入生产过程，必然大大提高劳动生产率"③。自 20 世纪 70 年代以来，世界科学技术飞速发展，极大地推动了世界生产力和人类经济社会的发展，大大改变了我们的生产方式和生活方式并加快了社会的现代化发展进程。特别是以微电子技术为基础，以计算机、网络和通信技术为主体的信息技术全面渗透于生产的各个领域，不仅引起了社会生产力和生产方式的革命性变革，更为社会生产力的发展开辟了广阔的空间，成为社会生产力发展的第一推动要素。

马克思和恩格斯的科技生产力观早已指明，科学技术特别是重大的高新技术，越来越成为推动生产力发展的基础和标志，越来越成为先进生产力的集中体现，越来越成为决定一个国家和民族发展进程、发展高度、发展水平的关键因素。当前，以人工智能、大数据、电子芯片和新能源技术为代表的新一轮科技革命和产业革命正加速形成，智能化、数据化、信息化全面渗透

---

① 《马克思恩格斯文集》第 1 卷，人民出版社，2009，第 194 页。
② 《马克思恩格斯文集》第 8 卷，人民出版社，2009，第 198 页。
③ 《马克思恩格斯文集》第 5 卷，人民出版社，2009，第 444 页。

于生产生活的各个领域，以人工智能为代表的计算机科学技术、"以大数据为代表的信息技术、以绿色能源为代表的新能源技术等新一轮技术革命将引发传统生产方式'颠覆'性变革，不断催生新技术、新产业、新模式"①，从而为全球经济发展带来新的增长点并开辟更广阔的空间，促进全球社会生产力发展水平的整体跃升，这将在很大程度上重塑各国的比较优势和竞争优势。因此，哪国率先掌握重大核心技术的优势，哪国率先实现重大核心技术的创新，哪国就能率先抢占生产力发展的制高点，就能掌握国际经济竞争的主动权。所以，各国皆以实现科学技术创新为核心，制定了国家的发展战略或发展规划，如中国的科技创新驱动发展战略、美国的大数据计划、德国的工业4.0计划、英国的科学技术战略、法国的"法国复兴"援助计划、韩国的人工智能（AI）领先战略、日本的"Society 5.0"超智能社会计划、巴西的国家科技创新战略、南非的国家信息和通讯战略等。这些发展战略或发展规划皆致力于在人工智能领域、智能半导体领域、数字新媒体领域、生物医药卫生领域、气候保护领域、新能源领域、信息和通信技术领域等取得重大技术突破，从而打破经济增长和生产力发展的瓶颈，为经济增长和生产力发展带来新的驱动力，进一步弥合本国在发展基础、发展能力、发展条件上与他国的差距，进而不断提升自身的综合实力。可以说，以上任何一个领域取得重大技术突破，都将推动全球经济迅猛增长，并促进生产力发展迈上新的台阶，从而推动人类文明形态的变革。

此外，马克思和恩格斯的科技生产力观也为世界各国发展科技生产力提供了价值遵循。马克思和恩格斯的科技生产力观不仅包含着对科技生产力性质的高度赞赏，也包含着对科技异化效应的批判。在马克思和恩格斯生活的年代，科学技术的发展水平还十分有限，其异化效应还不如在当代这样突出，也很少涉及科技伦理问题。当代科技发展日新月异，科技所蕴含的力量是巨大的，正确使用这种巨大的力量可以更好地造福于全人类，反之，只能

---

①　柴尚金：《世界大变局与资本主义、社会主义两种制度关系重构》，《马克思主义研究》2019年第10期。

给人类带来毁灭性的影响。在资本逻辑的宰治下，科技的勃兴完全沦为资本增殖的工具，最大化获取物质利益成为西方资本主义国家决定科学技术发展方向以及发展何种科学技术的主要标准，在这种逐利性价值观的指导下，科技的负面效应逐渐成为一种"被遗忘"的存在，从而引发了一系列社会问题、科技伦理问题、生态问题。例如，在发达工业社会，科学技术成为一种意识形态，在政治、生活、思想、文化、语言等领域形成了巨大的宰治力，压制了人们的否定性和创造性，从而形成了单向度的社会、单向度的思想、单向度的人。又比如，作为人类重大科技突破的克隆技术、基因工程，在疾病治疗、延长人类寿命、提高作物产量等方面造福人类的同时，也受到资本逻辑的宰治，被用于制造基因武器和婴儿基因编辑等方面，严重威胁着全人类的基因安全和生命安全，引发了严重的科技伦理问题。这完全背离了科学技术以人为本的价值立场，与人类的生存状态发生了分裂。同时，资本主义凭借高度发达的科学技术制造了种种虚假需要、异化需要，不断增加的商品、需求的扩大成为不自然的和虚构欲望的一种精心设计好的附属。这样一来，自然被当作商品加以控制，科学技术充当了控制自然的工具角色，从而引发了一系列生态问题。可以说，这些问题的产生与引导科技发展的错误价值观和意识形态的种种政策谬误密切相关。所以，在当今世界发展科技生产力的过程中，马克思和恩格斯的科技生产力观指导我们必须摒弃"一切向钱看"的错误价值导向，改变科学技术发展的种种政策谬误，始终坚持以人为本，以满足世界人民的利益诉求为本，推动科技发展由经济理性向科技理性转变，从而使科技发展成果真正造福于世界人民，最大限度地增进世界人民福祉。

综上所述，当代科技发展日新月异，科技发展水平已经远远超出马克思和恩格斯当年对科技发展作出的预见，人类正加速步入智能社会，因而有人认为，在当代马克思和恩格斯的科技生产力观已经过时了。事实上，这是一种错误的认识。尽管马克思和恩格斯没能预见到当代的科技发展水平，但他们围绕科技生产力作出的一系列重要论述，对于当今世界各国发展科技生产力仍具有积极的指导意义，特别是对广大发展中国家和地区建设科技强国，实现从站起来到富起来再到强起来的飞跃更具指导意义。所以，全球各国只有不断地从马克思和恩格斯的科技生产力观中汲取养料，最大限度地发挥科学技术的生产力促动效应，才能推动科技生产力又好又快发展，才能在激烈的国际竞争中立于不败之地。

二 马克思恩格斯生态生产力观的重要价值

生态生产力作为马克思和恩格斯生产力观的隐性一面，在他们的生产力观中更具有核心的、基础性的地位。它为我们在发展科技生产力的基础上，进一步发展生态生产力、构建人与自然生命共同体，进而实现人与自然的和谐共生与更高水平的可持续发展提供了科学的理论支撑和价值导引。

（一）为当代中国发展生态生产力提供了理论指导

新中国成立之初，我国工业生产基础十分薄弱，为了尽快提高广大人民的生活水平、满足人民日益增长的物质文化需求，并加速缩小与西方发达国家的差距，不得不走一条大规模开发自然资源的道路。虽然经过几十年的快速发展，我国走完了西方发达国家几百年走过的工业化历程，但也造成了人与自然生命难以承受的生态问题，使我国生产发展面临的环境制约问题日益突出。为此，党的十八大将生态文明建设纳入中国特色社会主义"五位一体"的总体布局，并将之提升到国家发展战略高度，要求我们必须摒弃先污染后治理、先破坏后建设的旧发展道路，从而走一条尊崇自然、绿色低碳的发展之路。其实，马克思和恩格斯的生态生产力观在批判资本主义非生态性的生产方式时就已指明，正是对自然的一味征服和过度开发，导致了人与自然之间的物质变换的断裂，从而引发了诸多生态问题。正是基于对未来长远发展的忧虑，马克思和恩格斯提出了发展循环经济的思想，告诫我们要合理地调节人类和自然之间的物质变换，"靠消耗最小的力量，在最无愧于和最适合于他们的人类本性的条件下来进行这种物质变换"[①]。这为我国发展生态

[①] 《马克思恩格斯文集》第7卷，人民出版社，2009，第928—929页。

生产力提供了科学的理论指导。

　　一方面，马克思和恩格斯的生态生产力观指导我们，必须在自然生态可承载的范围内与自然进行合理有度的物质变换，合理有度地开发和利用自然资源。传统的发展方式建立在大规模开发和利用自然资源的基础上，虽然可以有效地促进社会生产力的发展，但对自然资源无规律的开发和过度消耗已经大大超过了自然生态的承载力，引发了人与自然之间物质变换的断裂，从而造成了诸多生态问题，对我们的长远发展能力造成了毁损，因为自然资源总量是有限的。正如马克思所言："土地是有限的，而有水力资源的土地更是有限的……这种条件是不能由资本本身的生产过程创造的。"[①] 同时，"这些自然条件的丰饶度往往随着社会条件所决定的生产率的提高而相应地减低"[②]，即随着社会生产力的提高而下降。也正是基于此，1972 年，罗马俱乐部在《增长的极限》报告中对世界的发展趋势做出预测，如果世界继续按照目前的人口增长速度和资源消耗速度发展下去，如果国际社会没有对此采取必要的行动或行动过于迟缓，那么地球的"'崩溃'是不可避免的"[③]。这表明人类只有在自然资源可承载的范围内合理有度地利用自然资源，只有在保证生产需求的基础上最大限度地减少对自然资源的浪费与破坏，只有保证自然资源的供给与向自身回归的过程有序进行，才能从根本上保障社会生产力发展的天然物质根基的良性运转，进而为人类的可持续发展提供保障。另外，马克思和恩格斯的生态生产力观也要求我们必须高效地利用自然资源，最大限度地提高自然资源的利用率，从而最大限度地减少对自然资源的浪费与破坏。在传统粗犷的发展模式下，生产力发展是以高污染、高能耗、高排放为代价的，我们消耗了大量的自然资源而得到的产值却相对低下，这就要求我们必须转变经济发展方式和提高科学技术的发展水平，并大力推动科学技术的生态化、绿色化发展，以缓解生产需求与资源供给之间的矛盾。因

---

① 《马克思恩格斯文集》第 7 卷，人民出版社，2009，第 727 页。
② 《马克思恩格斯文集》第 7 卷，人民出版社，2009，第 289 页。
③ 〔美〕德内拉·梅多斯、乔根·兰德斯等：《增长的极限》，李涛、王智勇译，机械工业出版社，2006，第 6 页。

此，我们依靠高新技术不仅要尽可能地开发自然资源的多重价值，实现自然资源效用利用的最大化，也要进一步提升对太阳能、风能、潮汐能、可燃冰等可再生资源的开发能力和掌控水平，以代替化石燃料等不可再生资源，从而大大缓解自然资源供给不足的发展困境。同时，依靠生态友好型技术，我们靠消耗较少的自然资源不仅可以实现更大的产出，也可以大幅度降低生产过程对自然环境造成的污染，实现清洁生产，即低投入、高产出、低排放，从而实现社会生产力又好又快发展。

另一方面，马克思和恩格斯的生态生产力观为我国实现更高水平的可持续发展、实现人与自然的和谐共生、满足人民日益增长的优质生态需求，提供了新的路径选择。马克思指出："一切生产都是个人在一定社会形式中并借这种社会形式而进行的对自然的占有"①，建立在对自然占有基础上的社会生产力从根本上来说是为了人的需要的满足，需要是推动生产力发展的"第一小提琴手"。但是，不可否认，这种建立在对自然资源占有基础上的传统生产力发展观也导致人与自然的矛盾愈益尖锐化。自党的十七大提出建设生态文明以来，经过多年的生态治理，我国生态环境形势明显好转，但人与自然关系依然紧张。究其原因，主要是在资本逻辑的宰治下，传统的生产力发展方式依然建立在对自然生态的大规模开发和利用基础上，并未从根本上解决生产发展与生态保护之间的利益失衡矛盾。这虽然在短期内极大地提高了生产力，也换来了十分可观的"金山银山"，却从根本上毁损了生产力可持续发展的自然根基，因而这种生产力发展方式注定是不可持续的。所以，我们开始反思和批判以牺牲自然生态为代价的传统生产力观，进而寻求一种符合时代发展趋势的新生产力观，而马克思和恩格斯的生态生产力观正是我们所寻求的新生产力观。这就要求我们在对传统生产力观过度注重物质利益的错误倾向加以修正的基础上，尽可能地保护自然生态，将生产发展与生态保护纳入各自的发展过程之中，走一条生产发展、生活富裕、生态良好的绿色低碳发展之路，将人民的生命存续和优质生态需求不断内化在生态生产力的

---

① 《马克思恩格斯文集》第 8 卷，人民出版社，2009，第 11 页。

发展过程之中，从而不断满足"人民群众对清新空气、干净饮水、安全食品、优美环境"① 等优质生态产品的强烈需求。

但必须明确的是，发展生态生产力并不是对传统生产力观的彻底否定，只是对传统生产力观缺乏生态性的一种修正，更不是对科技生产力观的放弃。科技生产力观是历史唯物主义的科学论断，是我们必须长期坚持的科学真理，而绝非某些学者所认为的那样，即认为生态生产力是对科技生产力的否定。科技生产力虽然对社会生产发展具有巨大的推动作用，但归根结底也是建立在自然生态的基础之上的，所以发展科技生产力与发展生态生产力并不是非此即彼的二元对立的关系，而是辩证统一于生产力发展过程之中。因此，在发展科技生产力的基础上发展生态生产力，既可以实现"绿水青山"和"金山银山"的双赢，又可以在多方和谐的基础上实现中华民族永续发展。

（二）为构建人与自然生命共同体提供了理论支撑

马克思和恩格斯的生态生产力观指出，人是自然界的产物，是自然界的一部分，"人靠自然界生活"②；无论从理论领域还是实践领域来看，自然界都是人的"无机的身体"，是人的生产生活的一部分。因此，人与自然的关系既是人与人的关系的现实表现，又深刻地影响着人与人的关系；反过来，人与人的关系也深刻地影响着人与自然的关系，从而深刻指明了人与自然之间互为影响、互为制约、互为塑造、互为一体的共生共荣关系。这就要求人类要像爱护自己的身体一样爱护自然、保护自然、善待自然，否则，必然招致自然无情的报复，进而危及人类自身。这就为我们构建人与自然生命共同体提供了理论支撑。

首先，马克思和恩格斯的生态生产力观为构建人与自然生命共同体提供了理论基础。马克思和恩格斯生态生产力观内含的人与自然互为一体的共生

---

① 《习近平关于社会主义生态文明建设论述摘编》，中央文献出版社，2017，第28页。
② 《马克思恩格斯文集》第1卷，人民出版社，2009，第161页。

共荣关系，构成了人与自然生命共同体的直接理论来源和丰富理论内涵，习近平正是以马克思和恩格斯关于人与自然是不可分割的统一体的思想为基础，提出了"人与自然是生命共同体"①的重要论断。"人与自然是生命共同体"是对马克思和恩格斯生态生产力观所内含的人与自然关系在当代的创造性发展，突出地强调了人与自然不可分割的辩证统一关系。"山水林田湖是一个生命共同体，人的命脉在田，田的命脉在水，水的命脉在山，山的命脉在土，土的命脉在树。"②这不仅以命脉概念强调了自然生态系统的整体有机性和内在联系性，也明确指出人与自然生态系统的诸要素是一个相互依存、命脉相连的"你中有我、我中有你"③的生命共同体，双方既互为前提，又互为结果。在这种命脉相连的生命一体性下，人与自然哪一方受到毁损，另一方也必然遭到毁损，这便突出了人与自然之间互相依赖、共生共荣的不可分割关系。所以，马克思和恩格斯的生态生产力观启示我们：不要陶醉于对自然的胜利，要"像保护眼睛一样保护生态环境，像对待生命一样对待生态环境"④，合理有度地利用自然资源，从而在尊重自然、爱护自然、善待自然的过程中与自然融为一体，这样才能实现人与自然的共生共荣，进而实现生产、生活、生态的永续发展。

其次，马克思和恩格斯的生态生产力观为构建人与自然生命共同体提供了方法论支撑。一方面，马克思和恩格斯的生态生产力观坚持一种整体的系统性思维。该思维对自然界作一种关系性、生态性的理解，认为人与自然是一个不可分割的共同体，人是自然生态系统的一部分，自然生态作为人的无机身体同样也是人的一部分，双方互为条件、共生共存，从而与传统主客对立的、机械的形而上学思维方式有着质的区别。另一方面，马克思和恩格斯的生态生产力观坚持一种人与自然"和解"的思维。该思维与传统主客对立的思维方式将自然绝对客体化不同，它以去人类中心化的视角，指明了人既

---

① 习近平：《在纪念马克思诞辰 200 周年大会上的讲话》，人民出版社，2018，第 21 页。
② 《习近平关于社会主义生态文明建设论述摘编》，中央文献出版社，2017，第 47 页。
③ 《习近平谈治国理政》第 2 卷，外文出版社，2017，第 481 页。
④ 《习近平关于社会主义生态文明建设论述摘编》，中央文献出版社，2017，第 12 页。

不是凌驾于自然之上的主宰者，也并非"牲畜式"地臣服于自然，只是自然生态系统诸种生物的一种，这就从根本上承认了人与自然的主体平等性。它既强调对自然的利用和改造，更强调对自然的保护和改善，从而在对以往旧思维方式下人的绝对自由设限的基础上与外部自然保持总体的和谐。马克思和恩格斯的生态生产力观在变革人们思维方式的同时，也形塑了人们的价值观念，传达了一种生态意识。在这种意识中，外在自然的一切价值都将得到尊重，一切关系将得到重视，因而自然不再被视为与"我们疏远的、其价值只在于作为我们的一种'自然资源'的'祛魅的'领域"①；人们满足感的获得不再来自对自然的掠夺；自然也不再被视作任由人类拆分与组合的"零件"，不能再用零打碎敲的方式来解决生态问题。这就要求我们必须以一种整体的、联系的、系统的思维来审视人与自然的关系，综合治理生态问题，从而为我们在当代构建人与自然生命共同体、实现人与自然的和谐共生提供科学的方法论。

最后，马克思和恩格斯的生态生产力观为构建人与自然生命共同体提供了价值遵循。构建人与自然生命共同体既是对人与自然关系认识的高度理论自觉，也是应对全球性生态危机，实现更高水平可持续发展的必然选择。那么生态危机的根源是什么？从人类的生态价值观来看，自进入工业社会以来，自然科学的飞速发展已经破除了自然神论，揭开了自然神秘性的面纱，人类认识和改造自然的能力大大增强。在机械论与还原论思维方式的统治下，外部自然被视为可以任意拆分的、僵死的自然物，同时在资本逻辑经济理性的策动下，人们抛弃了传统社会下人与自然的天然"同情共感"，这样便造成了人与自然的疏离。几个世纪以来，在这种非生态性价值观的指导下，人类将外部自然视为可供任意开发的天然资源库，肆意地掠夺、破坏自然资源，丝毫不顾及自然的内蕴价值，引发了一系列生态问题，将人类推向了自我毁灭的道路。而马克思和恩格斯的生态生产力观早已指明：人类的生产活动不仅要尊重自然规律，而且要在自然可承载的范围内与自然进行合理

---

① 〔美〕大卫·雷·格里芬编《后现代精神》，王成兵译，中央编译出版社，2011，第 628 页。

有度的物质变换，否则必然招致自然无情的报复，造成人类文明的衰落。这就要求我们在构建人与自然生命共同体的过程中，必须摒弃人类中心主义的非生态性价值观，坚持生态优先原则，尊重、承认自然的内蕴价值，按照人与自然生命共同体的价值理念全方位、全地域、全过程推进生态文明建设，正确处理人与自然之间的关系，转变经济发展方式，推崇绿色发展理念，做到生产发展与生态保护相协调，坚持人与自然和谐共生的基本方略，合理有序、有度、有效地利用自然资源，做到对自然资源的全面节约与循环利用，构筑一条尊崇自然、敬畏自然、绿色低碳的可持续发展之路。只有在这种良性生态价值观的指导下，人类才能真正建立清洁美丽的世界，才能真正实现与自然的和解，进而实现更高水平的可持续发展。可以说，无论对中国而言还是对世界各国而言，构建人与自然生命共同体必须基于这种良性生态价值观，反之，我们便无法构建真正的人与自然生命共同体，也就无法实现人与自然的和谐共生。

可以说，习近平关于"人与自然是生命共同体"的重要论述，正是马克思和恩格斯生态生产力观在当代的具体表征，而马克思和恩格斯生态生产力观内含的人与自然是统一体的思想以及有序、有度、有效利用自然资源的可持续发展理念，既为我们在当代构建人与自然生命共同体提供了坚实的理论基础，也为我们构建人与自然生命共同体提供了科学的方法论支撑，同时也为我们构建人与自然生命共同体提供了价值支撑。这对于进一步清除构建人与自然生命共同体的思想沉疴具有重要意义。

综上所述，在全球生产力发展陷入瓶颈以及全球性生态危机不容乐观的背景下，马克思和恩格斯的科技生产力观与生态生产力观为我国乃至全球进一步解放和发展生产力、缓解人与自然的矛盾对立，进而实现生产发展、生活富裕、生态良好的高质量可持续发展提供了科学的理论指导与理论支撑。我们坚信，在马克思和恩格斯科技生产力观与生态生产力观的指导下，我国乃至世界各国必将打破生产力发展的诸多外在限制，必将推动生产力发展实现质的飞跃，从而在人与自然和谐共生的基础上进一步推动生产力的大发展、大繁荣。反观部分西方学者对马克思和恩格斯生产力观的批评与指责，以及对资本主义生产力发展方式连篇累牍的赞美，我们不难发现，马克思和恩格斯的生产力观是"多么明亮、持久、具有穿透力和不可抗拒的理性之光"①。

---

① 转引自〔美〕罗伯特·L. 海尔布隆纳：《马克思主义：赞成与反对》，东方出版社，2016，第 8 页。

结语　马克思恩格斯生产力观的
双重意蕴

　　科学技术是生产力，是马克思主义历来的观点。这是马克思和恩格斯通过深入考察资本主义生产方式下科学技术对生产力发展的影响而得出的科学结论。也正是基于此，马克思和恩格斯高度赞赏了科学技术的生产力性质并肯定了科学技术的革命性作用。然而，科学技术在推动社会生产力高速发展、加速推进社会现代化的进程中，也伴生了人类社会难以承受的气候变暖、能源短缺、冰川融化、土地荒漠化等一系列生态和社会问题，从而对人类社会生产力的发展造成了严重的制约。基于此，一些西方学者将生态问题的根源归结为马克思和恩格斯的生产力理论，认为他们的生产力理论存在着生态学空场，即将他们的生产力理论视为只见科技和经济而不见自然的"生产力决定论""科技决定论"。然而，本书通过对马克思和恩格斯文本的详细梳理，得出了以下结论。

　　一方面，科技生产力观构成了马克思和恩格斯生产力观的显性逻辑线索，贯穿于他们关于生产劳动、资本主义批判和共产主义的全部论述之中。科技生产力观是马克思和恩格斯生产力观中最为突出的一面，因为马克思和恩格斯在不同文本中多次明确阐述过科学技术同生产力的关系，如"生产力中也包括科学"[1]、"一旦生产力发生了革命——这一革命表现在工艺技术方

---

　　① 《马克思恩格斯文集》第 8 卷，人民出版社，2009，第 188 页。

面"①、"固定资本的发展表明，一般社会知识，已经在多么大的程度上变成了直接的生产力"②、"劳动生产力是随着科学和技术的不断进步而不断发展的"③，等等。马克思和恩格斯高度赞赏了科学技术对生产力的促动作用，肯定了发展科学技术的重要性，虽然在科技生产力的发展过程中出现了一些生态问题，但不能据此便将生态问题的根源归结为马克思和恩格斯的生产力理论。科学技术本身是价值中立的，生态问题的根源并不在于科学技术本身，关键在于如何使用科学技术，如何对科技生产力进行价值引导。相反，恰恰是资本主义逐利性的非生态性生产方式导致了科学技术的生态异化。所以，西方学者对马克思和恩格斯生产力理论的批评与指责是根本错误的。

另一方面，生态生产力观构成了马克思和恩格斯生产力观的隐性逻辑线索，贯穿于他们关于生产劳动、资本主义批判和共产主义的全部论述之中。通过对马克思和恩格斯文本的梳理我们发现，他们并没有明确提出过生态生产力概念，而是由于特定的时代背景与理论侧重，将对生态的关怀暗含在各个理论之中。因此，本书将其称为他们生产力观的隐性逻辑线索。同时，马克思和恩格斯的生产力观也并非如某些国内外学者所批评的那样缺乏生态向度。相反，他们的生产力观恰恰是与自然生态环境紧密相连的，有着丰富的生态化和绿色化意蕴。马克思和恩格斯始终强调自然生态环境之于人类生存和社会生产发展的前提与基础性作用，反对离开外部自然孤立抽象地谈论社会生产力。他们既提出了"自然力"和"自然生产力"概念，也高度肯定了"自然力"和"自然生产力"对于社会物质财富生产而言的根源性地位，更是提出了"一切生产力都归结为自然界"④ 的科学论断。本书认为马克思和恩格斯的生产力观并非缺乏生态向度，一个重要依据在于，马克思和恩格斯的整个理论体系的终极目标在于推翻资本主义社会，进而实现全人类的解放和"两个和解"，就此而言，马克思和恩格斯的生产力观更侧重于阐明生

① 《马克思恩格斯文集》第 8 卷，人民出版社，2009，第 341 页。
② 《马克思恩格斯文集》第 8 卷，人民出版社，2009，第 198 页。
③ 《马克思恩格斯文集》第 5 卷，人民出版社，2009，第 698 页。
④ 《马克思恩格斯文集》第 8 卷，人民出版社，2009，第 170 页。

产力作为推动社会变革革命性力量的内在规律，加之他们所处的时代生态问题并不是十分突出，所以，他们并没有专门论述生产力的生态化向度。也正是基于此，他们的生态生产力观，曾一度被学术界所忽视，且学术界一定程度上存在理解偏差。

基于以上讨论，本书对马克思和恩格斯的生产力观作出了新的解读，明确提出并肯定了马克思和恩格斯的生产力观除了是科技生产力观外，也是蕴含着丰富的生态意蕴、与自然环境紧密相连的生态生产力观。这一论点的提出，一定程度上修正了学术界关于马克思和恩格斯的生产力观仅仅是科技生产力观的传统认知，不仅捍卫了马克思和恩格斯生产力观的科学性、真理性，也肯定了他们生产力观中始终存在的生态意蕴，更为强调以生产力为基本标准的彻底的唯物主义展现了一个新的地平线，从而实现了对他们生产力观的科学阐释与理论辩护。只有完整而准确地理解马克思和恩格斯生态生产力观这一意蕴，才能对他们的生产力观作出科学的理解和阐释；只有正确地理解生态生产力观在他们生产力观中的基础性、核心性地位，才能真正地彰显马克思和恩格斯全部理论体系的终极价值关怀——人与自然的双重解放。唯有如此，我们才能在当代为继续坚持和发展历史唯物主义做出重大贡献。

当前，全球正处于并将长期处于以"物的依赖性"为表征的第二大社会形态，人与自然仍深陷于冰冷的物化之中，仍旧戴着被物质利益裹挟的沉重枷锁。同时，在全球社会生产力发展放缓以及全球性生态危机日益严峻的现实下，马克思和恩格斯的科技生产力观与生态生产力观为当代中国乃至世界各国走出生产力发展的困境，进而实现人与自然的双重解放提供了科学的理论指导。这就启示我们：一方面，我们必须从国家生产力发展的现实需要和长远需求出发，大力推进基础科学研究，不断增强自主创新能力，着力推进在关键领域的重大核心技术攻关，最大限度地解放和激发科学技术作为第一生产力所蕴含的巨大力量，并不断推动高新技术成果转化为新质生产力，从而不断为社会生产力的发展注入新的强大增长动能，进而在不断解放和发展生产力的基础上满足人民日益增长的美好生活需要，并持续为人的自由解放创造条件；另一方面，在发展科学技术生产力、保障生产力发展速度的基础上，更要注重生产力的生态化发展，即发展生态生产力，从而在坚持生态优先原则的基础上为生产力的可持续发展提供物质保障。这就要求我们在树立尊重自然、爱护自然、保护自然价值理念的基础上，也必须牢固树立"绿水青山就是金山银山"、"宁要绿水青山，不要金山银山"、保护环境就是保护生产力的生态生产力发展观，持续推动构建人与自然生命共同体，持续推动社会生产力发展与生态环境保护有机融合，促进产业经济绿色转型，在全社会乃至全球开辟一条尊崇自然、绿色低碳的生态化发展之路，从而在生产力发展的基础上最大限度地缓解人与自然的矛盾对立和保障社会生产力发展的天然物质基质，进而为全人类实现更高质量的可持续发展和实现自然的解放创造条件。可以说，在当前全球生产力发展面临衰退和持续生态限制的背景下，对马克思和恩格斯生态生产力观的挖掘无疑具有重大的理论意义与实践意义。因此，他们的生态生产力观必将被学界进一步重视，并随着世界历史进程的发展持续迸发出耀眼的、不可抗拒的理性之光。

参考文献

（一）经典文献

[1]《马克思恩格斯文集》第1—10卷，人民出版社，2009。

[2]《马克思恩格斯全集》第1卷，人民出版社，1995。

[3]《马克思恩格斯全集》第2卷，人民出版社，2005。

[4]《马克思恩格斯全集》第19卷，人民出版社，2006。

[5]《马克思恩格斯全集》第21卷，人民出版社，2003。

[6]《马克思恩格斯全集》第23卷，人民出版社，1972。

[7]《马克思恩格斯全集》第26卷，人民出版社，2014。

[8]《马克思恩格斯全集》第31卷，人民出版社，1998。

[9]《马克思恩格斯全集》第32卷，人民出版社，1998。

[10]《马克思恩格斯全集》第42卷，人民出版社，2017。

[11]《马克思恩格斯全集》第44卷，人民出版社，2001。

[12]《马克思恩格斯全集》第49卷，人民出版社，2016。

[13]《马克思恩格斯选集》第1—4卷，人民出版社，2012。

[14]《资本论》第1—3卷，人民出版社，2018。

[15]《列宁选集》第1—4卷，人民出版社，2012。

[16]《毛泽东选集》第1—4卷，人民出版社，1991。

[17]《邓小平文选》第1—2卷，人民出版社，1994。

[18]《邓小平文选》第 3 卷，人民出版社，1993。

[19]《江泽民文选》第 1—3 卷，人民出版社，2006。

[20]《胡锦涛文选》第 1—3 卷，人民出版社，2016。

[21]《习近平谈治国理政》第 1 卷，外文出版社，2018。

[22]《习近平谈治国理政》第 2 卷，外文出版社，2017。

[23]《习近平谈治国理政》第 3 卷，外文出版社，2020。

[24]《习近平谈治国理政》第 4 卷，外文出版社，2022。

[25]《习近平著作选读》第 1—2 卷，人民出版社，2023。

（二）中文著作

[1]〔英〕怀特海：《科学与近代世界》，何钦译，商务印书馆，1959。

[2]〔英〕罗素：《西方哲学史》（上卷），何兆武译，商务印书馆，1963。

[3]〔英〕W. C. 丹皮尔：《科学史》，李珩译，中国人民大学出版社，2010。

[4]〔德〕弗·梅林：《马克思传》，樊集译，人民出版社，1972。

[5]〔德〕马克斯·韦伯：《新教伦理与资本主义精神》，袁志英译，上海译文出版社，2018。

[6]〔德〕马克斯·韦伯：《经济与社会》（上、下册），阎克文译，上海人民出版社，2010。

[7]〔德〕马克斯·韦伯：《学术与政治》，冯克利译，上海三联书店，1998。

[8]〔德〕马丁·海德格尔：《海德格尔文集：演讲与论文集》，孙周兴译，商务印书馆，2018。

[9]〔德〕埃德蒙德·古斯塔夫·阿尔布雷希特·胡塞尔：《欧洲科学的危机与超越论的现象学》，王炳文译，商务印书馆，2001。

[10]〔德〕马克斯·霍克海默、西奥多·阿道尔诺：《启蒙辩证法：哲学断片》，渠敬东等译，上海人民出版社，2006。

[11]〔德〕马克斯·霍克海默：《批判理论》，李小兵等译，重庆出版社，1989。

[12]〔德〕马克斯·霍克海默：《霍克海默集》，渠敬东、付德根译，上海

远东出版社，2004。

[13] 〔德〕尤尔根·哈贝马斯：《重建历史唯物主义》，郭官义译，社会科学文献出版社，2013。

[14] 〔德〕尤尔根·哈贝马斯：《理论与实践》，郭官义、李黎译，社会科学文献出版社，2010。

[15] 〔德〕尤尔根·哈贝马斯：《合法化危机》，刘北成等译，上海人民出版社，2009。

[16] 〔德〕尤尔根·哈贝马斯：《认识与兴趣》，郭官义、李黎译，学林出版社，1999。

[17] 〔德〕尤尔根·哈贝马斯：《作为"意识形态"的技术与科学》，郭官义、李黎译，学林出版社，1999。

[18] 〔德〕尤尔根·哈贝马斯：《后形而上学思想》，付德根等译，译林出版社，2012。

[19] 〔德〕尤尔根·哈贝马斯：《现代性的哲学话语》，曹卫东译，译林出版社，2011。

[20] 〔德〕尤尔根·哈贝马斯：《交往与社会进化》，张博树译，重庆出版社，1989。

[21] 〔德〕阿克塞尔·霍耐特：《物化：承认理论探析》，罗明珍译，华东师范大学出版社，2018。

[22] 〔德〕李斯特：《政治经济学的国民体系》，陈万煦译，商务印书馆，1961。

[23] 〔德〕恩斯特·卡西尔：《人论》，甘阳译，上海人民出版社，2017。

[24] 〔德〕卡尔·雅斯贝斯：《时代的精神状况》，王德峰译，上海译文出版社，2017。

[25] 〔德〕卡尔·雅斯贝斯：《历史的起源和目标》，李夏菲译，漓江出版社，2019。

[26] 〔德〕伽达默尔：《科学时代的理性》，薛华等译，国际文化出版公司，1988。

[27]〔德〕冈特·邵伊博尔德：《海德格尔分析新时代的技术》，宋祖良译，中国社会科学出版社，1993。

[28]〔德〕马丁·海德格尔：《人，诗意地安居：海德格尔语要》，邰元宝译，广西师范大学出版社，2000。

[29]〔德〕库尔特·拜耳茨：《基因伦理学：人的繁殖技术化带来的问题》，马怀琪译，华夏出版社，2000。

[30]〔英〕戴维·麦克莱伦：《马克思传》，王珍译，中国人民大学出版社，2016。

[31]〔英〕戴维·麦克莱伦：《恩格斯传》，臧峰宇译，中国人民大学出版社，2017。

[32]〔法〕奥古斯特·科尔纽：《马克思恩格斯传》（第1—3卷），刘磊等译，三联书店，1963。

[33]〔匈〕格奥尔格·卢卡奇：《社会存在本体论导论》，沈耕、毛怡红等译，华夏出版社，1989。

[34]〔匈〕格奥尔格·卢卡奇：《历史与阶级意识》，杜章智、任立、燕宏远译，商务印书馆，2018。

[35]〔美〕丹尼尔·贝尔：《后工业社会的来临——对社会预测的一项探索》，工宏周等译，商务印书馆，1984。

[36]〔美〕丹尼尔·贝尔：《资本主义文化矛盾》，严蓓雯译，江苏人民出版社，2012。

[37]〔德〕卡尔·柯尔施：《马克思主义和哲学》，王南湜等译，重庆出版社，1993。

[38]〔德〕卡尔·柯尔施：《卡尔·马克思——马克思主义的理论与阶级运动》，熊子云、翁廷真译，重庆出版社，1993。

[39]〔美〕阿尔文·托夫勒：《第三次浪潮》，黄明坚译，中信出版社，2018。

[40]〔美〕M.怀特：《分析的时代——二十世纪的哲学家》，杜任之译，商务印书馆，1981。

[41]〔美〕托马斯·库恩：《必要的张力——科学的传统和变革论文选》，

纪树立等译，北京大学出版社，2004。

［42］〔美〕托马斯·库恩：《科学革命的结构》，金吾伦、胡新和译，北京大学出版社，2012。

［43］〔美〕M. W. 瓦托夫斯基：《科学思想的概念基础——科学哲学导论》，范岱年等译，求实出版社，1989。

［44］〔美〕约翰·奈比斯特：《大趋势——改变我们生活的十个新方向》，梅艳译，中国社会科学出版社，1984。

［45］〔美〕德内拉·梅多斯、乔根·兰德斯、丹尼斯·梅多斯：《增长的极限》，李涛、王智勇译，机械工业出版社，2013。

［46］〔美〕大卫·哈维：《跟大卫·哈维读〈资本论〉》，刘英译，上海译文出版社，2014。

［47］〔美〕大卫·哈维：《马克思与〈资本论〉》，周大昕译，中信出版社，2018。

［48］〔美〕弗兰西斯·福山：《我们的后人类未来：生物科技革命的后果》，黄立志译，广西师范大学出版社，2017。

［49］〔英〕戴维·哈维：《新帝国主义》，付克新译，中国人民大学出版社，2019。

［50］〔英〕卡尔·波普尔：《历史决定论的贫困》，杜汝楫、邱仁宗译，上海人民出版社，2009。

［51］〔英〕卡尔·波普尔：《开放社会及其敌人》（第1—2卷），郑一明等译，中国社会科学出版社，1999。

［52］〔英〕特里·伊格尔顿：《马克思为什么是对的》，李杨、任文科、郑义译，重庆出版社，2018。

［53］〔英〕S. H. 里格比：《马克思主义与历史学——一种批判性的研究》，吴英译，译林出版社，2019。

［54］〔加〕莫伊舍·普殊同：《时间、劳动与社会统治：马克思的批判理论再阐释》，康凌译，北京大学出版社，2019。

［55］〔德〕A·施密特：《马克思的自然概念》，欧力同译，商务印书馆，

1988。

［56］〔美〕埃里希·弗洛姆：《健全的社会》，欧阳谦译，中国文联出版公司，1988。

［57］〔德〕瓦尔特·本迪克斯·舍恩弗利斯·本雅明：《经验与贫乏》，王炳均、杨劲译，百花文艺出版社，1999。

［58］〔德〕瓦尔特·本迪克斯·舍恩弗利斯·本雅明：《发达资本主义时代的抒情诗人》，张旭东、魏文生译，上海三联书店，2007。

［59］〔法〕让·保罗·萨特：《辩证理性批判》（上、下卷），林骧华等译，安徽文艺出版社，1998。

［60］〔法〕路易·皮埃尔·阿尔都塞：《保卫马克思》，顾良译，商务印书馆，2006。

［61］〔美〕赫伯特·马尔库塞：《单向度的人——发达工业社会意识形态研究》，刘继译，上海译文出版社，2014。

［62］〔澳〕彼得·哈里森：《科学与宗教的领地》，张卜天译，商务印书馆，2016。

［63］〔英〕庇古：《福利经济学》（上、下卷），朱泱等译，商务印书馆，2006。

［64］〔意〕安东尼奥·葛兰西：《狱中札记》，曹雷雨等译，中国社会科学出版社，2000。

［65］〔美〕默顿：《十七世纪英格兰的科学、技术与社会》，范岱年等译，商务印书馆，2000。

［66］〔美〕塔洛克：《官僚体制的政治》，柏克、郑景胜译，商务印书馆，2012。

［67］〔美〕米尔顿·弗里德曼：《资本主义与自由》，张瑞玉译，商务印书馆，2004。

［68］〔美〕米尔顿·弗里德曼、罗丝·弗里德曼：《自由选择》，张琦译，机械工业出版社，2013。

［69］〔美〕温纳：《自主性技术：作为政治思想主题的失控技术》，杨海燕

译，北京大学出版社，2014。

［70］〔英〕弗里德里希·奥古斯特·冯·哈耶克：《知识的僭妄：哈耶克哲学、社会科学论文集》，邓正来译，首都经济贸易大学出版社，2014。

［71］〔英〕安东尼·吉登斯：《资本主义与现代社会理论：对马克思、涂尔干和韦伯著作的分析》，郭忠华、潘华凌译，上海译文出版社，2018。

［72］〔英〕安东尼·吉登斯：《历史唯物主义的当代批判：权力、财产与国家》，郭忠华译，上海译文出版社，2010。

［73］〔美〕托儿斯坦·凡勃伦：《科学在现代文明中的地位》，张林、张天龙译，商务印书馆，2012。

［74］〔美〕史蒂夫·富勒：《科学的统治：开放社会的意识形态与未来》，刘纯译，上海科技教育出版社，2006。

［75］〔美〕杰里米·里夫金：《第三次工业革命：新经济模式如何改变世界》，张体伟、孙豫宁译，中信出版社，2012。

［76］〔美〕约瑟夫·熊彼特：《资本主义、社会主义与民主》，吴克峰等译，江苏人民出版社，2017。

［77］〔美〕约翰·肯尼思·加尔布雷思：《新工业国》，嵇飞译，上海世纪出版集团，2012。

［78］〔英〕亚·沃尔夫：《十六、十七世纪科学、技术和哲学史》（上、下册），周昌忠等译，商务印书馆，1984。

［79］〔英〕亚·沃尔夫：《十八世纪科学、技术和哲学史》（上、下册），周昌忠等译，商务印书馆，1991。

［80］〔美〕刘易斯·芒福德：《技术与文明》，陈允明、王克仁、李华山译，中国建筑工业出版社，2009。

［81］〔美〕约瑟夫·熊彼特：《经济发展理论：对利润、资本、信贷、利息和经济周期的探究》，叶华译，中国社会科学出版社，2009。

［82］〔英〕弗里德里希·奥古斯特·冯·哈耶克：《致命的自负》，冯克利等译，中国社会科学出版社，2000。

［83］〔英〕弗里德里希·奥古斯特·冯·哈耶克：《科学的反革命：理性滥

用之研究》，冯克利译，译林出版社，2012。

[84]〔英〕弗里德里希·奥古斯特·冯·哈耶克：《通往奴役之路》，王明毅等译，中国社会科学出版社，1997。

[85]〔法〕莫里斯·梅洛-庞蒂：《辩证法的历险》，杨大春、张尧均译，上海译文出版社，2009。

[86]〔法〕雅克·德里达：《马克思的幽灵》，何一译，中国人民大学出版社，1999。

[87]〔法〕让·鲍德里亚：《生产之镜》，仰海峰译，中央编译出版社，2005。

[88]〔法〕让·鲍德里亚：《象征交换与死亡》，车槿山译，译林出版社，2006。

[89]〔法〕让·鲍德里亚：《消费社会》，刘成富、全志钢译，南京大学出版社，2001。

[90]〔法〕雷蒙·阿隆：《想象的马克思主义》，姜志辉译，上海世纪出版集团，2007。

[91]〔法〕雷蒙·阿隆：《阶级斗争——工业社会新讲》，周以光译，译林出版社，2003。

[92]〔法〕埃米尔·涂尔干：《社会分工论》，渠敬东译，生活·读书·新知三联书店，2017。

[93]〔法〕米歇尔·福柯：《规训与惩罚》，刘北成、杨远婴译，生活·读书·新知三联书店，2019。

[94]〔法〕米歇尔·福柯：《知识考古学》，谢强、马月译，生活·读书·新知三联书店，2004。

[95]〔英〕戴维·麦克莱伦：《马克思以后的马克思主义》，李智译，中国人民大学出版社，2004。

[96]〔英〕G.A.科恩：《卡尔·马克思的历史理论：一种辩护》，段忠桥译，高等教育出版社，2008。

[97]〔美〕威廉姆·肖：《马克思的历史理论》，阮仁慧等译，重庆出版

社，2007。

[98]〔美〕汉娜·阿伦特：《人的境况》，王寅丽译，上海人民出版社，2017。

[99]〔美〕汉娜·阿伦特：《马克思与西方政治思想传统》，孙传钊译，江苏人民出版社，2007。

[100]〔美〕汉娜·阿伦特：《极权主义的起源》，林骧华译，生活·读书·新知三联书店，2008。

[101]〔美〕乔恩·埃尔斯特：《理解马克思》，何怀远等译，中国人民大学出版社，2008。

[102]〔日〕广松涉：《物象化论的构图》，彭曦、庄倩译，南京大学出版社，2002。

[103]〔日〕城塚登：《青年马克思的思想——社会主义思想的创立》，尚晶晶等译，求实出版社，1988。

[104]〔日〕广松涉编注《文献学语境中的〈德意志意识形态〉》，彭曦译，南京大学出版社，2005。

[105]〔日〕广松涉：《马克思主义的哲学》，邓习议译，南京大学出版社，2019。

[106]〔日〕望月清司：《马克思的历史理论的研究》，韩立新译，北京师范大学出版社，2009。

[107]〔英〕戴维·佩铂：《生态社会主义：从深生态学到社会正义》，刘颖译，山东大学出版社，2005。

[108]〔美〕泰德·本顿：《生态马克思主义》，曹荣湘、李继龙译，社会科学文献出版社，2013。

[109]〔美〕詹姆斯·奥康纳：《自然的理由——生态学马克思主义研究》，唐正东、臧佩洪译，南京大学出版社，2003。

[110]〔美〕霍尔姆斯·罗尔斯顿：《哲学走向荒野》，刘耳、叶平译，吉林人民出版社，2000。

[111]〔美〕约翰·贝拉米·福特斯：《马克思的生态学——唯物主义与自

然》，刘仁胜、肖峰译，高等教育出版社，2006。

[112]〔美〕尤金·哈格落夫：《环境伦理学基础》，杨通进、江娅、郭辉译，重庆出版社，2007。

[113]〔加〕威廉·莱斯：《自然的控制》，岳长龄、李建译，重庆出版社，1993。

[114]〔德〕A·施密特：《马克思的自然观念》，欧力同、吴仲昉译，商务印书馆，1988。

[115]〔俄〕普列汉诺夫：《普列汉诺夫哲学著作选集》（第4卷），生活·读书·新知三联书店，1974。

[116]〔美〕奥尔多·利奥波德：《沙乡年鉴》，姚锦镕译，时代文艺出版社，2018。

[117]〔美〕菲利普·克莱顿、贾斯廷·海因泽克：《有机马克思主义——生态灾难与资本主义的替代选择》，孟献丽、于桂凤、张丽霞译，人民出版社，2015。

[118]〔英〕阿尔弗雷德·诺思：《自然的概念》，张桂权译，北京联合出版公司，2014。

[119]〔英〕乔纳森·休斯：《生态与历史唯物主义》，张晓琼、侯晓滨译，江苏人民出版社，2011。

[120] 王雨辰：《生态学马克思主义与后发国家生态文明理论研究》，人民出版社，2017。

[121] 王雨辰：《生态批判与绿色乌托邦——生态学马克思主义理论研究》，人民出版社，2009。

[122] 王雨辰：《走进生态文明》，湖北人民出版社，2011。

[123] 孙正聿：《哲学通论》，复旦大学出版社，2005。

[124] 刘仁胜：《生态马克思主义概论》，中央编译出版社，2007。

[125] 曾文婷：《"生态学马克思主义"研究》，重庆出版社，2008。

[126] 俞吾金、陈学明：《国外马克思主义哲学流派新编——西方马克思主义卷》，复旦大学出版社，2002。

［127］解保军：《马克思自然观的生态哲学意蕴——"红"与"绿"结合的理论先声》，黑龙江人民出版社，2002。

［128］姚燕：《生态社会主义和历史唯物主义》，光明日报出版社，2010。

［129］倪瑞华：《英国生态学马克思主义研究》，人民出版社，2011。

［130］李世书：《生态学马克思主义的自然观研究》，中央编译出版社，2010。

［131］旬庆治：《重建现代文明的根基：生态社会主义研究》，北京大学出版社，2010。

［132］张一兵主编《当代国外马克思主义哲学思潮》（上、中、下卷），江苏人民出版社，2012。

［133］张一兵：《回到马克思》，江苏人民出版社，2014。

［134］方世南：《马克思恩格斯的生态文明思想——基于〈马克思恩格斯文集〉的研究》，人民出版社，2018。

［135］方世南：《马克思环境思想与环境友好型社会研究》，上海三联书店，2014。

［136］《习近平关于社会主义生态文明建设论述摘编》，中央文献出版社，2017。

［137］郑湘萍：《生态学马克思主义的生态批判理论研究》，中国书籍出版社，2013。

［138］姜海波：《青年马克思的生产力概念》，人民出版社，2014。

［139］郭杰忠：《实践和发展：马克思主义生产力理论研究》，江西人民出版社，2008。

［140］钱俊生、余谋昌：《生态哲学》，中共中央党校出版社，2004。

［141］廖福林、祁新华、官巧燕：《生态生产力导论》，中国林业出版社，2007。

［142］刘大椿：《从辩护到审度——马克思科学观与当代科学论》，首都师范大学出版社，2009。

［143］刘大椿：《一般科学哲学史》，中央编译出版社，2016。

［144］刘大椿：《审度：马克思科学技术观与当代科学技术论研究》，中国

人民大学出版社，2017。

[145] 孙利天：《论辩证法的思维方式》，吉林大学出版社，1994。

[146] 张云飞：《唯物史观视野中的生态文明》，中国人民大学出版社，2018。

[147] 张云飞、李娜：《开创社会主义生态文明新时代》，中国人民大学出版社，2017。

[148] 穆艳杰：《马克思实践观变革》，吉林人民出版社，2006。

[149] 陈振明：《法兰克福学派与科学技术哲学》，中国人民大学出版社，1992。

[150] 牟焕森：《马克思技术哲学思想的国际反响》，东北大学出版社，2003。

[151] 徐崇温：《当代资本主义新变化》，重庆出版社，2004。

[152] 徐艳梅：《生态学马克思主义研究》，社会科学文献出版社，2007。

[153] 陈墀成、蔡虎堂：《马克思恩格斯生态哲学思想及其当代价值》，中国社会科学出版社，2014。

[154] 陈学明：《谁是罪魁祸首——追寻生态危机的根源》，人民出版社，2012。

[155] 郭剑仁：《生态地批判——福斯特的生态学马克思主义思想研究》，人民出版社，2008。

[156] 胡鞍钢：《中国创新绿色发展》，中国人民大学出版社，2012。

[157] 刘书越、吕文林、郭建：《环境友好论：人与自然关系的马克思主义解读》，河北人民出版社，2009。

[158] 王鲁娜：《生态生产力研究》，河北大学出版社，2010。

[159] 周光迅、武群堂：《马克思主义生态哲学综论》，浙江大学出版社，2015。

[160] 李桂花：《科技哲思——科技异化问题研究》，吉林大学出版社，2011。

[161] 李桂花：《科技的人化——对人与科技关系的哲学反思》，吉林人民出版社，2004。

[162] 张占斌、陈晓红、黄群慧等：《新质生产力》，湖南人民出版社，2024。

（三）学术论文

[1] 欧阳英：《马克思的权利观、正义观与生产力观》，《哲学研究》2019 年第 8 期。

[2] 何海涛、梁爽：《对马克思"生产力"概念的再反思》，《中南民族大学学报》（人文社会科学版）2018 年第 3 期。

[3] 鲁品越：《智能时代与马克思生产力理论》，《思想理论教育》2017 年第 11 期。

[4] 马文保：《现状与问题：马克思"生产力与生产关系的关系"思想研究》，《兰州学刊》2017 年第 1 期。

[5] 张朋光：《"人文生产力"：马克思生产力理论的当代诠释——基于价值的视角》，《海南大学学报》（人文社会科学版）2015 年第 2 期。

[6] 杨乔喻：《探寻马克思生产力概念生成的原初语境》，《哲学研究》2013 年第 5 期。

[7] 周德海：《马克思生产力概念研究的回顾与反思》，《南通大学学报》（社会科学版）2013 年第 2 期。

[8] 陈勇勤：《马克思"生产力–生产方式–生产关系原理"的疑问和修正》，《南京社会科学》2008 年第 1 期。

[9] 倪志安、周君才：《论马克思主义的实践生产力观》，《哲学研究》2006 年第 11 期。

[10] 倪志安：《马克思主义实践生产力观的当代解读》，《哲学研究》2007 年第 6 期。

[11] 陈仕平：《江泽民同志对马克思生产力理论的发展》，《毛泽东思想研究》2001 年第 2 期。

[12] 刘景林：《生产力观的新发展》，《学术交流》1994 年第 1 期。

[13] 李其庆：《关于马克思生产力理论的一点思考》，《马克思主义与现实》1991 年第 4 期。

[14] 刘大椿：《马克思的科技审度及其意义》，《教学与研究》2018 年第

4 期。

[15] 刘大椿:《马克思科技审度的三个焦点》,《天津社会科学》2018 年第 1 期。

[16] 刘大椿:《马克思科技审度的历史实践视角》,《江海学刊》2018 年第 1 期。

[17] 徐海红:《马克思生产力概念的辩证诠释及生态价值》,《中国地质大学学报》(社会科学版) 2018 年第 1 期。

[18] 夏承伯:《资本逻辑、物质变换与马克思生产力论的生态意蕴》,《自然辩证法研究》2017 年第 12 期。

[19] 夏承伯、包庆德:《马克思生产力论的生态意蕴及其绿色向度》,《中国社会科学院研究生院学报》2016 年第 6 期。

[20] 程启智:《论马克思生产力理论的两个维度:要素生产力和协作生产力》,《当代经济研究》2013 年第 12 期。

[21] 任暟:《环境生产力论:马克思"自然生产力"思想的当代拓展》,《马克思主义与现实》2013 年第 2 期。

[22] 王峰明:《生产力范畴的历史唯物主义提升——马克思生产力理论历史嬗演的"经济学—哲学"考察之二》,《教学与研究》2009 年第 6 期。

[23] 李春华:《文化生产力:丰富和发展马克思生产力理论的新视角》,《马克思主义研究》2009 年第 9 期。

[24] 王建辉:《略论马克思主义生产力观的生态维度》,《马克思主义与现实》2005 年第 3 期。

[25] 刘仁胜:《马克思和恩格斯关于人口与自然、社会和谐发展的基本观点》,《当代世界与社会主义》2007 年第 3 期。

[26] 王雨辰:《制度批判、技术批判、消费批判与生态政治哲学——论西方生态学马克思主义的核心论题》,《国外社会科学》2007 年第 2 期。

[27] 王雨辰:《论西方生态学马克思主义对历史唯物主义生态维度的建构》,《马克思主义与现实》2008 年第 5 期。

[28] 王雨辰:《论休斯的生态学马克思主义理论》,《社会科学家》2015 年

第 12 期。

[29] 穆艳杰、罗莹：《唯物史观视野中的"生态问题"——乔纳森·休斯对西方生态主义的批判》，《吉林大学社会科学学报》2014 年第 1 期。

[30] 李桂花、杜颖：《"绿水青山就是金山银山"生态文明理念探析》，《新疆师范大学学报》（哲学社会科学版）2019 年第 4 期。

[31] 包庆德：《论马克思生态生产力思想及其当代价值》，《哈尔滨工业大学学报》（社会科学版）2020 年第 3 期。

[32] 包庆德：《马克思生产力论的生态维度及其当代价值》，《中国社会科学院研究生院学报》2012 年第 6 期。

[33] 陈炳：《论自然生产力及其与社会生产力的关系》，《马克思主义与现实》2007 年第 4 期。

[34] 陈芬：《在自然界实现人道主义——试论马克思恩格斯的生态自然观》，《马克思主义研究》2003 年第 3 期。

[35] 陈学明：《马克思"新陈代谢"理论的生态意蕴——J. B. 福斯特对马克思生态世界观的阐述》，《中国社会科学》2010 年第 2 期。

[36] 董建中、王宜民：《生产力不是"人们征服和改造自然的能力"》，《北京社会科学》1987 年第 4 期。

[37] 龚万达、刘祖云：《生态环境也是生产力——学习习近平关于生态文明建设的思想》，《教学与研究》2015 年第 3 期。

[38] 解保军：《马克思"自然生产力"思想探析》，《马克思主义研究》2002 年第 5 期。

[39] 孔祥利：《人与自然的和谐：生产力内涵的生态诠释与双赢策略》，《陕西师范大学学报》（哲学社会科学版）2003 年第 2 期。

[40] 于天宇、李桂花：《习近平生态生产力思想论析》，《学习与探索》2017 年第 6 期。

[41] 许恒兵：《新质生产力：科学内涵、战略考量与理论贡献》，《南京社会科学》2024 年第 3 期。

[42] 乔榛：《新质生产力：马克思主义经济学的术语革命》，《学习与探索》

2024 年第 1 期。

[43] 张三元：《发展新质生产力与构建绿色健康生活方式》，《思想理论教育》2024 年第 4 期。

[44] 曾静：《马克思恩格斯的科学技术思想及其当代价值》，博士学位论文，南开大学，2014。

[45] 于天宇：《历史唯物主义的生态性维护与生产力的生态化发展》，博士学位论文，吉林大学，2018。

[46] 姜海波：《青年马克思的生产力概念》，博士学位论文，黑龙江大学，2011。

[47] 夏承伯：《马克思生产力论的生态意蕴及其当代价值研究》，博士学位论文，内蒙古大学，2020。

（四）报纸文章

[1] 石建勋：《加快培育和发展新质生产力》，《光明日报》2024 年 2 月 21 日。

[2]《加快发展新质生产力 扎实推进高质量发展》，《光明日报》2024 年 2 月 2 日。

[3] 史丹：《加快形成新质生产力 建设现代化产业体系》，《人民日报》2023 年 11 月 24 日。

[4] 周书俊：《新质生产力是符合新发展理念的先进生产力质态》，《光明日报》2024 年 4 月 24 日。

[5] 张新宁：《新质生产力本身就是绿色生产力》，《人民日报》2024 年 4 月 11 日。

（五）外文文献

[1] André Gorz, *Ecology as Politics*, Boston：South End Press, 1980.

[2] Reiner Grundmann, *Marxism and Ecology*, Ox-ford：Oxford University Press, 1991.

[3] A. Dobson, *Green Political Thought：An Introduction*, London：Unwin Hy-

man, 1990.

[4] J. B. Foster, *Ecology Against Capitalism*, New York: Monthly Review Press, 2002.

[5] Arran Gare, *The Philosophical Foundations of Ecological Civilization: A Manifesto for The Future*, Routledge: London and New York, 2017.

后　记

《马克思恩格斯生产力观研究：科技与生态的双重意蕴》基于我在吉林大学马克思主义学院攻读博士学位期间的学位论文修改而成，该论文曾获评2021年度吉林大学优秀博士学位论文。近年来，中国共产党在推进马克思恩格斯生产力观中国化时代化发展的过程中不断推出新的理论成果，在这一背景下，将党关于生产力的最新理论成果融入该论文并公开出版，不仅具有重要的理论价值与实践价值，而且也恰逢其时。在本书付印之际，谨向为本书提供帮助指导和提出宝贵建议的领导、老师、出版单位等致以诚挚的感谢！

感谢我的导师李桂花教授，导师为人谦和、淡泊名利、治学严谨、学术造诣深厚，我们亦师亦友，在攻读博士学位的三年间，无论是在做学问上还是在做人上，老师的言传身教使我受益匪浅，对我而言是一笔宝贵的财富。本书的写作、修改和完成也离不开老师的悉心指导，我想，本书的出版也是回馈老师的最好礼物。

感谢我的工作单位天津大学马克思主义学院的支持和帮助。感谢学院领导制定的出版资助政策，本书的出版得到学院全额资助，这对于刚刚走上工作岗位的青年教师来说是莫大的支持和鼓励，不仅大大减轻了青年教师的负担，也大大增强了科研人员的创作信心。同时，也要感谢学院行政人员为本书出版所付出的辛劳。

本书的出版得到社会科学文献出版社马克思主义分社社长曹义恒的大力支持和帮助，责任编辑王小艳也进行了精心的审阅编校，为本书的修改和完善提出了诸多专业且十分宝贵的修改意见，使本书的研究水平和质量得到极大提升，在此一并表示衷心感谢！

　　限于个人水平，书中难免存在不足之处，恳请各位读者批评指正。

作　者

2024 年 6 月

图书在版编目（CIP）数据

马克思恩格斯生产力观研究：科技与生态的双重意
蕴／张鸶著 . -- 北京：社会科学文献出版社，2024.
8（2025.9 重印）. -- ISBN 978-7-5228-3976-9

Ⅰ. A811.66

中国国家版本馆 CIP 数据核字第 2024M1B268 号

马克思恩格斯生产力观研究
——科技与生态的双重意蕴

著　　者／张　鸶

出　版　人／冀祥德
责任编辑／王小艳
责任印制／岳　阳

出　　　版／社会科学文献出版社·马克思主义分社（010）59367126
　　　　　　地址：北京市北三环中路甲 29 号院华龙大厦　邮编：100029
　　　　　　网址：www. ssap. com. cn
发　　　行／社会科学文献出版社（010）59367028
印　　　装／唐山玺诚印务有限公司

规　　　格／开本：787mm×1092mm　1/16
　　　　　　印张：13.5　字数：207 千字
版　　　次／2024 年 8 月第 1 版　2025 年 9 月第 2 次印刷
书　　　号／ISBN 978-7-5228-3976-9
定　　　价／89.00 元